プレイセラピー入門

未来へと希望をつなぐアプローチ

丹　明彦　著
TAN AKIHIKO

遠見書房

はじめに

プレイセラピーとは何なのか。疑うことなく信じ続けてきたこのアプローチに疑問を持ち始めたのはいつのことだろう。もしかすると始めたばかりの頃からなのかもしれない。今でも，根本的な問題意識は解決することなく現在に至っている。

時は令和。気が付けば，臨床を初めて 24 年目を迎えた（2019 年 5 月現在)。この 24 年間，臨床から離れたことは 1 度もない。これまで多少の増減はあったものの，現在，毎週平均 20 セッションを行っている。大学教員でありながら，研究よりもクリニカルな心理相談室での臨床実践，支援実践そのものに関心をもってきた。否，臨床のことばかり考えて生きてきた。今は大人のカウンセリング・心理療法，スーパーヴィジョンも増えたが，やはり多くの子どもたちと出会い，プレイセラピーを続けてきた経験が，私の臨床の血となり肉となっている。

最近，これまで出会わなかったような難しい子どもたちと出会うことが増えたと思うのは気のせいだろうか。歳を重ねたせいだけだろうか。時代とともに子どもたちが明らかに変わっていることを実感する。大人のカウンセリング・心理療法は，時代の変化や援助ニーズの多様化に応える形で大きく変容を遂げているのに対して，子どものカウンセリング・心理療法といえば，プレイセラピーがメインである，というよりプレイセラピー一辺倒である。子どもへの認知行動療法などの取り組みもなされていることだろうが，現場では相も変わらずプレイセラピーを行っているという現実が存在している。

そもそもプレイセラピーって何なの？　遊んでいるだけで子どもが学校に行けるようになるの？　発達障害の子どもがプレイセラピーで変化するの？　という声が，保護者や学校の先生だけではなく，スクールカウンセラーなどからも聞かれる時代になった。真っ当な疑問である。その質問に対して，私たち子どもの心理療法家はちゃんと答えられているだろうか。おそらく十分答えられていないのではなかろうか。

だから改めて子どもの心理療法について考えてみようと思った。今の時代におけるプレイセラピーの意義，なぜ「遊ぶ」のか，について考えてみようと思った。何を手がかりに？　自身の実践経験をもとにである。従来の枠組みや，先達の考えにとらわれない自由なスタンスで，初心者のような真っ新(まっさら)な気持ちで，自分の臨床経験を頼りにして，この課題に取り組んだのが本書である。

筆者は，これまでプレイセラピーを通して驚くような変化を遂げていく子どもたちをたくさん垣間見てきた。だから，プレイセラピーの持つ無限の可能性と,「遊び」を通したプリミティブなかかわりに秘められたそのパワーを心から信じている。このアプローチこそが，困難な問題を抱えている子どもを変化させていく原動力になり，彼らを必ずや明るい未来へと導いてくれると心から信じている。だから，あえて，今，プレイセラピーと子どもという魅力的な世界と存在を広い視野からあらためて探究したいのである。

かつて，昭和の時代，中島みゆきが「時代」の中で，斉藤哲夫が「悩み多き者よ」の中で，生々流転の宿命を歌った。

令和になった今でも何も変わりはしない。悩みは尽きない，しかし確実に時だけは流れていく。今あるその苦しみも絶望も，いつかは時が流れ移り変わっていく。そしてまた悩み，時代は流れ。そんなことの繰り返しが人生だ。

現在，大人中心社会の中で，超少子高齢化社会の中で，残念ながら子どもたちを取り巻く社会経済文化的環境は，決して良い方向に進んでいない。変わりゆく時代に翻弄される子どもたちの声にならない声をどのようにすくい上げたらよいのか。子どもたちの希望を支えるためにも，子どもの心理療法のあり方を点検することは，私たち，子どもの心理臨床家に突き付けられた未来への宿題の一つだといえよう。

心理学の世界も大きな転換期を迎えている。2018 年「公認心理師」という国家資格が誕生した。その責任の重さだけではなく，面接室やプレイルームという閉鎖された狭い空間から広い世界へと飛び出し，他職種と連携しながら，これまで触れることのなかった法的知識や福祉的制度などを理解し，社会と真正面から向き合わなくてはならない時代が到来したのである。

本書は，そのような社会的変化を意識しながら，新しい時代におけるプレイセラピーの必要性や意義について，説得力をもって説明ができるような役割を果たすべく執筆したつもりである。カウンセリング・心理療法において，決して変わってはいけない大切なものがあることは確かである。しかし，時代と共に変わっていかなくてはいけないことがあるのも確かな事実である。保守的な人にとっても，変化を望む革新的に進む人にとっても。

本書は，『子どもの心と学校臨床』（遠見書房）において，2014年から2018年の間に連載した「人間と遊び」全10回の論考に付章を加え，大幅に加筆訂正したものである。入門の名にふさわしく註をたくさんつけた。註は註でも辞書的な註ではないことをあらかじめお断りしておく。そして読後に気づくことであろう。入門という名を冠した応用であるということに。そもそもプレイセラピーには教科書のような入門などというものは存在しえない。だから「プレイセラピー入門」という書籍もまた，ありそうでなかったのである。あるのは，カウンセリング・心理療法の実践すべてがそうであるように，羅針盤のない旅をゆくような応用編だけである。だからプレイセラピーはいつも新鮮で面白い。そして，その面白さが少しでも伝わったならば，十分に入門としての役割を果たしてくれるに違いない。

また，面識もなく一方的に私淑している田中康雄先生に帯書きをして頂きました。発達障害を抱える子どもたちとその保護者たちの支援を行う中で，迷い苦しみ，なんだか自分の臨床のあり方が間違っているのではないかと思ったとき，そのままでいい，といつも肯定し，支えになってくれたのが，田中先生のご著書『軽度発達障害のある子のライフサイクルに合わせた理解と対応』（学習研究社）であり，雑誌『教育と医学』（慶應義塾大学出版会）における連載でした。障害という側面に惑わされることなく，その子どもをありのままに受け入れていく，今まで通りの心理臨床をより丁寧に，そして慈愛に満ちた優しさと思いやりを持って続けていくことが何よりも大切だということを伝えて下さいました。何度救われた思いをしたことでしょう。それは私だけではなく，発達障害ブーム以前から臨床を続けている，多くのプレイセラピストや心理士たちの思いでもあると確信しています。心より感謝申し上げます。

最後に。研究実績も名もない臨床ばかりしている筆者に，連載の機会を与えて頂き，企画段階から書籍化まで適切なご助言賜りました同年齢（タメ）の山内俊介社長に心より感謝申し上げます。

令和元年。初夏。

目次

プレイセラピー入門

―未来へと希望をつなぐアプローチ―

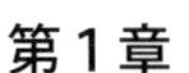

第1章

プレイセラピー再考

1．プレイセラピーをめぐる課題

プレイセラピーにはさまざまな不思議や謎が秘められている。

例えば，子どもの臨床にかかわるセラピストは，何らかの問題を抱えて子どもが来談すると，当たり前のようにプレイルームで「遊ぶ」。幼児ならまだしも，小学生はもちろんのこと，まれに中学生や高校生も「遊ぶ」のである。セラピストにとっては，あまりにも当たり前過ぎることなのだが，子どもや親，そして学校の先生たちにとっては，決して当たり前ではないのである。普通であれば，学校で勉強していなくてはならない「遊んでいてはいけない」はずの，真昼間の時間帯に，知らないおじさんと子どもが二人きりで，何やら額に汗して熱心に「遊んでいる」のだから。

子どもの親や学校の先生たちにしてみたら，漠然とではあっても，カウンセリングのようなものや話しをしながら，問題解決を期待して相談室に来ているはずである。それなのに「なんで遊びなわけ？」「っていうか，遊んでいる場合じゃないんじゃない？」と思うことは，効率と成果が求められる現代社会では，むしろ普通の感覚なのかもしれない。最近，研究会やスーパーヴィジョン[註1)]などの場面で，特に学校ではプレイセラピーの理解を得ることが難しいということを聞くことが増えた。

私たち，子どもの心理臨床家は，これまでこのようなことに無自覚すぎたのではないか。そしてほとんど考えてこなかったのではないかと思うのである。筆者自身も公立教育センターの相談員時代，子どもの担当になったら，すぐにプレイルームに子どもを誘い，プレイセラピーを行うということを疑うこともなく行っていた。プレイセラピーはとても魅力的で，気がつくと憑りつかれたように，その世界に没頭している自分がそこにはいた。「遊び」の持つ魔法ともいえるようなその効果を信頼し，プレイセラピーを行うことに何の疑いの余地を持たなかったのも事実である。実際，プレイセラピーが子どもに劇的に良い変化をもたらすことを何度も目の当たりにしてきたからである（丹，2003）。

しかし，筆者が大学に勤務するようになり，大学の相談室で，大学院生たちの実習の中でプレイセラピーを指導する立場になった頃から，子どもが来談したら当たり前のようにプレイセラピーを導入するというスタイルに疑問を抱くようになった。そして，本書でこれから紹介するようなさまざまなアプローチや工夫を模索するようになっていった。プレイセラピー（箱庭療法や描画療法を含む）をあえて行わないことで，結果的に良い方向に向かった事例も多く体験した。

筆者は，自らはプレイセラピーを行うが，大学院生にオーソドックスなプレイセラピーを行わせることに慎重な立場をとるようになっていった。もちろん筆者のスーパーヴァイズ（以下，SV）能力の問題もあったのだろうが，プレイセラピーは，セラピスト側の直観とセンスが問われ，常に気を抜けないとても難しいものなのだということを再確認させられるに思い至ったからである。子どもたちが遊びを通して伝えてくることばにならないメッセージに対して，一度きりのレシーブミスがドロップアウト[註2)]を招くこともまれではない。プレイセラピーは世間のイメージとは異なり，正直かなり難しいのである。大人のクライエントのカウンセリングも多く行うようになったこともあり，いかに子どもを対象とした心理療法が独特であり，特有のさまざまな困難が伴うかということに気付かされるとともに，それを客観的にとらえられるようになった。そして，先のような不思議や謎を解明しなくてはならないと思い始めた訳である。

ところが，最近になってそのような考えが翻り，一部の子どもを除き，来談した子どもには，疑うことなく当たり前のように，積極的にプレイセラピーを導入すべきという認識に改まってきている。一回転して元に戻った感じである。もちろん子どもの抱える問題や主訴はさまざまであるが，現代の子どもたちが抱える問題と，オーソドックスな「普通のプレイセラピー」の相性が良くなってきた，と実感し始めているからである。今は，大学院生にもオーソドックスなプレイセラピーをむしろ積極的に取り組んでもらっている程である。

このような心境の変化は，この10数年の間（2000年頃から現在まで）に来談した子どもたちとプレイセラピーおよび心理療法を取り巻く環境が大きく変わったこととかかわっているのではないかと思っている。その変化に合わせて子どもの支援の在り方やプレイセラピーの方法も変わっていかなくてはならない。しかし，どのように変えていけばよいのか，子どもたちを取り巻く現状に即したプレイセラピーによる支援の在り方や方法論の検討は大きな課題といえる。

一方で，プレイセラピーを行う上で，何も変わっていないことも多い。そして，決して変わってはならない大切なものがあるのも確かである。しかし，今までなら当たり前のように伝わると思っていたことが，子どもの親や先生たちならいざ知らず，同業者，特にプレイセラピーを経験したことのない心理士との間で，なかなか共有できなくなってきているという悲しい現状にも直面することも多くなっているのである。味方だと思っていたはずの仲間に裏切られるような感覚である。この問題はなかなか深刻で悩ましい。プレイセラピーを理解してもらうことの難しさもあるが，クリニカルな個別臨床からではなく，スクールカウンセリングや特別支援教育，療育関係の領域から臨床の世界に入る若手が多いという現実や，プレイセラピーの世界からは縁遠いイメージのある認知行動療法註3）を背景とするセラピストが増えたことなど，心理臨床の世界を取り巻く環境の変化にも呼応しているように思う。

2．子どもたちとプレイセラピーを取り巻く環境の変化

それでは，子どもたちと子ども支援，プレイセラピーを取り巻く

環境の変化とは具体的に何か。ここ10数年間の間に起こった変化について整理してみたい。

１）「発達障害」概念の急速な普及の影響

このインパクトはあまりにも大き過ぎたように思う。発達障害という概念は，子どもにかかわるカウンセラーたちの心を大きく揺さぶった。親がわが子を見る目を変えた。学校が問題を抱える子どもへの理解の視点を変えた。相談室に訪れる子どもの相談内容で,「発達障害」を背景とする事例が極端に増えたのもここ10数年程のことである。このことは，多くの良い面があったことはいうまでもないが，弊害も少なくなかったように思う。

例えば，かつてこんなことがあった。筆者が担当していた当時小学４年生だった子どもの学校のスクールカウンセラー（以下，SC）が,「あの子はADHD[註4)]だと思う。丹先生は気付かないのか？　親は障害受容ができていない。病院での投薬と情緒障害学級への通級をすぐに勧めるべきだ！」と強気で電話してきたことがあった。筆者は子どもの良さを共有し，学校で行える対応について話をしたかったのだが，さすがに諦めた。心の専門家のはずであるSCが，子どもをADHDかそうでないかという目でしか見ていないことに失望した。「障害受容ができていない」の一言で親の問題を片付けたことも信じられなかった。筆者はSCの助言をよそにその子に対して終始一貫プレイセラピーと親面接だけによる支援を続けた。中学生になった彼は，ケアレスミスは絶えないけれど成績は良く，部活にも打ち込み，普通に学校生活を送れるようになったため，プレイセラピーは終了した。結局最後まで，薬の力も，通級の力も借りることはなかった。この熱心なSCは極端だと思われるかもしれない。しかし，最近は幾分減ったようにも感じるものの，意外に「あるある」なのではないだろうか。

特別支援教育の巡回相談[註5)]で訪れた小学校でのカンファレンスでのこと。自分に対する暴言や反抗が絶えない高学年の男児に手を焼いていた女性担任が，親御さんに対して，お子さんには発達障害

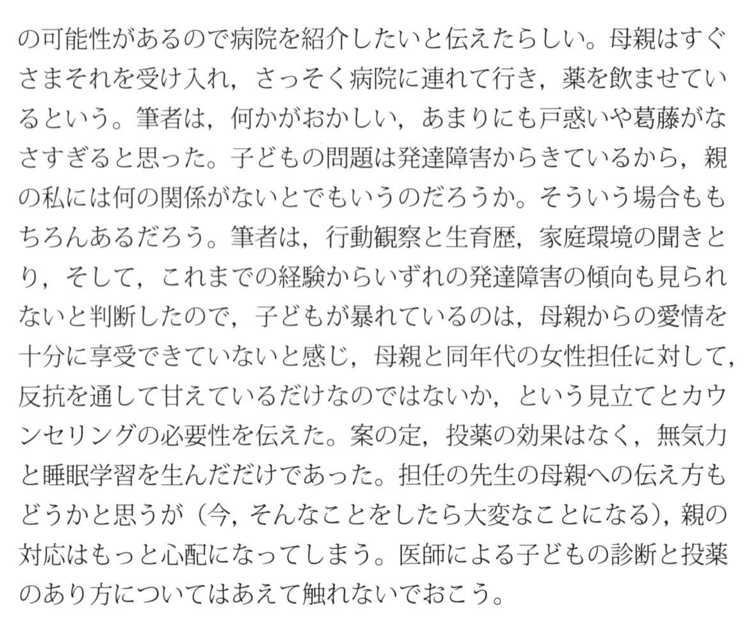

の可能性があるので病院を紹介したいと伝えたらしい。母親はすぐさまそれを受け入れ，さっそく病院に連れて行き，薬を飲ませているという。筆者は，何かがおかしい，あまりにも戸惑いや葛藤がなさすぎると思った。子どもの問題は発達障害からきているから，親の私には何の関係がないとでもいうのだろうか。そういう場合ももちろんあるだろう。筆者は，行動観察と生育歴，家庭環境の聞きとり，そして，これまでの経験からいずれの発達障害の傾向も見られないと判断したので，子どもが暴れているのは，母親からの愛情を十分に享受できていないと感じ，母親と同年代の女性担任に対して，反抗を通して甘えているだけなのではないか，という見立てとカウンセリングの必要性を伝えた。案の定，投薬の効果はなく，無気力と睡眠学習を生んだだけであった。担任の先生の母親への伝え方もどうかと思うが（今，そんなことをしたら大変なことになる），親の対応はもっと心配になってしまう。医師による子どもの診断と投薬のあり方についてはあえて触れないでおこう。

そもそも，これまで普通の子どもだと疑わず信じて，大切に育ててきたわが子が，実は障害があったなどと突然言われたとしても，そう易々と受け入れることなどできないのが普通であり，それが真っ当な親の反応だと思う。私たちは，軽々しく「障害受容[註6]ができていない」などと言うことをくれぐれも慎まねばならない。

ちなみに，多くの心理士の間で，子どもに投薬を勧めることへの抵抗感が薄まり，むしろ積極的に活用しようとするようになったのも，ここ10数年の間の変化である。どうしても薬物療法が必要な子どもがいることは十分に把握しており，むしろ詳しいつもりだが，たやすく病院や投薬を勧めるのはいかがなものかと危惧している。その前にできることは沢山あるはずなのに。

今だからこそ，そんなことを言うことができるが，10年ほど前は，発達障害児・者に対する支援は，これまで行ってきた臨床心理学的援助，つまり，母子並行面接やプレイセラピー，学校との連携などだけではやはり足りていないのではないか，世間に風潮として強く激しかった薬物療法を最優先すべきなのではないか，特別なSSTのような支援もやはり行わなくてはいけないのではないか，などという迷いや葛藤があったのも事実である。心理士ができることはとても多いはずなのにと思いつつ，なんだか自信を失い，とても肩身が狭く居心地の悪さを感じていた時代であった。そんな中でも，田中（2006, 2009）は，障害にとらわれることなく，一人の悩める子どもの心に寄り添いながら，心理学的に子どもの問題を「見立て」，丁寧にかつ謙虚な姿勢で「支援」することの重要性を強調していることを知り，救われ，心強い思いをしたことを思い出す。

2）「知能検査」実施の拡大と結果・解釈のひとり歩き

病院や相談室に勤務する心理士は，今や知能検査の実施と結果の解釈に追われる毎日を強いられ，夢にまで出てくるというスーパーバイジーまでいる状況である。どれだけの子どもが毎日検査を受けているのか計り知れない。それもここ10数年以内に起こった大きな変化の一つである。子どもに問題が起これば，どんな問題であってもすぐ知能検査を行なうという風潮はますます高まっている。

確かに，WISC-III（現在はIV）[註7)]が，子どもの理解と支援に極めて役立つツールであったことは疑いようもない事実であるが，そもそも知能検査で発達障害の判断はできないし，テスターの能力や子どもの体調によってもその結果は変わる。子どもは常に成長し続けているので，1年後にはまったく違うスコアになることも少なくない。それにも関わらず，その一時の結果と解釈がひとり歩きし，子どもの個性や家庭環境などは完全に切り離され，認知特性だけから子どもの特徴が説明されてしまうという状況に幾度となく遭遇した。

これも巡回相談での出来事である。ある落ち着かない暴力的な子どもに関するカンファレンスが行われた。SCから知能検査の結果をもとに，この子は発達障害が予測され，問題行動は，親のしつけや子どもの怠けなどの問題とは関係ないという教科書的な説明の後，これまたよく耳にする紋切り型の対応案が提案された。筆者は，担任から，ここでも成育歴や現在の家庭環境を知る限り詳しく聴いた。その内容や授業及び休み時間の行動観察での様子，相手の怒りを引き出すようなかかわりが問題になっていることなどから鑑みて，ネグレクト[註8)]と愛着障害[註9)]による影響の方が強いことが予測されるため，明らかにカウンセリングニーズであると伝えたが，それはあっさりと受け流された。検査結果は絶対なのである。とにかく先生たちは発達障害があると聞くと安心するようだ。逆に虐待を連想させるような発言は大概嫌われてしまう。巡回相談員とSCの言うべき役割がまるで逆転してしまっている。次の巡回相談の際に確認したところ，SCの提案した処方箋はまったく効果を発揮せず，状況はさらに悪化していた。それでもなおカウンセリングという選択肢は受け入れてもらえなかった。

ところで，全員ではもちろんないと思うが，SCはいつからカウンセラーだけではなく，発達障害とそのコンサルテーション・ガイダンス[註10)]の専門家になったのだろうか。これはこれで大事な仕事だが，カウンセリングや個別的なプレイセラピーに時間を費やした方が，圧倒的に有益と思われる子どもがかなり多いように思うのだが。私の誤解であればご容赦願いたい。筆者のSC経験は，それこそ10年以上前に数年間体験しただけだからである。

3）変わらないオーソドックスなプレイセラピーによる支援

知能検査実施の普及とも関連するが，子どもの問題を心理的要因からだけでなく，認知的特性から理解し，それに応じた対応策が提案されるようになっている現状に反するように，教育相談室などでは，学習障害[註11)]の傾向がみられると判断したにもかかわらず，相も変わらずオーソドックスなプレイセラピーが漫然と行われていたり，自閉症スペクトラム障害[註12)]と診断されている子どもの一人遊びをただただ見守っているだけのプレイセラピーが平然と行われていたりするという現実がある。

これは，今までとは逆に，来談する子どもたちの理解への変化に対して，適切な対応がまったく追い付いていないという現象である。果たしてこのままの対応でいいのだろうかというジレンマを感じている心理士が多いことは，研究会やSVを通して十分に感じている。

せっかく研修会などでSST註13)やらTEACCH註14)などを学んできたのに，何だか使ってはいけないような気がするので，結局プレイセラピーを長い期間続けているという心理士は少なくない。情緒的問題を同時に抱える子どもも多いので，それなりの成果はあると思われるし，すぐに新しいものやトレーニングに染まらない慎重さはまともな反応であり，葛藤しているプレイセラピストを筆者は信頼している。第９章３節でも述べるが，発達障害を抱える子どもに対する丁寧でオーソドックスなプレイセラピーは極めて重要な役割を果たしていると考えている。それでもやはり，発達的課題を抱える子どもとのプレイセラピーでは，それなりの配慮と工夫が求められるはずである。特に，情緒的問題の少ない学習障害の子どもたちには適切な学習支援を中心にした支援環境を早急に整えるべきであろう。筆者は療育も行っているが，低学年のうちから適切な取り組みがなされれば，書字障害註15)などはかなり改善される。

３．プレイセラピストの抱える課題

くり返しになるが，現在，子どもたちにかかわる心理士，プレイセラピストに突き付けられている課題は尽きることがない程に多い。子どもの抱える問題の複雑さもさることながら，子どもたちを取り巻く社会経済文化的環境は，決してよい方向に進んでいるとは思えない。多くの心理士，特に若い人は，臨床心理学や発達障害，カウンセリング・心理療法への関心は高くとても勉強熱心であるが，それ以外の領域への関心が薄いように感じるのは私だけだろうか。刻々と変化する現在の日本の政治・社会・経済状況や，世界的情勢などに疎すぎはしないだろうか。筆者も同様なので，人ごとではない。まったくのノンポリシーでのんびりとカウンセリングやプレイセラピーをしてきた何も知らない自分がいる。それを反省し，恥ずかしながら数年前から日〇経済新聞を購読するようになった。ネット情報は散乱しすぎていて，何をどう読んだら良いかわからないからである。

私たちは，臨床心理学の知識と技術だけで，子どもの問題が解決できる時代はすでに過去のものだとしっかり認識しないと大事な問題の核心を見失ってしまいかねない。これまで出会ったこともなかったような子どもと会うことが増え，今まで通りのプレイセラピーを行っていれば何とかなるとは思えないほどにかなり重篤な子どもも少なくない。本物の臨床能力と仕事への責任が問われる厳しい時代になってきていることをひしひしと感じている。その自覚が子どもとかかわるプレイセラピストにも必要だと思う。

従来の子どもの問題の背景にある家族関係や学校，地域だけではなく，現代社会を取り巻く社会情勢や法制度などには常に敏感でありたいものである。先に，現代の子どもたちが抱える問題とオーソドックスなプレイセラピーの相性が良くなってきたと述べたが，このことも実はここ 10 数年に起きた社会経済文化的変化が影響していると考えている。第 2 章でそのことを具体的に取り上げているので是非お読み頂きたい。

ちなみに，読者のプレイセラピストの方々は現代の子どものカルチャーには敏感だろうか。いまや幼稚園児が YouTube やニコニコ動画を垂れ流しのように見ている時代である。保護者も YouTube やニコニコ動画を見せることに抵抗がない場合が多い（見せるのであれば絶対に E テレである！）。ご存じだろうか。小学生の多くが日曜朝の 30 分の子ども番組を見続けることができないことを。3 分～ 5 分程度の動画を次々にザッピングしていく習慣を身に着けた子どもにとって 30 分は長すぎて集中力が続かないのであろう。ご存じだろうか。一部のユーチュバーたちは，小学生は知らなくても良いような，悪質な情報や知識を伝え，それが元になってトラブルが起こっていることを。そんなユーチューバーにものすごく入れ込み，夢中になっていることを。ご存じだろうか。小学低学年の子どもたちが普通に大人向けのアダルト動画や，死体を写したグロ動画や，悲惨なエレベーター事故動画を何度も繰り返し見ていることを……。

時代は変わっているのである。知らないのは大人だけである。筆者は，現在子どもとのセラピーの時間はいつもスマホを隠し持っている。わからないワードが出てきたら，動画の話題が出てきたら，すぐにそこで確認して共有するためである。そうでないと子どもの見ている世界は今やまったくもってわからない。書こうか迷うところだが，子どもに安易に YouTube やニコニコ動画を見ることの危険を知ってもらうためにも書いておこう。「野獣○○」を読者のどれだけの方が知っているだろう。子どもたちはみんな知っていて笑い合っているのだ。LGBT 差別にもつながる大問題でもある。ぜひ検索して驚愕し背筋を凍らせて頂きたい。しかもこれは一例でしかない。

4．プレイセラピーにおける「遊具」の検討という視点

突然話題が変わる。プレイセラピーで用いる「遊具」や「ゲーム」についてである。これは，筆者が臨床を始めたばかりの頃からの疑問でもあるのだが，なぜプレイルームに置いてある遊具，ことに「おもちゃ」といわれる玩具はワンパターンなのだろう。定番は大概，黒ひげ危機一髪，グラグラ系ゲーム，人生ゲーム，ウノ，ワニワニ噛みつきゲーム，野球盤，ポカポンゲーム，エアホッケー……といったところだろうか。ファミコン誕生から連綿と続く日本の電子ゲームの普及の影響だろうか，どこのおもちゃ屋に行っても同じものばかりしか売っていないし，その年のテレビキャラクターものが幅を利かせているというのが現状である。面白いおもちゃが出たなと思って買うとすぐに絶版になってしまい壊れても購入できなくなる（本章末に示した”ブリッとでるワン”はその象徴ともいえる）。きっと売れないのだろう。

しかし，近年，東日本大震災後の節電の流れにも乗って，日本には空前のアナログボード・カードゲームのブームが到来し，これまでのマンネリを打破する新しい「遊び」の波が到来している。筆者はブーム以前の 10 年以上前からドイツのボードゲーム[註16]を中心に趣味も兼ねてアナログゲーム研究に勤しんできた。世界には実に面白い新鮮で多種多様なゲームが存在するのである。日本でもオリジナリティのある面白いアナログゲームが増えており，見逃せない。

「遊具」よりもセラピストと子どもの関係性の方が大事？　ごもっともである。筆者ももちろんそう思っている。かなり強く思ってい

る。筆者は，自慢ではないが，「おもちゃ」などなくとも十分に遊べる自信がある。20年以上プレイセラピーをしてきているから当たり前なのかもしれないが，実際，まったくおもちゃや遊具を使わないプレイセラピーを現在でも行っている。毎回，ただじゃれ合ったり，すぐ見つかる狭い空間でかくれんぼしたり，下らないことだけ言うしりとりをしたり，手相占いをしたり，それだけで瞬く間に時は流れ，毎回終了時間が来る。大きなトラウマを抱えた少年は「ここが世界で一番好きな場所なんだ」と言っている。そして，今ではフラッシュバックも驚愕反応もなくなっている。

しかし，初心のプレイセラピストにとって，また子どもの特性によっては，このような遊びが通用しない場合が多いことも確かであろう。もし，子どもとセラピストの関係性が大事だというのであれば，その関係を形成し，より深めていくことを媒介する「遊具」そのものの持つ意味や役割を考えることは，それと同じくらい大事なのではなかろうか。現在，プレイセラピーの世界で「遊具そのもの」が研究として語られることはほとんどない。何だかそれを扱ってはいけないような雰囲気があることも薄々感じている。子どもも，そして，子どもの抱える問題もみな違う。従って，現代の多様な一人一人の子どもたちとのかかわりに役立つ良い「遊具」とは何かを検討し，子どもの状態や症状に合わせた適切な「遊具」を選択し，活用の仕方を工夫することは最重要課題だと考える。ちなみに，子どもの状態や症状に合わせた適切な「遊具」を選択することを，筆者は大げさに「ゲーム処方」と称している。「遊具」はプレイセラピーにおいて，子どもの症状や問題の解決をサポートする「薬」のような効果を持つからである。そして，「処方」するというからには，常に多くのゲームと接し，体験を重ね，その意味や意義を考え，膨大な知識とルールの把握が求められる。かなり大変な作業であるのも事実である。

本書では，毎章末（最終章を除く）に，「オススメ遊具コーナー」を設けている。その章の内容と関連する遊具を紹介し，その遊具の持つ意味，使用上の留意点を載せた。是非プレイセラピーを行う際の，「遊具」を選択する際の参考にして頂きたい。紹介する「遊具」や「ゲーム」はすべて，ゼミや研究会で定期的に試技を繰り返し，筆者が日常的にプレイセラピーやグループセラピーで用い，また，並行面接をしている子ども担当者，SV をしている心理士や SC に使ってもらいながら，その有効性が確認できている選りすぐりの逸品ばかりである。なるべくマニアックなものではなく，絶版になっていない手に入りやすい遊具を紹介している。専門家に向けたものなので，それなりの価格がするものもあるが，プレイセラピーをより充実させたいと思っている方や，行きづまりを感じている方にとっては，持っておいて決して損にはならないはずである。

最後に。これが最も重要なことであるが，どの「遊具」も「ゲーム」も万能ではない。子どもの病態の把握や，用いるタイミングを間違えれば「毒」にもなりうる。「処方」と称するのはそのためである。これを使えば，こうなるといった短絡的な考えや過大な期待，押しつけは，子どもに負担を強いるだけである。セラピストとしての専門性を忘れず，慎重に用いることをくれぐれも留意してほしい。

【文　献】

田中康雄（2006）軽度発達障害のある子のライフサイクルに合わせた理解と対応―「仮に」理解して「実際に」支援するために，学習研究社
田中康雄（2008）支援から共生への道―発達障害の臨床から日常の連携へ，慶應義塾大学出版会
丹明彦（2003）プレイセラピーの豊かな世界―遊びを通した子どもの心との対話．女子教育（目白大学短期大学部女子教育研究所紀要），26; 110-114.

第１章註

註１）スーパーヴィジョン：心理士が，その分野の知識や経験がより豊富な心理士から，担当する事例に関して助言や指導を受けることをいう。指導する側をスーパーヴァイザー，指導を受ける側をスーパーヴァイジーと呼ぶ。しかし，ヴァイザーが偉く，常に正しいことを教えてくれる訳でもない。さまざまなスーパーヴィジョンの形があり，もちろん経験から問題解決のための助言やヴァイジーの特性の理解を促進することもあるが，最も大事なのはヴァイザーはヴァイジーとともに考え，明日も頑張ろうと思えるようにエンパワメント

する（ヴァイザーの現状でできていることを肯定し尊重して，潜在的に持っている力を引き出し，自信が出てくるような働きかけ）役割を担っていると筆者は考えている。ヴァイザーがヴァイジーとととともに事例を検討することで気づかされたり教えられたりすることは多い。

註2）ドロップアウト：担当する事例が中断すること。中断の理由はさまざまであるが，このことに鈍感で気にも留めず，ましてやクライエントのせいなどと思っていると，後で痛い目に合うことになるが，自責的になりすぎていては仕事にならない。セラピストはドロップアウトの意味を考え，適度に傷つくことで傷ついたクライエントの気持ちに近づけるようになる。

註3）認知行動療法：Cognitive behavioral therapy(CBT)。思考など認知に焦点をあて，認知の歪みを修正することで症状が改善されるとする認知療法などを中心として発展してきた心理療法の治療技法パッケージ。このような認知的アプローチに加え，従来の行動的アプローチ（行動療法）を含めて認知行動療法という場合も多い。

註4）ADHD：Attention-deficit hyperactivity disorder。一般に注意欠陥・多動性障害と称されることが多いが，DSM-5では，注意欠如・多動性障害と訳されている。不注意，衝動性，多動性などの特性がみられる。1990年代にはメディアの影響で，ADHDの子どもは，将来的に犯罪を起こすようなイメージを植え付けられ，学級崩壊の原因ともいわれた歴史があることを忘れてはいけない。現在では適切な理解と対応方法が行き渡ったことや，小学校の中学年以降になると顕著に激しい多動性が落ち着いていくことが分かったことなどもあり，学校での混乱も収まっている。

註5）特別支援教育の巡回相談：2007年に従来の特殊教育に変わり，特別支援教育が開始された。その一番の目玉が，従来行われてこなかった，通常学級における，知的障害のない発達障害児に対する個別指導計画（IEP）に基づいた支援であり，その際，専門家チームによる巡回相談，巡回指導も制度化された。専門家は発達障害に詳しい大学教員や児童精神科医，心理士などが担い，学校，担任，教員に対して各々の子どもへの対応の助言を行うとともに，学校組織や教員へのエンパワメントも行う。

註6）障害受容：本人自身が抱えている病や障害などを受け入れていくという障害受容と，親など家族が子どもの抱える病や障害を受け入れていく障害受容がある。ここでは後者を指す。わが子の障害を受け入れていくことは決して簡単なことではない。特に知的障害を伴わない発達障害の特性は，小学校に入学してからはっきりしてくることが多い。これまで普通の子どもとして育て

てきた子どもが，突然障害児だなどと言われてすぐに受け入れられる親はほぼいない。一生にかかわるデリケートな問題を第三者がとやかくいう権利はない。筆者は，障害受容ではなく，「わが子受容」が大切だと常々強調している。障害だけで生きている子どもはいない。さまざまな良さや得意なことと同じように，わが子の中に苦手な側面も含まれている。良いところも悪いところもあってトータルとして「わが子」として受け入れていくことを支えることで，障害ばかりにとらわれないようになっていくことが理想的な本来の「障害受容」である。

註7）WISC-IV 知能検査：ウェクスラー Wechsler, D. が開発した児童を対象とした個別知能検査 Wechsler Intelligence Scale for Children（WISC）の第4版である。WISC-IV では全般的な知的能力を示す全検査 IQ（FSIQ）とともに，言語理解指標（Verbal Comprehension Index，VCI），知覚推理指標（Perceptual Reasoning Index，PRI），ワーキングメモリ指標（Working Memory Index，WMI），処理速度指標（Processing Speed Index，PSI）の四つの指標から子どもの知的能力を測定する。日本では特別支援教育の始まりとともに前版のWISC-Ⅲ知能検査が盛んに使用されるようになり，何か子どもの問題が起これば，何をおいてもまず知能検査を実施するという怪現象が今なお続いている。

註8）ネグレクト：児童虐待防止法では，18歳未満の児童に対する虐待について，身体的虐待，性的虐待，ネグレクト（養育放棄など），心理的虐待があるとし，関係者の発見・通報を義務づけた。ネグレクト（養育放棄など）は，子どもが十分な食事を与えなかったり，長期間入浴や着替えをさせなかったり，長時間に渡り放置されたり，無視されることを指す。平成30年8月30日公表の「平成29年度　児童相談所での児童虐待対応件数等」によれば，総133,778件のうち，ネグレクトが20.0％を占めている。無視されることは，いじめ同様，子どもにとって自分の存在を否定される極めて辛い体験であり，子どもの心を著しく歪める。

註9）愛着障害：乳幼児期までの養育者との関係を通して得られる安全感・安心感を十分に獲得できなかったことによって引き起こされる状態像を広く愛着障害という。虐待的環境の中でより起こりやすい。人との関わりにおいて過剰に警戒心を抱く「抑制型」と，人との適度な距離感が理解できず，警戒心がなく，知らない人に話しかけたり，過剰にベタベタしたり攻撃的になる「脱抑制型」があるとされる。しかし，これはコインの裏表であり，どちらかが強く出る子どももいるが，状況や相手に応じて二つの側面を両方とも表出される子どもも少なくない。筆者は10年以上前から，愛着障害ベースの子ど

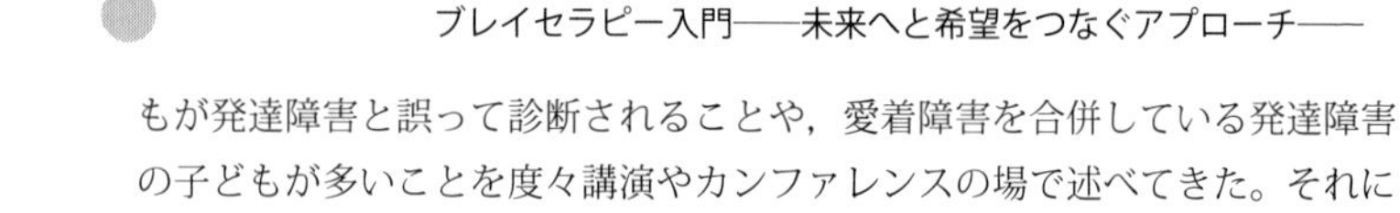

もが発達障害と誤って診断されることや，愛着障害を合併している発達障害の子どもが多いことを度々講演やカンファレンスの場で述べてきた。それに対して，批判を受けたことが何度かあったが，ここに来て関連する書籍が出版されるなど，この考え方がやっと受け入れられる時代になった。

註 10）コンサルテーション・ガイダンス：カウンセラーが直接クライエントに関わるカウンセリングに対して，カウンセラーが教員や関係者から話を聞き，間接的に子どもへのかかわりなどについて助言，支援することをコンサルテーションという。スクールカウンセリングにおいてコンサルテーションは極めて重要な役割を果たしているが，大学院などの教育課程において学ぶ機会もなく，実際に役立つコンサルテーションを行うことはとても難しい。ガイダンスの歴史は長く，カウンセリングの前身的立場にあるが，ここでいうガイダンスは，基礎的な知識や説明を行い，先生や親に理解を促すようなかかわりのことを指す。

註 11）学習障害：Learning Disabilities（LD）とも呼ばれる。1999 年に旧文部省が学習障害を，「基本的には全般的な知的発達に遅れはないが，聞く，話す，読む，書く，計算する又は推論する能力のうち特定のものの習得と使用に著しい困難を示す様々な状態を指すもの」と定義している。本邦では，知的障害のない障害として，学習障害の研究が早くから熱心になされてきた歴史があり，親の会も全国的に展開された。しかし，ADHD や自閉症スペクトラムへの理解が広まることで，学習障害と思われていた子どもたちが，実際には違う障害に該当していたというケースが多く見受けられた。学校現場などでは，知的障害には至らないが全般的に知的発達が遅れている子どもたち（ボーダーライン知能児）が，学習障害と認識されることも少なくない。欧米圏と比較して，日本には本来的な意味での学習障害に該当する子どもは少ないことが以前から指摘されている。

註 12）自閉症スペクトラム障害：Autism Spectrum Disorder(ASD)。イギリスの児童精神科医ローナ・ウィング Wing, L. が，1990 年代に自閉症には，「社会性の障害」「コミュニケーションの障害」「想像力の障害」の 3 つの特性が，軽度から重度まで程度の違いはあれど，連続的に存在しているとして，古典的な自閉症からアスペルガー症候群，自閉的な傾向を持つ者までを「自閉症スペクトラム」として捉えることを提案し，DSM- Ⅳから正式に採用された診断名である。もちろんそのような傾向はあっても障害には該当しない者も多い一方で，ASD 児の約 30％は知的障害を伴っているという現実も見逃してはいけない。現在の DSM-5 における ASD の診断基準は，「社会的コミュニケーションの障害」と「限定された興味」の２つとなっている。特性の理解が深まるのは望ましいことだが，過剰診断という問題も考慮されなくてはならないだろう。

註 13）SST：Social Skills Training の略。元々，統合失調症の患者が社会生活を送る上でのコミュニケーションスキル向上のためのプログラムとして長い歴史を持つ。日本では，1990 年代以降，発達障害を持つ子どもに対する取り組みが行われるようになって現在に至る。さらに，一般の子ども全般のソーシャルスキルの不足が盛んに叫ばれ実践と研究が盛んに行われるようになった。現在では一般成人に対しても行われており，定義も内容もかなり曖昧なものになりつつある。

註 14）TEACCH：Treatment and Education of Autistic and related Communication handicapped Children（自閉症及び関連するコミュニケーション障害をもつ子どもたちのための治療と教育）の略。TEACCH プログラムとも呼ばれる。1972 年にショプラー Schopler, E. が創始し，米ノースカロライナ州で ASD 児の診断・評価，構造化（見通しを立てることや，突然の変更が苦手である特性に対して，整理，構造化された環境を設定すること）を中心にすえた療育，家族・支援者サポート，就労支援まで包括的に行われてきたプログラムである。現在，世界的に広がっており，ASD 児者に対する効果的かつ欠かせない視点を持つアプローチとして知られている。特に構造化は ASD 児者のみならず，発達障害児者に対する支援，特別支援教育においてとても重要な視点といえる。

註 15）書字障害：文字を「書く」ことに困難がある学習障害のことであり，DSM-5 では限局性学習障害のうち，書字表出の障害を伴うものと定義されディスグラフィアとも呼ばれる。ちなみに，読字障害をディスレクシア，算数障害をディスカリキュアと呼ぶ。近年，学校現場で文字獲得，書字表出に困難のある書字障害の子どもが増えていることを実感している先生が多く，心理相談室などへの相談もかなり増加している。複数の検査を組み合わせたバッテリーによる詳細なアセスメントによって原因を特定し，早期に適切な療育的指導がなされると改善することも多い。実際，筆者はこれまでさまざまなアプローチを用いて書字障害のある子どもの療育に取り組み，困難を克服する子どもたちを多くみてきている。

註 16）ドイツのボードゲーム：1970 年代後半から 1980 年代初頭，ドイツで子どもから大人まで複数人で，また家族で楽しめ，ルールが比較的簡単でその場で説明してすぐに遊べる新しいスタイルのボードゲームが発売されるようになり，独自の市場が開拓された。ゲームのデザイナー（作者）がパッケージに明記されるのも特徴の一つであり，人気デザイナーの作品は待望されよく売れる。日本でも1990年代半ばからドイツゲームが輸入されるようになり，筆者を含めた一部のファンに支えられてきたが，2011年の東日本大震災の影響で，電気を使わないゲームとしてドイツゲームが注目されるようになりメディアで取り上げられたことから一般にも普及し，近年一大ブームとなり，日本発信のボードゲームも国際的に評価されるようになっている。子どもが遊べるゲームであること，直接人と関わりながら遊べること，さまざまな能力が必要とされることから，プレイセラピーやグループセラピー，療育の場においても活用されるようになってきている。本書のオススメ遊具コーナーをご参照のこと。

オススメ遊具コーナー　その１

ブリッとでるワン　（タカラトミー）

◆どんなゲーム？

スライム状のエサを皿にすくってワンちゃんのお口に入れ，その上から骨をくわえさせる。サイコロを振って，出た目の数だけ順番にポンプを押す（お散歩気分）。ポンプを押すとワンちゃんはブー，ブー放屁（おなら）をしながら尻尾をフリフリ。すると，最後にはおしりからウンチが勢いよくブリッ！　出てきたウンチを上手にスコップですくってキャッチ。ウンチを先に３つ集めた人が勝ち。

◆この遊具の意味と効果

食べる，消化する，遊ぶ，ブリっとウンチをするという，人としての生きる根源的な一連の営みが，コミカルに表現された遊具。心の詰まりをさまざまな段階で起こしている子どもは，繰り返し，しつこく遊び続ける傾向がみられる。スライムが腸に詰まり，便秘をよく起こすので口から人工呼吸してウンチを出したり，棒を突っ込んでぐりぐりしたり。ウンチが出なくなるほどまで，えさを大量に食べさせて，いじめたりすることもたびたびみられる。実際，この遊具を通して摂食障害の症状が軽減された子どもがいる。子どもたちならばみな大好きで大笑い。関係性の形成には最適である。

◆この遊具を使う上での留意点

文字通りくだらない「クソゲー」だが，心理的には強力なインパクトを与えるので，子どもの病態が重い場合には，差し出すタイミングの見極めには慎重を要する。すぐには遊ばない方が良い。また，実際，おならが出たり，トイレに行きたくなる子もいるのでこれにも要注意！

◆グループでの活用事例

発達障害の子どもたちを対象とした私たちのグループでは，３匹のワンちゃんにメンバーを割り振り，ウンチの奪い合いが行われた。これをB-1グランプリッ！（ブリっと出るワングランプリッ！）と称し，盛大に大会が開催された。もちろん優勝者はブービーであり，賞品としてトイレットペーパーが贈呈された。

◆ブリッとでるワンくんの現状

筆者はブリッとでるワンくんが大好きで10匹ほどの多頭飼いをしている。しかし，このゲームの難点として，エサウンチのスライムが固まって使えなくなる問題がある。そして日本版は現在絶版（泣）。しかし，いまや海外のゲームが普通にamazonで買える時代。現在，スライムが固まりにくい入れ物に入っている版と共に，なんと，でるワンくん２号が発売されている。

でるワンくん２号

少しかわいくなり？，エサ便はスライムから細長のゴムボールに変わり，エサウンチ固まり問題は解消された。でも相変わらずお腹に詰まってなかなか出てこない便秘問題はよく起こる。実によくできている。

第２章

なぜ，今，あえてプレイセラピーなのか？
——現代社会とプレイセラピ——

１．「子どもの日」に思う——現代の子どもを取り巻く環境

2014 年 5 月 5 日子どもの日，日本経済新聞の一面には，『保育所新設 1.4 万人分』との文字が躍る。保育サービス大手株式会社 4 社が認可保育所の開設ペースを上げ，2017 年までに 1,600 カ所を新設し，1.4 万人分の利用枠を設けることを伝えている。最大手の JP ホールディングスの昨年の経常利益は 13 億 7,500 万円で，過去最高を更新し，認可保育所の新設を加速化させることで，収益力をさらに高めるとのこと。

現在では，ほぼ解消されてきたものの，都市部を中心とした待機児童問題[註1)]は深刻であり，保育所の増設を求める声が大きな運動になっていたことは多くの方が知るところだろう。保育とは無縁であった企業，株式会社による保育事業参入の歴史は浅いものの，安倍政権の「待機児童解消加速化プラン」の流れに乗り，急速に拡大化を続けている。念願の待機児童解消の早急化，株式会社の参入による体制の強化を引き換えに，保育の質の低下を懸念する声，営利追求と福祉・保育との不協和音，保育園での事故報告の急増（川口, 2012）など，多くの課題を指摘される中で，2015 年 4 月，0 歳児保育の充実などを含む「子ども・子育て支援新制度」が開始された。

その是非や制度設立までの紆余曲折，制度そのものに関する議論の詳細は，専門家や専門書に譲るが，子どもにかかわる心理士として，このような社会的動向に敏感でなくてはならないのではと思っている。従来のままの理解の枠組みだけでは，現代の子どもの抱え

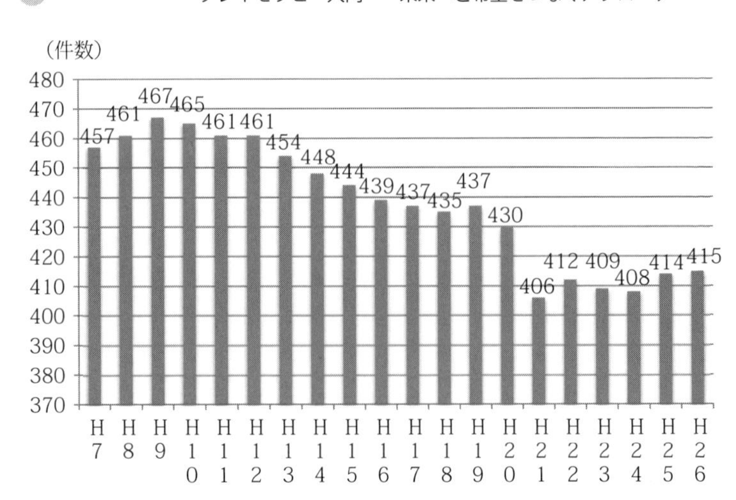

図１　家庭の平均収入の推移（国税庁，2014）

る問題に立ち向かえないと感じているからであろう。

他にも，近年の子どもを取り巻く社会的環境の変化は挙げればきりがない。例えば児童貧困問題。2013 年に通称「子どもの貧困対策法」が制定されている。先進国と思われていたはずのわが国における「児童貧困」という響き。阿部（2014）によれば，2009 年時点で６～７人に１人の子どもが貧困状態にあるという。ひとり親世帯，特に母子家庭世帯における貧困率の国際比較では，OECD 諸国で飛び抜けて最悪の水準にあるという，にわかには信じがたい現実。しかも，現在ひとり親世帯は約８世帯に約１世帯と極めて身近なものである。

ひとり親世帯に限らないが，世帯収入は，一部の業態に属する社会人世帯を除いてその減少は顕著である。臨床現場でも，両親がそろってフルタイムで働いていてもその収入では，さすがにお子さんを育てるのは苦しいだろうと思うことが，特に 2008（平成 20）年のリーマンショック以降増えた。リーマンショック[註2)]の翌年の家庭平均収入の減少率は戦後最大である（図１）。バブル崩壊後ではないのである。100 万単位で収入が減ったというクライエントさんの声をたくさん聴いたことを覚えている。知る限り，最も影響を受けたのはいわゆる中流世帯であったようである。これまでの家庭の生活水準を維持するために，母親が本格的に働かなくては生活がたちゆかなくなったことが，待機児童問題に拍車を掛けた訳である。それに伴い，リーマンショックの翌年である 2009（平成 21）年以降，０歳児保育を受ける子どもが急増した。その子どもたちが小学校にあがった年，小学１年生の子どもたちの様子が明らかに違う！！と巡回相談で教育委員会の先生方と声を上げたことを覚えている。いまやこれは普通の光景である。全体指示が通らない。みんな「先生」「先生」と２者関係を求めたがる。立ち歩く子どもが増えた。自分の名前もひらがなも書けない子どもが増えた。鉛筆を噛む，手遊びをする子どもが増えた。研修会や教員免許更新講習などでこの話をすると学校の先生たちはみな同意してくれる。しかし，リーマンショックとの関係にはもちろん気付いておられない。筆者も当初は分からなかった。厚労省のサイトに掲載されているこのような各種データは，今やこのような社会現象，子どもの問題を読み解く教科書のようなものである。

ともあれ，世帯収入の低さと子どもの低学力は高い相関が認められ，貧困問題と虐待，不登校の発生との関連も指摘されており，その具体的施策の実施が早急に求められているのである（阿部，2014；山野，2008）。実際，リーマンショックの 2008（平成 20）年から 2009（平成 21）年の１年間で虐待相談件数は急増している（図２）。

また，あまり語られていないことであるが，18 歳未満の「知的障害児」（発達障害ではない）の人数が，1995 年から 2005 年の間に約３万人増加している（厚生労働省，2007）。子どもの出生率が下がっているにも関わらずである。最重度の知的障害を抱える子どもの増加も著しく，それに伴い就学猶予・就学免除[註3] 児童も増え続けている。その背景にはさまざまな予測がなされているが，その一つの要因として低出生体重児[註4] の増加という要因が指摘されている。2,500 g 未満の子どもが低出生体重児とされるが，今やわが国では新生児全体の約 10 人に１人が該当している（厚生労働省，2004）。1,000 g 未満の超低体重出生児の出生後生存率は，世界でも最高水準を誇る反面，「知的障害」を伴うリスクは格段に高くなり，それは

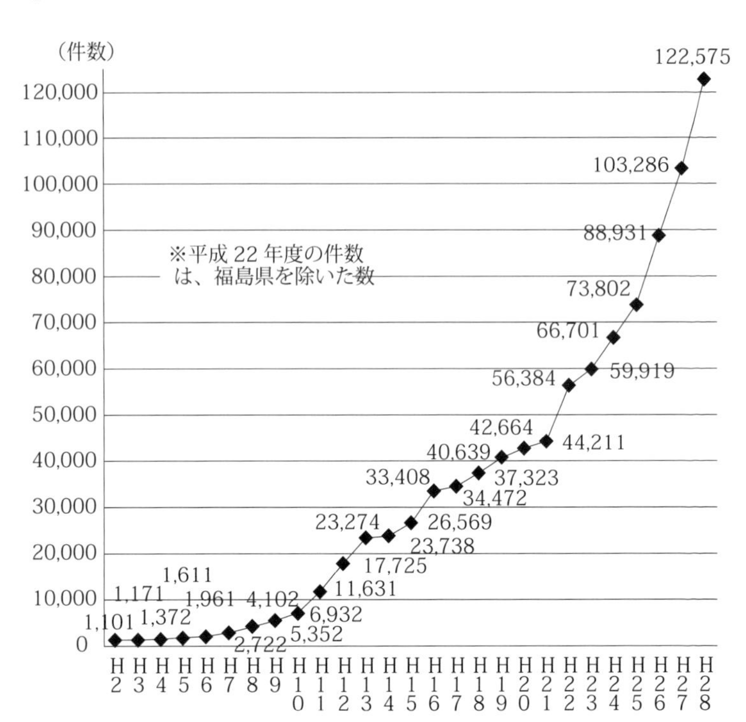

図2　児童相談所の児童虐待相談数の推移（厚生労働省，2017）
※平成 21 年から 22 年，リーマンショック後の急増は偶然ではない。

統計的にも明らかにされている（上谷，1999, 2007）。

専門家でもない筆者がこれ以上つらつらと書き続けると，ボロが出そうなのでそろそろやめるが，これらは，子どもを取り巻いている社会的現状のほんの一部でしかない。しかもこれらは単独で成立しているわけではなく，すべて有機的に結びつき，さまざまな領域へと波及している。一例をあげれば，障害児がこれほどまでに増えているにもかかわらず，障害児を受け入れる保育園数も，受け入れ障害児数も横ばいか減少が続いており，新制度でその傾向に拍車がかかることが予測されている（伊藤，2013）。障害を抱える子どもが虐待の被害を受けやすいことは，周知の事実である。障害を抱える子どもと保護者との関わりの深い筆者としても今後が気になる話題である。

私自身，面接室やプレイルームでのカウンセリングやプレイセラピーだけではなく，地域とのかかわりの中で仕事（研修や研究，スーパービジョン・コンサルテーション，個人的になど）をさせて頂いているため，保育園・学童や児童館，障害児・者施設，公立私立小中高等学校，特別支援学校，児童養護施設などでの子どもたちの実情をつぶさに知ることができる立場にいる。これは，とてもありがたいことであるが，子どもを取り巻く状況は刻々と悪い方向へと変化しており，複雑な思いである。時代の流れには抗えない。しかし，直観的に感ずる危機感。大人，高齢者中心社会の中で，声なき子どもたちの思いをだれがどこでどんな風に吸い上げることができるのか。心理士にできることは本当に限られている。そして，直接目の前でかかわれる子どもの数も親の数も限られている。本章では，そんな中でもこのような社会経済文化的環境を踏まえたうえで，今，心理士に求められている，現代の子どもの抱える問題を的確に「見立てる」ための視点を提案するとともに,「プレイセラピー」が果たすことのできる実は多大で重要な現代的役割の可能性を示してみたい。

2．現代の子どもの問題を「見立てる」視点

臨床現場で出会う子どもにも，先に述べた社会的背景とつながりを持つ子どもの来談は明らかに増えている。例えば，私が担当している子どもの中には，1,000 g未満で出生している子どもが多数いる。例えば，600 gで生まれたある男の子は，出生後保育器に1年近く入っていた。幼稚園を経て，通常学級に通っているが，学習の遅れがみられ，クラスメートとのかかわりがうまくできないということで小学2年生の時に来談した。とても小柄なお子さんで，知的水準もボーダーラインであった。母親は出産を機にそれまで続けていた仕事をやめたという。専業主婦になり，その後子どもと丁寧に接して関わることを心がけてきたが，やはりリーマンショック後の家計は苦しく本格的に仕事に復帰しなくてはやっていけない状況で

あると語った。全てはつながっているのである。

これと関連するが，600 gで生まれた子どもと3,000 gで生まれた子どもが，就学時には一律に小学校に入学するという現実をどのように考えたらよいのだろうか。少子化の流れの中で，個別性の高い，多様な子どもたちを学校で教育していく時代に突入していることだけは確かである。

先にも指摘した通り，０歳児代から保育園で生活する子どもが急増している。世帯収入の大幅な減少や女性の出産後の社会復帰の困難さを考えるとやむを得ないことと思われるが，来談する母親に子どもの生育歴を聞いても，はっきり覚えていないと答えることが本当に増えた。これは私だけではなく，周囲の心理士たちも同様の印象を持っていると言う。

生後２カ月から保育園で過ごし，小学校に上がったばかりの男の子が，集中力や落ち着きがないことを学童の先生に指摘され筆者の相談室に来談した。母親はADHDではないかと心配していたが，生育歴を聞いてもやはりほとんど覚えてはいなかった。子どもの状態は愛着障害であることは明らかであった。家庭の収入が安定せず，夫婦でフルタイムで働いても400万円弱であり，仕事が多忙で，子どもと過ごす時間はほとんどなかったため，保育園には本当に支えられたと振り返った。保育園にも通えず，孤立した家庭の中で虐待が行われている現実があることを考えると，保育園に支えられている子どもと保護者はそれだけで幸せであるのかもしれない。ちなみに，０歳児保育が公的に開始された1994（平成６）年から虐待相談件数が明らかに増加していることも決して偶然ではないだろう（図２）。

また，低体重で出生し，重度の先天性心疾患[註5)]が見つかり，１歳までの間に大きな手術で入退院を繰り返してきた子どもも担当したことがある。我が国の医療技術の進歩は目覚ましく，従来出生後まもなく亡くなっていた心疾患の子どもたちが，手術で病を克服する事例が増加している。その男の子は，母親がフルタイムで働いていたため，投薬は続けながら２歳から保育園に通った。小学校入学後から，立ち歩きが目立ち，クラスメートとけんかが絶えないということを担任に指摘され筆者の元を訪れた。母親は，仕事と両立しながらの入院や通院に追われ，乳児期に子どもと関わりたくても十分に関われなかったことを回顧した。

さて，私を含め心理士の多くは，教科書的な「従来の発達理論」を下敷きにしながら，保護者から当たり前のように「生育歴」を聴き，それを手かがりにして，子どもの生きていた歴史を辿りつつ，子どもや親の気持ちに思いを馳せ，子どもの抱えている問題を「見立て」ているのが現状ではなかろうか。従来の発達理論とは，「特定の他者との相互関係」を基盤にして３歳頃までに愛着が形成され，情緒的対象恒常性[註6)]が獲得されるという，いわゆる「三歳児神話」の考え方である。私もこれまでいわゆる「三歳児神話」をアプリオリなものとして信じて疑わずに，臨床を行ってきた一人である。

しかし，これらの事例や社会的状況を鑑みると，これら従来の発達論的理解では通用しなくなってきていると考えざるを得ない。ちなみに，現状の保育システムでは３人の０歳児に対して１名の保育士が担当している。１歳以降は，歳を追うごとに子どもと担当保育士の比率のギャップは大きくなっていく。したがって，このような定型化された発達論では理解できない事例の方が今後は圧倒的に増えていくに違いない。なお，我が国では，1998 年の時点で『厚生白書』において，「三歳児神話には，少なくとも合理的根拠は認められない」と明言されている（長田，2013)。

臨床心理学を専門とする立場としては，これまでの精神分析学や発達心理学の研究の中で蓄積されてきた，生後３年間の子どもの発達と特定の他者との相互関係が重要であるという考えは決して無視できないものの，西村（2011）が，愛着の問題を親の責任だというような因果的な見方は許されなくなったと指摘するように，現代社会の状況を鑑みると，安易に子どもの問題の原因や責任を保護者に押しつけるのは酷でしかない。

以上を踏まえると，現代の子どもの問題を「見立てる」ための視点として，まず，社会的情勢や家庭の経済状態を十分考慮する必要があることが分かる。例えば，プライバシーにもかかわるシビアなテーマではあるが,「世帯収入や家賃」の確認は近年必須だと認識している。私が所属する大学の相談室でもそのことが常に話題に上っている。無論,無料の相談機関においてもそうであって欲しい。そして,詳しい生育歴はわからなくとも,最低限,出生時体重,保育器で過ごしていればその期間,保育園利用の開始時期,生後1年間の生活環境,その他の疾患の有無や,周産期の保護者の精神的状態などを把握しておく必要があるだろう。

最近,SVやケースカンファレンス[註7)]の場で,保護者から十分な情報が得られないこともあって,外から観察可能な状況だけを頼りに,なんでもかんでも「発達障害」という安易な判断がなされる事例が多く見受けられる。確かに「発達障害」が疑われるケースもあるだろうが,それだけでは判断の材料が少なすぎるし,「発達障害」が疑われる場合であっても,育ってきた環境や情緒的発達と子どもの抱える障害や問題を切り離して考えることはできない。家庭環境や心理的問題を無視して,「発達障害」と「見立てる」と心理士は思考停止に陥ってしまう。便利な評価基準は,子どもの問題の本質を見失いかねない。そもそも「発達障害」という「見立て」自体,正確には「見立て」には相当しないものであることを肝に銘じておきたいものである。

3.プレイセラピーという新鮮で貴重な時間の果たす役割

第1章で,現代の子どもとプレイセラピーの相性がよくなってきていることを述べた。その理由は,このようなここ10数年の間の社会的情勢と関連している。実は,これまで示した600 gで出生した子,生後2カ月から保育園で過ごしADHDを疑われた子,重度の先天性心疾患が見つかり1歳までの間に大きな手術で入退院を繰り返してきた子,すべてに対して,マンツーマンのオーソドックスな「普通のプレイセラピー」を実施し,十分な成果が得られているのである。すなわち,毎週の個別のプレイセラピーと保護者面接のみで,子どもたちは情緒的に安定し,トラブルは減り,学校や学童での適応が良くなっているのである。担当したのはすべて,イニシャルケースとして取り組んだ大学院生たちである。しかも３カ月から半年という比較的短期間で大きな変化が起こるというところも強調して指摘しておく必要があるだろう。

考えてみれば，先に示したすべての子どもたちは，出生からの１年間の間に，さまざまな事情から保護者との間でマンツーマンでの関わりや相互的関係を図らずも十分経験できてきていない。特に，０歳代から保育園を利用している子どもたちは，生まれて間もない時期からその生活の多くの時間を集団の中で費やすことになる。保育園での生活は，楽しいことやうれしいことも沢山あるに違いないが，その一方で，自分が思い通りにしたくてもできないことも多いだろう，自分の思い描く世界で遊びたいのに，誰かにそれを邪魔されることもあるだろう，担当保育士を自分だけのものとして独占したくともできないに違いない。意図が上手に伝えられず，我慢したり，甘えたくても甘えられないという場面も出てくるだろう。それは小学校に入ればさらに顕著になる。保育園までは，ある程度満たされ，自由の中で守られていたとしても，小学校ではそうはいかない。30 人～ 40 人の子どもに対して１人の先生。不満に耐えられず，自由に振る舞えないことで，小学校に進学してから問題が起こる。無理もないことではなかろうか。

そう考えると，プレイセラピーを受ける子どもたちにしてみれば，プレイセラピーという時間が，自分だけの担当者である大人が，一対一で自分のためだけに，50 分という短い時間とはいえ，自分の主導する遊びに真剣に付き合ってくれ，毎週毎週，自由に遊べるという，これまでに望んでも得られなかった特別で新鮮で貴重な時間になっていると考えられるのである。生まれてはじめてこのような時間を体験している子どももいるに違いない。ちなみに，児童養護施設の心理士によれば，心理の時間，プレイセラピーの時間を楽しみに待ちわびている子どもたちが少なくないと聞く。そして多くの子どもたちはプレイセラピーの時間は，宿舎とは異なって，穏やかで幸せそうであるという。

すなわち，現代の子どもたちにとって，プレイセラピーは，これまで体験したことのない，非日常的で新鮮な驚きに満ちた掛け替えのない大切な時間と空間を得る機会として機能しているのではないかと考えられるのである。自分の好きなことを自分のしたいがままに，プレイセラピストはそれに合わせて，ときに見守り，ときに相互的に関わり合う。自分のためだけにいてくれる大人を一人占めにできる時間，それがプレイセラピーである。初心者やプレイセラピーに不慣れなセラピストであったとしても，プレイセラピーの基本さえ押さえていれば，テクニックうんぬん以前に，この非日常的体験を提供することこそが，子どもたちを安定に導く原動力になり得る可能性を秘めているのである。先に示した，毎週のプレイセラピーによって安定していった子どもたちの実例が，そのことを如実に物語っているだろう。

もちろん，そのような今まで体験したこともない不慣れな体験に戸惑い，抵抗を起こしたり，極度な退行を起こしたりする子どもが出てくることは十分に予測される。しかし，それは想定の範囲内であるし，これがプレイセラピーの醍醐味でもある。プレイセラピーや母子並行面接[註8)]に特有に起こりがちな課題は多い。しかし，普段からプレイセラピーを実践しているセラピストにとっては当たり前の事態である。母親の前で，子ども担当者が子どもと極端に仲良くしないなどの配慮を行ったり，プレイセラピーに熟知したスーパーヴァイザーに指導を受けたりすることで，「見立て」が行き届き，その問題がすぐに解決されることが少なくない。子どものセラピーには特有の問題と経験した者にしかわからない解決のポイントやコツがあるのである。

ところで，わが国でプレイセラピーのトレーニングを専門的に学んできたというセラピストはそう多くない。私もその一人である。だから多くのセラピストが恐れることなくプレイセラピーを積極的に実践してもらいたいと願っている。細かい技術や特性に応じた配慮は，その次の話でよいのではないだろうか。筆者がSVしているSCは，小学校の相談室で子どもたちと，時間を決めて毎週プレイセラピーを行っている。毎週のプレイセラピーだけで子どもが落ち着いたという報告を受けるたびに，その成果の実感は増している。一方で，いくら巡回相談などでカウンセリングニーズが高いので，個別のカウンセリングやプレイセラピーをやってみては？　とSCに提案してもなかなか取り組んでもらえないのがとても残念である。

西村（2011）は，来談者中心療法[註9)]的に遊びの相手をしていると子どもの問題はたいてい解決するので小学校に配置されたスクールカウンセラーはプレイルームを要求してどんどんプレイセラピーをやってほしい。プレイで発達障害やアスペルガー障害[註10)]と言われている子どもたちがよくなる，ときっぱりと述べている。筆者のレベルでは，そこまで言い切る自信はないが，すべての子どもとまではいわないまでも，発達障害を抱えているかいないかに関わらずという意味では大いに同意できる。

ちなみに，アメリカのグリーンスパン Greenspan, S. ら（2009, 2011）は，自閉症やADHDの子どもたちに対する有効な療育的アプローチとして，「DIR (Developmental Individual Relational)」モデルを提唱している。これは，発達論を軸とした包括的・折衷的なアプローチで，その中核的技法は「Floortime（フロアタイム）」と呼ばれている。どんなにか素晴らしい，そして，小難しい技法なのだろうかといぶかしげに書籍をひもといた。その方法とは，「一日に数回，一回20分程度，大人が床に降り，子どもの目線でかかわる」というものだった。子どもが自らやりたいというモチベーションを大切にし，子どものリードに従い，子どもの興味，関心につきあうということに気を配ることが，大人（保護者）の担う役割であるともいう。さらに詳細な配慮とアセスメントが必要であるようだが，基本的には「Floortime（フロアタイム）」技法が要になっていることは確かである。筆者は，腰がくだけ，少なからずの驚きを覚えた。まさかそんな方法で？　と。当初は，ことばは悪いが子育て下手なアメリカ人らしい発想だなとも思い，一旦はすぐに本棚に収まった。しかし，考えてみればわが国もいつの間にかテーブル，イス文化の家庭が増えているではないか。床に腰を降ろし子どもの遊びにつきあうなどということが，我々日本人も普段どれだけできているだろうか。そう考えると特別でも複雑でもない，この原始的で泥臭い方法が子どもを変容に導くというのもさもありなんと思えてきた。同時に，これを実践することがどれだけ困難なことかということに考え至った訳である。きっと本気でやろうと思わなければ家庭では到底取り組めないのが現実だろう。この方法は，子どもの主体性を最大限重視するものであり，基本はオーソドックスなプレイセラピーと大差はない。心理士にとって参考になることが多いのではないかと思いなおし，背筋を正して先の書籍を読み直した次第である。

だから，繰り返しになるがすでにプレイセラピーを行っている方も，そうでない方も，まずは「遊び」を通して子どもと向き合って欲しい。ただし一つ提案がある。それは「Floortime（フロアタイム）」技法とも関連するが，今一度，プレイセラピーの頻度と回数を再検討して頂きたい。セッションをためらいもなく隔週や月 1 の頻度にしている現場の心理士が多いのではないだろうか。担当事例が多すぎて対応しきれないことは重々承知の上であるが，可能であれば，並行の保護者面接の回数は減らしてでも，プレイセラピーだけは毎週 50 分にしてみてはどうだろう。くり返すが，筆者が先に挙げた事例はすべて，原則的に「毎週」のプレイセラピーということにこだわった。この意義は大きかったと思っている。そして短期間で良い成果が得られている。間隔を広げて長期的にダラダラとなかなか成果もなく続けるよりは，思い切って間隔を狭めてでも短期的にそれなりの成果をというのも，増え続けるケース対策も含めて一考の価値はないだろうか。

最後に。現代の日本の子どもたちは，大人との一対一の遊び，プレイセラピーを求めている，そして，遊んでくれる大人が必要とされていることはまぎれもない事実である。プレイセラピーが現代の子どもに果たす役割は我々が思っているよりもずっとずっと大きいのである。長々と遠回りなお話に付き合わされ，飽き飽きされた読者もいるかもしれないが，筆者が今あえてプレイセラピーにこだわるのは，以上のような理由からである。

【文　献】

阿部彩（2014）子どもの貧困Ⅱ―解決策を考える．岩波新書．
グリーンスパン，S. 他（広瀬宏之訳，2009）自閉症のDIR治療プログラム．創元社．
グリーンスパン，S. 他（広瀬宏之・越後顕一訳，2011）ADHDの子どもを育む：DIRモデルにもとづいた関わり．創元社．
伊藤周平（2013）子ども・子育て支援法と保育のゆくえ．かもがわ出版．
川口創（2012）子どもと保育が消えてゆく―「子ども・子育て新システム」と保育破壊．かもがわ出版．
国税庁（2014）民間給与実態統計調査結果
厚生労働省（2004）人口動態統計．
厚生労働省（2007）知的障害児（者）基礎調査．
厚生労働省（2017）福祉行政報告例．https://www.mhlw.go.jp/toukei/saikin/hw/gyousei/16/index.html
西村洲衛男（2011）相談室の子どもたち（５）プレイセラピーのすすめ．子どもの心と学校臨床，5; 115-119.
長田安司（2013）「便利な」保育園が奪う本当はもっと大切なもの．幻冬舎ルネッサンス．
上谷良行（1999）1990年出生の超低出生体重児９歳時予後の全国調査集計結果．In：中村肇：厚生科学研究費補助金報告書．pp.97-101.
上谷良行（2007）2000年出生の超低出生体重児６歳時予後の全国調査集計結果．In：中村肇：厚生科学研究費補助金報告書．pp.71-77.
山野良一（2008）子どもの最貧国・日本―学力・心身・社会に及ぼす諸影響．光文社新書．

第２章註

註１）待機児童問題：認可保育所に入所申請をしても，希望する保育所に入所できない子どもがいるという社会問題。入所できない理由は，定員超過，施設の場所や託児できる時間帯が希望とあわないことなどである。待機児童問題は，親の子育てに対する不安感を高め，ひいては少子化問題を深刻化させ，産休明けや育児休暇後の就労を妨げることから，男女共同参画社会の実現を妨げる一因にもなっているとされる。

註２）リーマンショック：2008年９月にアメリカの投資銀行であるリーマン・ブラザーズ・ホールディングスが経営破綻したことに端を発して，世界規模の金融危機が発生した。日本の長引く不景気に加え，アメリカ経済への依存が強い日本の輸出産業が大きなダメージを受け，結果的に日本経済全体の大規模な景気後退に繋がり，待機児童問題，貧困問題，低所得家庭の増加など，その影響は現在にも大きな影を落としている。

註3）就学猶予・就学免除：教育委員会が学齢期に達した子どもの保護者に対して，その子どもを学校に就学させる義務（就学義務）を猶予または免除すること。1979年の養護学校義務教育化以前は，多くの知的障害児が就学猶予や就学免除の対象となり，その数は多かったが，義務化に伴いその数は急激に減少に転じたが，1993年を境に増加に転じている。その背景に，最重度の障害児や低出生体重児の増加という要因があることが指摘されている。

註4）低出生体重児：出生時体重が2,500 g未満の子どもを低出生体重児と呼ぶ。低出生体重児の中には，1,500 g未満の極低出生体重児と1,000 g未満の超低出生体重児が含まれている。1980年には出生児全体の5.2%だったが，2013年には9.6%となっている。その背景として，出産時の女性の体脂肪率の低下，妊婦の体重増加制限が指導される傾向，高齢出産の増加，不妊治療などの影響が指摘されているが定説はない。

註5）先天性心疾患：生まれつきの心臓または心臓血管の構造上の異常を先天性心疾患という。先天性奇形に括られることもあり，新生児の約1%にみられる。先天性心疾患には，百種類以上の病気があり，疾患の重症度や，症状出現の時期，症状の現れ方などがそれぞれに異なるが，新生児死亡者のうち最も多い死因であることはあまり知られていない。近年の医学の進歩により重篤な先天性心疾患であっても，手術により普通に生活できるようになる場合も少なくないが，0歳代からの手術，入退院の繰り返しが情緒的発達に与える多大な影響について語られることは少ない。

註6）情緒的対象恒常性：母親（主な養育者）イメージが子どもの心の中に内在化されることによって，母親と離れていても，母親は自分を見捨てない，愛してくれていると確信できる能力が持続的に持てるようになることで，母親がいなくても耐えられるようになるとともに，人の中には良いところも悪いところもあって一人の人間であるということを認められるようになること。子どもの問題の見立て，プレイセラピーのセッティング，細かな対応や配慮において，この能力が獲得されているかいないかということの理解が鍵となることが多い極めて重要な概念。

註7）ケースカンファレンス：事例検討会ともいう。子どもの支援にあたって，子どもにかかわる複数のメンバーで，問題の見立てや対応方針についてさまざまな角度から検討することでより良い支援を模索すること。グループスーパーヴィジョンは，メンバーの話し合いや質疑を受けたスーパーヴァイザーから助言を受けることをいう。ケースカンファレンスでもスーパーヴァイザー的役割を持つ者が助言する場合がある。

註８）母子並行面接：親子並行面接ともいう。同じ時間帯に，子どもには子ども担当者（通称：子担），親には親担当者（通称：親担）がそれぞれつき，別々の部屋で相談を行う治療セッティングのこと。その他に，子どもと子担，親と親担が同じ部屋で相談を行う親子合同面接，子どもと親を一人の担当者が担当し，親子同席で相談を行う親子同席面接などがある。日本では，子どもの心理相談といえば，すぐに母子並行面接というセッティングがなされる傾向が未だに根強い。その形式が取られ現在でも十分な吟味なく母子分離するこの治療構造が日本で普及するに至った経緯については，磯邉聡（2012）相談場面における親面接のあり方をめぐって．千葉大学教育学部研究紀要，第60巻．pp79-86. をご参照頂きたい。

註９）来談者中心療法：1940年代にアメリカの臨床心理学者ロジャース Rogers, C. R.（後述）によって提唱された心理療法。カウンセラーは，クライエントに指示や助言をすることなく，クライエントの潜在的治癒力を信頼し，その人が考え感じている世界に耳を傾け，受け止め，その理解を伝え返していくことを基本とするアプローチ。ロジャースは，カウンセラーに求められる態度と条件として，「自己一致（カウンセラーが自分の気持ちに正直に純粋にありのままの自分でいること）」「無条件の肯定的関心（クライエントの考えや行動などを評価・判断することなく，無条件に肯定すること）」「共感的理解（クライエントの思いをあたかも自分のことのように感じ理解すること）」の３つを挙げている。現在，来談者中心療法だけを行うカウンセラーは減少しているが，カウンセリング・心理療法だけではなく，心の支援にかかわる全ての者の基本的姿勢として今なお重要な意義を持っている。特にプレイセラピーにおいてはこの姿勢を抜きに子どもとかかわることは難しい。

註10）アスペルガー障害：オーストリアの小児科医アスペルガー Asperger, H. が，1944年に「小児期の自閉的精神病質」でその存在を発表した自閉症の特性をもつ一つのタイプ。知的障害を伴わず，言語的コミュニケーションには大きな問題はないものの，自閉症の特性をもつ状態像がアスペルガー障害（症候群）と称され，DSM- Ⅳでは診断名として存在していたが，DSM-5では自閉症スペクトラム障害の中に包含され，現在診断名としては存在していない。1943年にアメリカの精神科医カナー Kanner, L. が，現在の典型的な知的障害を伴う自閉症に関する論文を発表したことにより，長く注目されてこなかったが，先のウィングが，アスペルガー障害の存在に注目し，自閉症スペクトラム概念を提唱することになった経緯や，自閉症をより幅広く捉える視野が広がったことなどからも，決して無視することのできない概念である。この二つ

の障害には共通点も多いが，実際にはさまざまな相違や支援の在り方や配慮も異なる点も多いため，筆者は，同じ自閉症スペクトラム障害と診断されていても，アスペルガー型自閉症スペクトラム障害とカナー型自閉症スペクトラム障害の２つのタイプとして分けて理解し支援に当たっている。

オススメ遊具コーナー　その２

リングディング　RINGDING（Amigo）

◆このゲームの特徴と意味

カードの指示通りに，正確に指にリングをかけた者が，先にベルを鳴らすことができる。ベルを鳴らすという行為が楽しく盛り上がること間違いなし。一番先にベルを押すというところが醍醐味であり燃える。このようなベル押しゲームを筆者は「押しゲー」と称している。すでに気づかれた方もいるかもしれないが，ベルはどうみても「乳房」そのものである。乳房の奪い合い，掴み合いに本能をくすぐられていると思うと意味深く，本章のテーマともリンクしてくる。

◆「押しゲー」の仲間達

「押しゲー」のバリエーションは多い。他にも，カードの指示通りにカップを先に積んだり並べたら押せる『スピードカップ（SpeedCups）』（ブラザージョルダン社），自分に配られたフルーツの描かれたカードと山札から出てきたカードを見て５つ同じフルーツがそろったら押せる『ハリガリ（HALLIGALLI）』（Amigo）など多数ある。どのゲームも子どもから大人まで簡単なルールで楽しめ，個別プレイセラピーでも使いやすい。

◆「押しゲー」のバリエーション「つかみゲー」

「押しゲー」とともに，本能をくすぐるゲームに「つかみゲー」と称するゲームがある。その代表が『ジャングルスピード（JungleSpeed）』（ホビージャパン）。次々とめくられていくカードと同じ図柄がそろったら「ポール」をつかむ。お察しの通り，男女ともに競争心を強く掻き立てられる。それ以上多くを語るまい。ここで取り上げたゲームはすべて amazon で入手可能である。

第3章

プレイセラピーの本質

――出会いと別れ，そして成長――

1．プレイセラピーという不思議

ここからが本書の本題である。第2章では，現代の子どもたちを取り巻く環境について社会経済学的視点を通して，大人と子どもが二人で遊ぶことの重要性と，なぜ，プレイセラピーが現代の子どもたちに必要なのかについて述べた。ここからは，「プレイセラピーとは何なのか」という根源的なテーマについて，プレイセラピーの実践に基づいてその実態に迫っていきたい。本章では，大人と子どもが出会い，そして別れていくという，プレイセラピーの入口と出口（始まりと終わり）にスポットを当て，二人の不思議な関係性と双方に与える影響について検討していく。

さて，懇意にしている医師からの依頼で，小学1年生の男児のプレイセラピーを引き受けた。半年以上，頭痛が続き，吃音[註1)]と登校しぶり[註2)]，便秘にも悩まされているという比較的重度の問題を抱えていた。さまざまな検査を受けても異常が見つからず，心因性ではないかということで来談に至った。もちろん，支援方法は毎週1回のプレイセラピーである。プレイセラピーが始まって3カ月も経たずしてきれいさっぱり彼の頭痛は治まった。吃音もプレイセラピーの最中はほとんど出ないし，登校しぶりもすっかりなくなってしまった。それから3年間継続し円満に終結を迎えた。その頃にはすべての症状が全く消え去り（吃音も！），優しくてユニークなキャラクターでクラスの人気者になっていた。やはり，変わらず週1プレイセラピーの効果は絶大である。改めて読者の方々に週1回のプレイセラピーをお勧めしたい。

確かに，プレイセラピーは多くのエネルギーが必要で，おじさんにはとてもくたびれる仕事である。でも，それ以上にもっとたくさんのエネルギーを子どもからもらっていることに気づく。驚くことに，この子どもの症状が改善していくのに伴って，当時，筆者が抱えていた偏頭痛や便秘の症状も驚くほどに改善した。新しい出会いと，プレイの時間，空間には心から感謝している。プレイセラピーは子どもだけではなく，セラピストをも救うのだ。

こんなことをいうとますますプレイセラピーは怪しいと思われる方もいるだろう。筆者はそれでも一向に構わない。「誤解という理解」の仕方があったっていい。これは，心理療法すべてに当てはまることであるが，プレイセラピーの場合は特に，知的に説明して理解してもらう性質（たち）のものではなく，体験して感じることでつかみ取ってもらうしかない。少しでもプレイセラピーに関心を持ち，その魅力に触れてくれればそれで十分である。もしも，ちょっとやってみようかな，などと思ってくれたらこの上ない幸せである。

このようにプレイセラピーという営みは，傍（はた）からみると，とても不思議であり，謎に満ち満ちた怪しげなものなのである。単純に考えれば，ただ遊んでいるだけで，子どもの症状が改善したり，さらにはセラピストの症状まで実際変化させてしまうのだから。普段からプレイセラピーを行っているセラピストにとっては当たり前のことであり，あまり疑問に思うこともないだろう。だから，いざその意義や意味，有効性を説明するとなると，親や先生，同業者に対してさえも，それをうまく伝えることができず，理解を得ることが難しい。SCもここで躓いて学校でのプレイセラピーの導入に挫折することもある。しかし，今やインフォームド・コンセント[註3)]，エビデンス[註4)]の時代。一応はちゃんとそれなりに説得力のある説明ができるようになっておきたいものである。果たして「プレイセラピー」とは何なのだろうか。

2．「見知らぬ大人」と「他人の子ども」が出会うということ

プレイセラピーは，クライエントとなる子どもが，セラピストと

いう見ず知らずの大人と出会うことから始まる。当然のことではあるが，よく考えてみるとこれはかなり特殊な状況である。学校や世間では「知らない大人を信用しちゃいけない！」と教えられているではないか。ましてや「優しく声をかけてくる大人には」と。いくら SC が配置されたことで，その認知が進んだとはいえ，カウンセラーとかセラピストという存在は，子どもたちにとっては，未だ得体の知れない大人であろう。だから，子どもたちにしてみたら，初めて出会う私たちという存在は，最初はただの怪しいおじさん，おばさん（お姉さん）でしかないのである。そのおじさん，お姉さんと二人きりで会い，知らない空間で一緒に過ごすのである。私たちは信頼どころか，そのまったく反対，不信と不安・恐怖を与える存在でしかない可能性すらあることを決して忘れてはならない。ましてや外来の心理相談室などに来る子どもたちなどは，周囲から「問題がある悪い子」として嫌々連れてこられることがほとんどである。被害感と敵意丸出しということも少なくはない。初めから，真剣に困っていて相談したいとか，支えてほしいと思っている子どもなど，まずいない。それだけに，この特殊な出会いから始まる関係性が持つ意味は大きい。

さて，プレイセラピーが導入されるにあたって，クライエント（依頼者）である子どもは，自分を担当することになる大人，つまりセラピストを選ぶことも指名することも基本的にはできない。思春期以降は別だが，途中で担当者の変更を望むこともまずない。治療への動機づけが低いということもあるが，与えられた人間関係を疑うこともなく受け入れてしまう。つまりは，誰でもよいのである。そもそも出会ったばかりの知らない大人に対して何の思い入れもなく，不信すら感じ，問題意識もなければそうなるのは自然の摂理である。子どもを相談室に行かせたいのは親だけ，という場合も少なくない。

しかし，子どもは，唯一，相談室に行かないという方法で，自分の意思を表明することが可能である。大きな理由も悪気も，遠慮も慈悲もなく，行かないという行動だけで，担当者をいつでも見捨てられるのが，子どもクライエントに与えられた特権ともいえる。これは，縁の切れない親子関係とは決定的に異なる。したがって，親の期待に応えてしょうがなくという場合もあるが，見知らぬ大人と子どもとの間で，プレイセラピーが継続していくということは，子ども自身の治療動機づけ[註5)]や困り感などとは異なる，あるいはそれを超えた，何か特別な理由があってこそのことなのである。

一方，セラピスト側は，いくら苦手なタイプの子どもや年齢層，性別であっても，一度，担当に決まったからには，のっぴきならない理由がない限り，途中で交代することは基本的に許されず，最後までかかわり続けるのが原則である。学校の先生はよく変わる。しかし，プレイセラピーではそうはいかない。一度出会った二人はこれから辿る道のりを，嫌が応にも共にすることになる。来談してくる限り，担当する子どもからどんなことがあっても，決して逃れることはできない。子どもが一方的にセラピストとの関係を切ることができるのとはまるで対照的であり，これは交代のきかない親子関係と相似している。

これと関連して，プレイセラピストは，非常勤のいくら安月給でも，同じ職場で働き続けている者が多いように思う。転勤への抵抗や葛藤も強い。その理由は大概皆一緒である。「今かかわっている大変な子どもとのセラピーが継続中だから」である。筆者も同じ体験をしているのでよくわかる。しかし，たとえその子どものセラピーが終結しても，また新しい大変な子どもを担当することになるのだから，いつまで経ってもやめられない。しかし，果たして「大変な子どもを担当しているから」というのが辞められない本当の理由なのだろうか。先述した通り，子どもが相談室に来続ける限り，最後までかかわり続けるのが原則ではあるが，自身の生活に関わる転勤にまで抵抗と葛藤を覚えるのは何故なのだろう。おそらく，「大変な子ども」の「大変な」は，「大切な」に置き換え可能だからである。簡単に言ってしまえば，自分が担当している「私の大切な子どもと別れがたいから」「大切な子どもとのプレイセラピーに入れ込んでいるから」ではなかろうか。これは，その心理士に自分自身の子どもがいる場合でも，いない場合でも同様である。つまり，そこには我が子との親子関係とは明らかに違う関係性が存在しているのである。

しかし，誤解を恐れず，批判を承知の上で言うなら，プレイセラピストが別れがたいと言っている，大切だと思っている，その子どもは，「所詮，他人の子ども」ではないか。なぜに安月給で，親子でもない他人の息子や娘一人にそこまで入れ込む必要があるのだろうか。転勤に気兼ねする必要があるのだろうか。そもそも，あなたにとってのその大切な子どもは，あなたを本当にそこまで求めているのだろうか？　仕事だから？　きっとそうではないだろう。そこには，お金には代えられない，またセラピー関係の継続のためだけでもない，それを超えた大きな何かがセラピストの心の中で動いているからだと筆者は確信している。SV 事例を通して，その大きな何かを明らかにしていくこととしよう。

3．子ども嫌いだったプレイセラピストの話

セラピストＡさん（以下，Ａさん）は，当時，臨床経験７年目の臨床心理士であった。はじめの２年間は，精神科クリニックや EAP[註6]で成人を対象とした心理検査やカウンセリングを行っていた。しかし，家庭の事情で自宅から近い職場を探した末，児童養護施設でプレイセラピーを行う非常勤心理士として働くことになる。Ａさんは，子どもの臨床もプレイも初めてということに戸惑いと不安を覚え，筆者に SV を依頼してきた。SV 初回，Ａさんは，憚（はばか）ることなく，実は子どもという存在自体が大嫌いで気持ちが悪い，子どもと遊ぶなんて考えただけで怖すぎると述べた。SC すら絶対にやらないと決めて臨床の仕事を始めたのに，ましてや児童養護施設なんて私には絶対に無理，きっとすぐに辞めるだろうと思うと話した。

実際にプレイセラピーを始めたＡさんは，プレイの時間がいつも憂うつで，乱暴な子どもたちの振る舞いにイライラしていると述べた。子どもたちは私を嫌っている，何を考えているかわからないともよく口にした。しかし，プレイの経過などを聞くと，実際には何人かの子どもからは好かれていて，陽性転移[註7]が向けられていることもあった。だがそれを共有すると，露骨に嫌な顔をし，実際に

鳥肌を立てていたのにはさすがに笑ってしまった。SV の中で，筆者が「この子達は，親に見捨てられたり，それぞれがさまざまな事情を背負っていて，施設の中で複雑な思いを抱きながら，毎日を過ごしているだろう。そんな彼らが大好きなＡさんと週１回遊べるという喜びを心から感じている。それなのに，Ａさんはこの子達のことを実は嫌っている。そのことを彼らが知ったらどんな気持ちになるだろうね」などと伝えたこともあった。Ａさんは頭ではわかる，でもやっぱり無理なものは無理と語った。

しばらく後，Ａさんはあるひとりの運命の少女と出会うことになる。この少女は普段から頑張り屋で，早くいい子になってお母さんと一緒に暮らしたいと望んでいたが，その願いは長らく叶わずにいた。引っ込み思案でスタッフになかなか心を開かないという主訴からプレイセラピーは始まった。Ａさんは，素直で聡明できれいな顔立ちをした小学４年生の少女に珍しく魅力を感じる。プレイの内容も穏やかで，こちらを困らせることもないので，少しだけだがかかわりが楽しく感じられるという。この子とのプレイを初めて半年ほど経った頃，少女のいい子ぶったような振る舞いが周りの子どもたちの反感を買い，学校や施設で激しいいじめを受けていることが発覚する。それを知ったＡさんは突然憤る。「絶対に許さない」と学校と施設に積極的に働きかけ，早期的にいじめは見事に収まった。

しかし不思議なことに，その後少女はぱったりとプレイセラピーに来なくなる。来るように呼びかけても，どうして来ないの？　と聞いても答えない。「Ａさんが嫌いだから」とうつむきながら言われたこともあるという。Ａさんはその子のためにあんなにも頑張ったのに，何も報われなかったという無力感と，何よりこの少女に嫌われたということにショックを受け，傷ついた。その心の傷はあまりにも深く，体調を崩し，しばらく仕事を休まなくてはならないほどであった。

休職中の SV の中で，Ａさんは，「私が一人の子どもにまさかこんなに入れ込み，見捨てられて悲しむなんていう感情を持つとは思ってもいなかった」と驚くと共に，自分が子どもの頃いじめられていたこと，その時，親が自分のために何もしてくれず，助けてくれなかったことなどを語った。そして，「あの子に嫌われたのは，私自身のちゃんと解決されていない過去を，あの子に重ねて，自分を助けてくれなかった親にでもなったつもりで，あの時の自分を助けるために動いていたからだと思う。あの子の気持ちなんかそっちのけだった。あの子にしてみたらただの迷惑でしかなかったのだろう」と振り返った。そして，「ずっと分かっていたことだけど，私が子ども嫌いなのは，子どもだった頃の自分のことが嫌いだから。これまで丁寧にかかわれなかった子どもたちに申し訳ない」と，息を詰まらせ，涙を流しながら話した。完全に抑うつ状態であるにも関わらず，自分の過去と向き合い，今回の経験を丁寧に整理しようとするAさんに，筆者は敬意を覚えた。

しかし，そのすぐ後，Aさんが少女に嫌われたのは，まったく違う理由だったことが分かる。非常勤だったAさんの耳には，少女の帰宅措置決定の情報は届いてはいなかった。スタッフからそのことに加え，「少女はAさんのことをとても慕っており，今回のいじめ対応にも心から感謝している」ことを聞かされる。少女とのお別れは間もなく訪れた。それはあまりにもあっさりしたものだった。残されたAさんは一人ひっそりと泣いたという。

しかし，そうだとしたらプレイに来なくなった理由がまったく理解できないというAさんに対して，「おそらく，この少女は，これまでの経験から，大人に対して期待することを諦めて生きてきたんじゃないだろうか。そこに，初めて自分と本気で向き合ってくれる，必死になってくれる大人が現れた。これまでに体験したことのないAさんの本気に戸惑い，何だか申し訳ないという気持ちになっちゃったのかもしれないね」「きっと，その子はその子で，Aさんと別れなくてはならなくなったことで，Aさんと同じように傷ついていたんだと思う。Aさんを無理にでも嫌うという，不器用でつたない方法でしか，別れの辛さを和らげ，傷ついた自分の心を守ることができなかったのかもしれないね。ましてや，これからは実の母親と一緒に暮らすんだよ，Aさんを好きなままじゃ未練が残って，施設から出られなくなっちゃう。何だか切ないね」と筆者は伝えた。Ａさんは，わかるような気もするし，何だか違う気もすると言いながら，涙を滔々と流し続けた。

あれから何年も経過した今，Ａさんはどうしているか。現在でも同じ児童養護施設でプレイセラピーの仕事を続けている。大家族の母親のような落ち着きと堂々とした雰囲気を湛えている。その立姿にはやはり「成長」ということばが一番よく似合う。子どもとのかかわりに入れ込み，別れ際に泣くことも度々である。もちろん鳥肌を立てることもない。プレイセラピーの体験は，セラピストをこれほどまでに変えるのである。そして，他のプレイセラピスト同様，この仕事は当分やめないと言い始めている。プレイセラピーの魅力に憑りつかれた，ぬかるみの住人がまた一人増えた。掲載を快諾してくれたＡさん，ありがとう。

4．出会いと別れのプレイセラピー

Ａさんもそうだったように，子どものクライエントとのお別れで泣いているのは，いつもセラピスト側である。終結を迎え，家路へと着く子どもの後ろ姿を見つめながら，むせび泣くセラピストをこれまで何度見てきただろう。筆者も例に漏れないが。大学院の実習生が，イニシャルケース[註8)]の終結で涙を拭っているのを見ていると，普段は嫌なことも多い大学教員という仕事も，決して悪いものでもないなとつい思ってしまう。

一方，これは不思議なことだが，お別れの場面で子どもが泣いているのを，筆者はこれまで見たことがない。子どもたちは，なぜか笑っていたり，そそくさと母親を急かすようにして，足取りも軽やかに帰っていく。セラピストのそれとはあまりに対照的である。これまでの関係が何事もなかったかのように，あの蜜月の日々は何だったのだろう？　と思うほどに，実にあっさりしたものである。特に入れ込んだ子ども程その傾向は強く感じられる。その理由はＡさんと少女のような場合もあろう。しかし，子どもたちにとってみれば，所詮セラピストは，残念なことだが，人生の中で出会った一人のただのおじさん，お姉さんでしかないのである。心の問題にかかわったセラピストなど夢のように忘れられる方がむしろ理想的に決まっている。

結局のところ，プレイセラピーという営みは，出会いと別れの繰り返しといえる。見知らぬ大人と他人の子どもとが，偶然に出会い，毎週毎週，額を突き合わせていくうちに，お互いがその緊張感から解き放たれ，二人だけのオリジナルな体験が層のように積み重ねられていく。そして，喜びも悲しみも怒りもすべてを共にしていくことで，セラピストにとっては，当初は「ただの他人の子」でしかなかった子どもが，次第に「私にとっての大切な子ども」へと変化していく。縁もゆかりもない子どもとのかかわりに，我を忘れどんどんとのめり込んでいく。これまで，幾度も他人の子などと揶揄してきたが，利害関係もしがらみもない，まったくの他人の子どもが相手だからこそ，安心してその子どもとの関係にのめり込み，入れ込んでいけるのだ。わが子や知り合いの子であれば，絶対にそうはいかない。子どもも同様。これほどまでに自分のことだけを考え，入れ込んで何だか熱心に遊んでくれる身元も知らない大人などこれまで出会ったことがあっただろうか。子どもにとっても，ただの知らない大人がいつしか特別な存在へと変化し，二人だけの関係へとのめり込んでいく。問題意識も治療動機づけも低い子どもとのセラピー関係が何年も継続するのは，歳の離れた見知らぬ他人同士の不思議な出会いと，だからこそ育める二人だけの特別な関係と体験，そこに生じてくるお互いの「思い入れ」が存在しているからに他ならない。

そして，プレイセラピーを続けていると，Aさん同様，いつかある時，自分にとっての「運命の子ども」との出会いが訪れる。その出会いを通して，私たちは大きな転機を迎える。すなわち，「決して報われなくても，見返りがなくとも，何の感謝もされなくても，裏切られても，それでもなお，この大切な子だけは絶対に見捨てない。最後までかかわり続けよう」と腹をくくる日が来るのである。それはセラピストとして一皮むける体験であり，責任ある一人の大人になるという覚悟と決意にも思えるが，それほど堅苦しいものでもない。この感覚は，シェル・シルヴァスタイン Silverstein, S.[註9]（1976）の絵本『おおきな木』の中で，木が坊やに「与え続ける愛」に近い。現実や理屈を超えた愛に目覚めるといってもよいだろう。逆転移，万能感，自己犠牲，何とでもいえばよい。子どもを対象としたプレイセラピストが必ず一度は通る道である。この道を乗り越えてはじめて，自分がセラピストとしてできることとできないこと，限界や弁（わきま）えを，本当の意味で身を以て知る。

すなわち，プレイセラピストにとって，運命の子どもとの出会いは，自分自身との出会いでもある。子どものことだけではなく，我がこととしても，そのかかわりへとのめり込んでいく。完璧な人間などどこにもいない。未熟な自分，癒されない傷を抱えた自分，遥か昔，どこかに忘れてきた自分，親への思い……。セラピストの役割を取っている私たちも，元を正せば，今，この目の前にいる子どもと同じ時代を過ごしてきた一人のただの人間でしかない。子どもとのかかわりに没頭し，時間を忘れるような「瞬く間体験の共有」は，日常を超えた永遠の世界を共に生きることを意味する（真仁田，2007）。二人はいつしか渾然一体化しながら，遊びという「永遠の時間と空間」を駆け抜けていく。その過程で，セラピストは，子どもの抱える心の傷つきと苦しみ，悲しみ，もちろん喜びもすべての感情を全身で受け止めていく。子どもの心との交流と並行して，セラピストはこれまで生きられなかった自分の思い残しを追体験し，どこかに忘れてきた心の破片を見つけ，拾い集めながら埋め合わせていく。そうして，受け入れらなかった自分の過去を認め，許せなかった親と少しずつ和解しながら，さまざまなとらわれから解放されていく。それは自分の心と対峙し，見つめなおすことでもあるから，痛みを伴う苦しい体験でもある。しかし，気が付くとそこには私の大切な子どもがいる。一人ではない。子どもの痛みとセラピストの痛みが重なりあい，それをお互いに分かち合うことで，子どもの心もセラピストの心も次第に癒されていくのである。それは同時に旅の終わり，お別れの時が近づいていることも意味している。見返りも感謝も求めていないはずなのに，運命の子どもの別れはことばにならないほど辛い。詩人，寺山修司[註10]が叫ぶ「…（前略）…さよならだけが人生ならば，人生なんていりません」（寺山，2003）という心境が痛い程身に染みるような別れが，プレイセラピーの終結には必ず待ち構えている。

私たちは，出会った大切な子どもとの別れを通して，その子どもと別れるだけではなく，これまでの自分自身とも別れていく。そしてまた新しい子どもとの出会いの中で，再び，新たな自分と出会い，そしてまた自分と別れていく。この営みの中で，プレイセラピストは，セラピストとして，また一人の大人として成長していく。だから，プレイセラピーにおける別れは失うことだけを意味しない。多くの子どもたちとの出会いと辛い別れの繰り返しが，セラピストを強く逞しく，そしてやさしくしてくれる。

作詞家の阿久悠[註11]は，晩年「人生の中で，別れということに無自覚なら，感性をヒリヒリ磨くことも，感傷をジワッと広げることも，それに耐えることもできない」「人間はたぶん，さよなら史がどれくらいぶ厚いかによって，いい人生かどうかが決まる」と綴っている（阿久，2003）。セラピストを勇気づけてくれる，なんて力強いことばだろう。

最後に改めて。プレイセラピストは，偶然出会った他人の子どもから育てられ，一人のセラピストとして成長し，責任ある大人になっていく。筆者もその一人だ。だから，筆者の子どもとのお別れのことばは，「さよなら」ではなく，いつも「ありがとう」なのである。

【文　献】

阿久悠（2003）日本語を知る（3）別れのことば―ぼくのさよなら史．ミセス（文化出版社），2003年3月号；252-253.
真仁田昭（2007）教育相談の本質を問い直す．児童心理，870; 2-12.
シェル・シルヴァスタイン（1976）大きな木．篠崎書林.
寺山修司（2003）幸せが遠すぎたら：寺山修司詩集．角川春樹事務所.

第３章註

註１）吃音：言葉がスムーズに発声できなくなる障害であり，発話において同じ言葉が連続して発せられたり，話し始めの一言目がなかなか出てこず語頭語が繰り返されたり，引き伸ばされたり，一時的に無音状態が続いたりという症状を示す。その程度と内容には個人差がみられる。DSM-5では，小児期発症流暢症／小児期発症流暢障害に位置づけられている。２歳から６歳の子どもに起こる吃音は早発性吃音とも呼ばれ，プレイセラピーや親へのカウンセリングによって回復したり，自然治癒したりする者も多いが，それ以降に強い吃音が起こると治癒しにくくなることが指摘されてきた。筆者の経験ではプレイセラピーやカウンセリングによって小学高学年以降でも自然治癒する子どもも少なくないように感じている。タレントの山瀬まみ声を意識して別人の声で話すとスムーズに話せるようになったという成人クライエントもいる。原因として遺伝的素因が想定されており，治療法も古くからさまざま存在する（昭和初期の映画には「どもりなおします！」という怪しげな看板やのぼりが多くみられる）が，21世紀に至ってなお決定的な根本的治療法はなく，意識しすぎることが社交不安などの二次障害につながることも多いことから，思春期以降の場合は吃音と上手につきあっていくことを支えるアプローチが現在の主流となっている。

註２）登校しぶり：学校に継続的に通わない状態像を不登校であるとすると，何らかの理由で学校に行くことを拒んだり，遅刻したり，休んだりすることが断続的に続く状態像のことを登校しぶりという。結果的に登校しぶりが不登校になることもあれば，逆にしぶることがなくなることもある。登校をしぶる朝の子どもの態度や行動に親が疲弊することも少なくない。対応策はケースバイケースであるが，登校「行動」にばかり目を向けている限りは，決して問題は改善しない。

註３）インフォームド・コンセント：説明と同意を示す概念。医療領域において1990年頃から重視されるようになり，多くの領域に広がった比較的新しい考え方であるが，今や常識の範疇であり，正式な文書を交わすことが必要とされる。カウンセリング・心理療法機関において同意書にサインをし，印鑑を押し合い，それを互いに持ち合うことは今や一般的なこととなっている。子どものプレイセラピーにおいてもインテークにおいてインフォームド・コンセントを前提に，話しあい治療契約を必ず行う必要がある。

註４）エビデンス：証拠や根拠を意味するevidenceに由来する外来語。「エビデンスがある」とは，「科学的根拠がある」という意味を指す。アメリカの医療

において，「証拠に基づく医療（evidence-based medicine; EBM）の必要性が叫ばれ，ある治療法がある病気や症状に対して，効果があることを示す証拠や検証，臨床結果を示しながら，医療行為において，少しでも多くの患者にとって安全で効果のある治療方法を選ぶ際に，その指針として利用されるようになった。この概念が臨床心理学的援助においても適用されるようになり，特に認知行動療法によるエビデンスが最も多く蓄積されている。

註5）治療動機づけ：クライエントが自らの問題を意識し，その問題を解決したいという意思を持ち，自分で決めて心理療法に取り組もうとする主体性を持つ意識のこと。いわゆる「困り感」を感じ，セラピストとともに自らの問題に向き合うことを，料金を払ってでもセラピストにその解決を依頼する意欲の高さということもできる。

註6）EAP：Employee Assistance Programの略。従業員支援プログラムと訳される。産業領域において心理士が活躍できる職場の一つである。EAPの形態は（1）企業内にEAPスタッフが常駐して従業員の相談を受ける内部EAP（2）独立したEAP会社が，企業から業務委託を受ける外部EAPなどがある。プライバシー保護などの観点や相談の受けやすさという面から外部EAPを利用する企業が圧倒的に多くなっている。

註7）陽性転移：フロイト Freud, S. は精神分析の治療プロセスの中で，特に両親に向けられていたクライエントの感情や態度が，セラピストに対して感情転移として再現されると考えたが，現在のカウンセリング・心理療法では，クライエントがセラピストに抱く感情全般を示すことが多い。感情転移のうち，クライエントがセラピストに対して肯定的な感情を抱くことを陽性転移という。それに対して，否定的な感情を抱くことを陰性転移という。また，セラピスト側が治療のプロセスにおいて，クライエントに対して抱く感情転移のことを逆転移という。これにも陽性と陰性がある。

註8）イニシャルケース：心理士や心理士予備軍の臨床心理学を学ぶ大学院生が初めて担当するカウンセリングの事例をいう。イニシャルケースにおいて成功体験をするか，失敗体験をするかは，その後のカウンセリング・心理療法を行っていくことに大きく影響するため，スーパーヴァイザーはとても重要な役割を担う。ヴァイジーはこれまでの机上の学習を当てはめようとする傾向があるが，実際の事例は常に応用編であるという自覚を促し，ヴァイジーの特性とケース全体を見立てながら安全にケースが進められるよう支援することが重要となる。

註9）シェル・シルヴァスタイン：1932年～1999年。米国の作家，イラスト

レーター。シンガーソングライターとして二度グラミー賞を受賞した経歴を持つ異色の絵本作家。元ヒッピーでイカツイ男が描き出す優しい絵本というギャップが作品をより引き立てている。「おおきな木」は，見返りを求めない「無償の愛」を描いた絵本の世界的代表作の一つとされる。哲学的・人間学的作品「ぼくを探しに」も名作である。現在，日本語版「おおきな木」は，2010年に村上春樹が翻訳と解説を行ったものが流通しているが，前訳者版であるほんだきんいちろうの翻訳を解説も含めてお読み頂くことを強くお勧めする。ハルキスト達の批判を覚悟の上で言う。訳も解説もほんだ氏の方が本来のテーマを反映しており，一枚上手であることは間違いない。異論は受け入れます。

註10）寺山修司：1935年～1983年。歌人，劇作家，詩人，俳人，映画監督，脚本家，作詞家，評論家として，1960年代後半から1970年代にかけてマルチに活躍し，49歳という若さで亡くなった我が国を代表する天才芸術家。アングラ劇団天井桟敷を主宰し，多くの名作を世に残した。その中でも戯曲「毛皮のマリー」は美輪（丸山）明宏が主演し今なお再演される代表作である。個人的には映画「田園に死す」がオススメである。「さよならだけが人生ならば人生なんかいりません」というフレーズは，井伏鱒二が五言絶句「勧酒」の最後の一文を訳した「さよならだけが人生だ」に対するアンチテーゼである。

註11）阿久悠：1937年～2007年。放送作家，詩人，作詞家，小説家として活躍した。その中でも作詞家としての活躍が目覚ましく，数えきれない程の名作を生みだした日本を代表する天才作詞家である。トリビュートアルバムの数は作詞家の中で最も多いだろう。ちなみに，筆者が一番好きな詞は，「真っ赤なスカーフ」。えっご存じない？　宇宙戦艦ヤマトのエンディング曲，泣ける。

オススメ遊具コーナー　その3

アール・ライバルズ R-Rivals（キュービスト）

◆このゲームの特徴：二人専用カードゲーム

本章のテーマは二人の人間関係。それに因んで二人専用ゲームをいくつか紹介していこう。『R-Rivals』は，超名作『ラブレター』（アークライト）で一躍世界から注目を浴びる日本を代表するアナログゲーム作家カナイセイジ氏が原作を手掛けた，2014 年発売の２名用対戦カードゲームの傑作。

プレイヤーは，８枚の赤と青の王子とその陣営に属するキャラクターカードを操り，後継者の座をめぐり戦う。同時にキャラクターを１枚ずつ選んで出し，勝負を競うが，キャラクターはそれぞれ違う強さ・能力や他のキャラクターに対する有利不利がある。彼らの力をうまく使い，多く相手のキャラクターを倒した陣営が勝利を収める。

すぐに覚えられる簡単なルールで短い時間で決着がつき，何度やっても飽きない。実力による勝敗差が出ないのもセラピー向きである。小学生以上であれば上限なく，男女共に多くの子どもが楽しめる。

◆二人専用ボードゲーム・カードゲームのバリエーションと使用上の留意点

プレイセラピーで手軽に使える２人用ゲームを紹介して欲しいと最近よく聞かれる。しかし，子どもの特徴やどういうニーズがあるのかが分からなければ適切なゲームを紹介することは難しく無責任でもある。数も多すぎるので選択も難しい。いずれにしてもプレイセラピーで用いるのならば，プレイルームでの体を使った遊びを卒業する位の小学校高学年以降の子どもであろう。『R-Rivals』は，相手の腹を探り疑いながら駆け引きを行う心理戦ゲームである。嘘のつき合いと適度な葛藤によって，今までみせなかった意地悪や意外な話も飛び出し，「対面」でのことばでのかかわりへ移行するきっかけにもなる。『R-Rivals』のストリートファイター版『ストリートファイターライバルズ』（キュービスト）はキャラクターが豊かで面白い。

もう少し遊び心が欲しく小学生などであれば，シンプルなジャンケン心理戦の『グースカパースカ』（すごろくや）や，ゴムで球を飛ばし真ん中

の穴を通し相手の陣地に入れるだけの『ファストラック』（blue orange）はオススメ。『ファストラック』は何故か絶対に子どもの方が強くてお互いに盛り上がり燃える。

ドイツボードゲームの最高傑作『カルカソンヌ』（メビウスゲームス）は２人〜５人用だが明らかに２人で遊ぶのが一番面白い。これだけでも十分面白いが拡張版を使うとさらに面白くなる。沢山出ていて迷うところだが，筆者が買い足すとするなら，「拡張３王女とドラゴン」と「拡張４塔」をお勧めする。他に，中学生以上に人気なのは，『ロストシティ』（コザイク）とパッケージの地味さと裏腹に深くじっくり遊んだ感が強い『ジェイプル』（ホビージャパン）である。この二つはジレンマ，葛藤が生じるのでそれに耐えうる力が必要である。本格的に駆け引きしながらがっつりと戦いたいならフェンシングボードゲーム『アンギャルド』（ニューゲームスオーダー）も確実に面白い。

最近，アナログゲームが本格的ブームになっており使う心理士も増えていると聴く。しかし，繰り返しになるが，遊び心を忘れたり，差し出すタイミングやゲームの選択を間違えたりすると，関係性を損ね，「毒」にもなりうるということをくれぐれもお忘れなく。特に今回お伝えした対戦型二人ゲームは対立構造になるので要注意である。心理検査同様，手続きやルールをしっかりと把握しスムーズに導入できることはもちろん，関係性が十分形成され，子どものストレス耐性が身についていることが条件になることをお忘れなく。

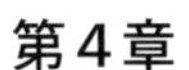

第4章

プレイセラピーの時空間をめぐって

1．プレイセラピーの時間と空間という謎

その昔こんなことがあった。不登校[註1)]を主訴として来談した小学生と半年あまりプレイセラピーを続けてきて，学校に再び行き始めるようになった頃のことである。「ねぇ丹さん，ちょっと思ったんだけど，ぼくと遊んでばかりいていいの？　ちゃんとお仕事しなくちゃいけませんよ！」と子どもから叱られた。しばらくしてこのプレイセラピーは終結する訳だが，この子どもが，相談室でのプレイセラピーという特殊な時間と空間という夢から目覚め，現実へと適応したことを示す重要なことばであると理解した一方で，当時，筆者が薄給の非常勤職だったということもあり，確かに遊んでばかりいないで，ちゃんとしたお仕事に就かなくちゃいけないなぁと変に反省したことを思い出す。懐かしい思い出である。

確かにこの子の言う通りなのである。子どもにしてみれば，本来ならば，学校で同年代の子どもたちと勉強や遊びをしているはずの平日の真っ昼間の時間帯に，学校にも行かずに，勉強どころか，プレイルームという遊び場でおじさんと二人っきりで遊んでいるのである。しかも，素性も知らないおじさんと妙に熱心に額に汗しながら。心配になるのも無理はない。この子のお父さんはきっとちゃんとお仕事をしに行っているのだろう。筆者にしてみれば，これがお仕事な訳であるがさすがにそうとも言えない。傍（はた）からみたら，大人と子どもの間で繰り広げられる真っ昼間のプレイセラピーという時間と空間は，不思議で異様な光景に違いない。実際には誰からも見られていないのだが。

それだけでなく，プレイセラピーという時間と空間は多くの謎に包まれている。例えば，遊ぶための場所，つまりプレイルームも，時間（1セッション50分）も固定されるのが原則であり，プレイ中の退室もトイレを除けば基本的に許されない。時間の延長もない。どんな子どもに対してもほとんど同じセッティング。たかが遊びにどうしてそこまでしなくてはいけないのか。本章では，このような不思議に挑むべく，プレイセラピーの時間と空間，いわゆる治療構造[註2)]について考えていきたい。

2．「非日常性」とプレイセラピー

先の事例のエピソードが示すように，私たちが当たり前に行っているプレイセラピーという時間と空間は，ある種特別で不思議なセッティングである。一言でいえば，日常とは隔絶された「非日常」的な場面設定を意図的に作り出している。この「非日常性」の毎週の繰り返しを通して子どもの支援を行うのがプレイセラピーといえる。

我が国において，「非日常性」の治療的意義を説いた嚆矢は，河合（1975）のイニシエーション論であろう。その中で，心理療法において時間と場所を明確に限定することの意義を，文化人類学者リーチ Leach, E.[註3)]（Leach, 1961）の「聖なる時間が俗なる時間の存在の前提として存在し，両者がリズムを持って全体的な体系をなしている」という考えを引用し，「1週に一度，あるいは二度という治療の時間は俗に対する聖なる時間として，クライエントの全生活に節とリズムを与えており，そこで，クライエントは俗なる世界と異なる空間と時間を，治療者と共に体験するのであり，そのゆえにこそ，イニシエーションの儀礼がそこに顕現するのである」と述べている。つまり，日常の俗なる時空間とは異なる非日常的な時空間を共にすることで，クライエントは「死と再生[註4)]」を体験し変容していくという考えである。ご存知とは思うが，イニシエーション[註5)]とは通過儀礼のことであり，未開社会におけるイニシエーション儀礼はそのプロセスと機序が明確に定められている。そのため，河合（2000）は，心理療法とイニシエーション儀礼を単純に結びつけて考えることには慎重であるべきとも指摘してはいるが，近代社会においてイニシエーション儀礼が消失したことが人間の心の問題に影響を与え，日常の中に非日常的な心理療法という時空間を設けることの意義を初めて提示した，まさしくイニシエーション的指摘といえよう。1975 年といえば，高度経済成長がいったん一段落して，これまでの経済の優先と利益追求による弊害と歪みが社会的問題となっていた頃である。時代の大きな変化とこの先をも見据えた達観である。

一方，日本民俗学[註6)]の祖，柳田國男[註7)]が『明治大正史世相編』（講談社）の中で，「ハレとケとの混乱」，つまり，日本における日常（ケ）と非日常（ハレ）の混乱を指摘したのは 1930 年のことである。柳田はその著書の中で，急激な近代化を果たし，軍国化の一途を辿り世界の中の一国として認識されていく過程の中で，これまで培われてきた大切な日本の文化と人の心が失われていくという世相を鋭く指摘している。「まれに出現するところの昂奮というものの意義を，だんだんと軽く見るようになった」「実際現代人は少しずつ常に昂奮している。そうして疲れてくると，初めて渋いという味わいを懐かしく思うのである」（柳田，1976）とのことばは，ハレ（儀礼）の軽視と乱用について述べており，これもまた同じく現在に通じるものである。

河合隼雄[註8)]と柳田国男という我が国を代表する知の巨人たちは共に，時代は違えども，各々がそれぞれの時代の変化の中に，人間社会が「非日常性」の価値を見失っていくことの弊害について，それぞれ違う角度（「混乱」を経て「喪失」へ）から憂い，そしてその重要性を再認識する必要性を説いているように筆者には感じられる。

ところで，河合は，心理療法全般を非日常的な聖なる時間として慎重に位置づけているが，その中でも「遊び」が中核に据えられるプレイセラピーをどのように理解すればよいだろうか。まず，「遊び」の時間は「非日常性」を保持した特別な時空間と捉えることができるのかについて検討してみたい。

青木（2006）は，その著書の中で，儀礼と遊びとの共通点，相違点，関連について膨大な学説を紹介し検討している。我々のよく知

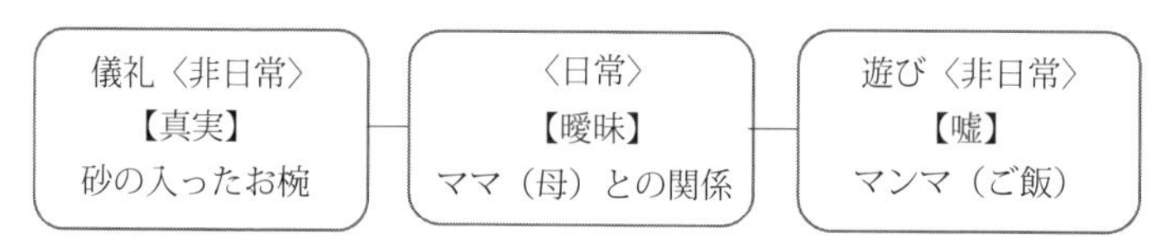

図1　遊びの「非日常性」とママゴトの関係性

るところのエリクソン Erikson, E. 註9)や，心理学との接点の大きいG ベイトソン Bateson, G. 註10) などは遊びと儀礼との間に「非日常性」という共通点を多く見出している。つまり，遊びは，儀礼と同様に「非日常性」を有していると考えている。一方，青木は遊びと儀礼が日常の社会的秩序を揺るがすという共通項に同意しながら，これまで安易に考えられてきた日常と非日常，俗と聖といった世界の把握の仕方ではなく，儀礼（真実）－日常（曖昧）－遊び（嘘）という三者関係（図1），つまりそれぞれが対立するとともに，相補的に世界が構成されていると考えるべきであると結論付ける。つまり，曖昧な日常を間にはさみ，遊びと儀礼は嘘と真で結びついた存在であり，遊びを儀礼的に行うことも，儀礼を遊びにしてしまうことも可能で，これらはすべて地続きなものであり，世界はその全体的バランスによって成立すると主張する。

心理療法としてのプレイセラピーにおける「遊び」は，見事に青木の主張に合致している。プレイセラピーにおける「遊び」は単なる「遊び」ではない。プレイセラピーに訪れる子どもたちは，曖昧な日常での適応において何らかの問題を抱えながら，心理療法という非日常的場面での嘘と真の中間に彩られた「遊び」に臨んでいる。決して「遊び」だからと楽しいとばかり浮かれてはいられないのである。プレイセラピーにおける「ままごと遊び」（「ままごと」は「マンマ（ご飯）事（儀礼）」が起源といわれている）が，日常的現実の母親（ママ）との複雑で曖昧な葛藤関係を示唆しながら，真（砂や粘土）と嘘（ご飯＝マンマ）によって遊ばれるのはそのためである（図1）。

また，プレイセラピーにおいて，「攻撃性」の表出がセラピストとの関係の深まりとともに生じることはよく知られているが，これもまた，この観点から整理すると分かりやすい。プレイセラピーにおける「遊び」は単なる「遊び」ではなく，日常を介して，儀礼と地続きなものであるということは，「祝祭（祭り）」的意味合いを持つ可能性を示唆している。古（いにしえ）より日本の祝祭（祭り）では，カミと人が共に同じものを食する神人共食の様式を持つ。神に奉納した神酒を参列者も授かる直会の後に行われる宴席のことを無礼講という。かつて，祝祭後の無礼講には「攻撃性」や「危険性」がつきものであった。さらに，諏訪大社における御柱祭，西大寺の会陽（裸祭り），岸和田だんじり祭りなどの祭りは，儀礼そのものが，死者を生むような「攻撃性」や「危険性」と共に存在している。したがって，プレイセラピーという「非日常的」なセッティングにおいて，儀礼のもつ一側面としての「攻撃性」が顕現してくるのは「必然」ともいえる現象と捉えることが可能である。プレイセラピーにおいて表出される「攻撃性」が，あくまでも日常の複雑で曖昧な葛藤を示唆する「遊び」なのだということを認識することができているのと，いないのとでは，その表現に含まれる子どもの感情や思いのもつ意味の理解や，その対応，「制限」のあり方，そしてプレイセラピスト側の心構えは明らかに違うものになることであろう。

このようにプレイセラピーが，その特殊なセッティングと「遊び」の持つ「非日常」的な力によって支えられているのは事実であるが，セラピストが，クライエントである子どもたちを「日常」生活との連続性の中で常にバランスをとりながら，専門的な視点から理解し，対応することが求められるのもこのことと深くつながっている。プレイセラピストたちがたびたび感ずる，「このままただ遊んでいてよいのだろうか」という疑問は，この延長線上にあるジレンマの一つであろう。河合（2000）は，「日常生活の適応を第一に考えてしまうと，せっかくのイニシエーションの機会を奪うことになるし，さりとて，非日常体験の方に重きを置きすぎると日常生活は破壊されてしまって，生きることが困難になる。このあたりのバランスをよく心得なくてはならない」と述べる。河合の心理療法とイニシエーションとの関連に関する慎重さはここに集約されているといえよう。しかし，何だか現在の心理療法界は，現実適応ばかりを優先する方向に急激に進みすぎてはいないだろうか，と思わずにいられない。

3.「ハレ，ケ，ケガレ」とプレイセラピー

それはさておき，話は変わって，ある子どもとのプレイセラピーでの一幕である。食が細く，みんなと学校で給食が食べられないことを苦にして，学校に行きたがらなかった小学１年生Ｂ君は，なぜか，熱心に「餅つきごっこ」を行うのが定番の遊びであった。設定はかなり曖昧であったが，臼と杵に見立てた積木で，粘土を何度も搗き，餅をこしらえ，丁寧に細かく丸く加工した後，二人で一緒に食べるという遊びを繰り返した。そのうち，Ｂ君は学校でも給食が食べられるようになり，学校に行くことも嫌がらなくなっていった。母親から聴いたところでは，日常生活で餅つきなどしたことは一度もないという。当時はただ不思議と思っていただけであったが，今改めて考えると，まさしく先の遊びと儀礼，嘘と真が交差する儀礼的遊びだと感心させられる。

ちなみに日本民俗学の世界では，餅つきをエネルギーを回復させるための儀礼と捉え，先にも登場した柳田國男は，餅は心臓の形を模した人間のタマ（霊魂）を象徴するものであって，それを食べることは新しいエネルギーを補充することだと考えた（柳田，1977）。餅を搗（つ）き食べる遊びを通してエネルギーを回復し，学校での適応が高まったと見立てると，一見こじつけとも思えるようなこの説明が妙に説得力を帯びてくる。こういう不思議なことがプレイセラピーではたびたび起こるのである。「七つ子までは神のうち[註11)]」とはよく言ったもので，今も昔も子どもたちは，大人の常識的な日常とは違う（あるいは超えた）非日常的な世界を生きている。子どもそのものが「非日常的」な存在であるともいえよう。子どもの心の世界やプレイセラピーは，エビデンスや科学性だけでは括り切れない，まだ説明しきれない要素が詰まった宝箱のようなものなのである。

さて，読者のセラピストの方々の多くは，日本の文化・社会の中

でプレイセラピーを行っているのではなかろうか。餅つきごっこ遊びなど，西欧圏ではまず起こることはないだろう。私たちが日本で生活する子どもたちを対象としていると考えた場合，プレイセラピーの時間と空間を日本独自の時空間の観念との関連で検討する必要があるだろう。

我が国の文化や社会の時間的・空間的特徴を説明する概念に，既出ではあるが「ケ」と「ハレ」というタームがある。「ケ」は普段の「日常」生活の時空間を，「ハレ」は特別な「非日常」的な時空間をそれぞれ表している。特別な日を「晴れの舞台」と呼び，その日に「晴れ着」を着るのはそのためであることは多くが知るところであろう。

真仁田ら（1981）は，当時の登校拒否の子どもたちへの治療体験を元に，「ケ」と「ハレ」の概念を用いて学校不適応の子どもたちの問題を論じている。学校不適応の子どもたちに共通する問題は「疲れ」であるが，彼らは学校行事や日曜日などの「ハレ」の日を十分生きることによって，次の「ハレ」の日の楽しみを期待し，挫折があってもなお，「ハレ」の日をきっかけに再生することが可能であるという希望を抱くことによって，生の新鮮さを失った「ケ」を生きることができるという。また，学校，授業を受ける時間や日常の家庭生活を「ケ」とすれば，相談室などの面接治療を受ける時間を「ハレ」と捉えることができ，子どもの再生を支える空間的条件の一つとして，「仕切られた空間（籠り空間）」における関わりの繰り返しの必要性を論じている。

ところで，時を遡ること 1970 ～ 80 年代，日本民俗学の世界では，この概念をめぐって大きな議論が巻き起こる。当時の学会の重鎮達，司会を含めた５人の共同討論はその沸点であり，今読んでも興奮を覚える程に白熱している（桜井ほか，1984）。その議論の中心となっていたのは，「ハレ」と「ケ」の近接概念である「ケガレ」をどう位置付け，理解するかということであった。桜井徳太郎や宮田登は，「ケガレ」を「ケ（気）枯れ」，つまり日常生活を営む上でのエネルギーが枯渇した状態と捉え，「ケガレ」は「ハレ」の祭事，

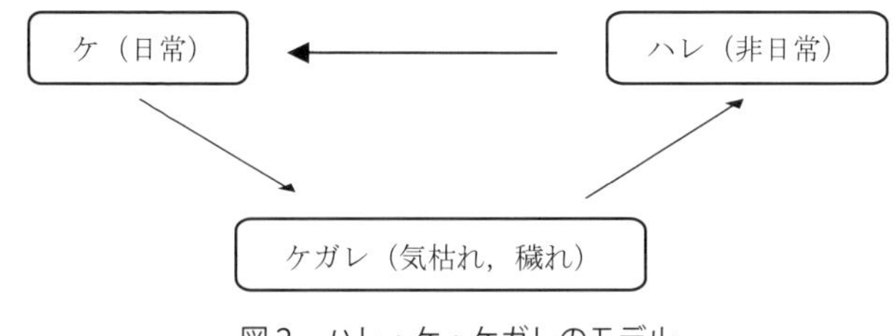

図２　ハレ・ケ・ケガレのモデル

儀礼を通して払われ（ハラエ・ミソギ[註12)]），再び「ケ」の生活に戻ることを可能にするという「ケ→ケガレ→ハレ→ケ」という循環モデルを提唱した（図２）。それに対して，波平恵美子は先述の西欧の聖俗理論や通過儀礼，リミナリティーなどの概念を元に，ケガレはその循環性だけでは説明できない側面があり，ハレとの対立軸としてケガレを位置づけるべきと主張する。詳細は本書にあたって頂きたい。

安易な当てはめには慎重であるべきだとは思うが，桜井らの提唱する循環モデルは，我が国で相談に訪れる子どもたちを理解する上で，またプレイセラピーの時空間を考える上で多くの示唆を与えてくれるのも事実である。すなわち，それぞれの背景は異なれども，学校や家庭で繰り返される「ケ」の生活に「疲れ」，「ケ（気）枯れた」状態＝「ケガレ」に陥った子どもたちは，結果的にさまざまな問題を抱えることとなり，プレイルームでの「非日常的」な「遊び」を通した「ハレ」の時空間を通して，「ケガレ」を払い，再生し，ふたたび「ケ」の生活での適応を取り戻していく，という循環プロセスとして捉えると，改めてプレイセラピーの役割と意義を再確認することができるのではなかろうか。

４．「籠り」と「子守り」のプレイセラピー

ところで，最近，不登校に関する外来相談が増えた気がするのは私だけだろうか。大学の相談室ではデータ化されているので気のせいではなかった。毎年どんどんと増え続けている。筆者は，いわゆる発達障害ブーム以前，子どもの相談といえば不登校ばかりという

時代を体験した世代である。しかし，しばらくの間，私が所属する大学の相談室や個人の相談室に不登校に関する，親からの相談や子どもの来談はほとんどなかった。少子化の流れの中でも，不登校の子どもの数は減少していないので，相談に来ることはあっても良かったはずなのにである。この背景には，SC の配置が進み，学校内での相談対応が可能となったことが挙げられるだろう。子どもを受け入れる学校との連携や子どもや親との関わりなど SC による支援が，不登校対策に確実に成果を上げてきたからに違いない。しかし，何故なのだろう，SC からの不登校相談の紹介も増えているのである。では，何ゆえに学校外の相談室を利用するのか，紹介する必要性があるのだろうか。有体にいえば，学校内での親面接や子どもとのカウンセリングだけでは不登校の問題が改善しないからであろう。これまで述べたこととの関連で考えると，家庭や学校という場面でのカウンセリングは「日常」と余りに物理的にも心理的にも距離が近づき過ぎており，子どもたちの再生や変容を支えるための「非日常性」に欠けている。初期対応や学校復帰段階において学校や SC の果たす役割は大きくとも，長期的な治療的な関わりとなると限界が生じるからではなかろうか。

外部の心理相談室における日常とは切り離された「非日常的」時空間における「遊び」を介したプレイセラピーが，不登校の子どもたちにとって意義ある関わりになる可能性は否定できない。つまり，日常と非日常が混在し，儀礼的な体験を喪失した現代の家族と子どもたちは，家庭や学校の外での「非日常的」時空間を知らず知らずのうちに求めているのではなかろうか。宗教学者の薗田（1977）は，「籠り（忌籠り）[註13)]」を通して，「ケガレ」を祓い浄めることができると述べているが，プレイルームでの日常から隔絶された非日常的な一時的な「籠り」の中で繰り広げられる「遊び」の中に，子どものケガレを払い，再生と学校復帰への橋渡しとしての役割が求められているともいえよう。

最後になるが，最近来談する不登校の子どもたちの傾向について。3歳児以前に保育園生活を送ってきた者が明らかに多い。0歳児代から保育を受けた子どもも少なくない。母親は比較的キャリアのある方で常勤，お金はいくら掛っても良いから，できるだけ早く学校に復帰させて欲しいと皆同じことを言う。先日も「子どもが全くかわいく思えない。子どもは，自分のキャリアを邪魔する存在でしかない。とにかく早く学校に戻ってほしい」と素直に憚ることなく仰るお母様がいた。ことばには出さないまでも，そう思っておられる母親の方は相当いらっしゃるのではなかろうか。しかし，これを善し悪しの問題として個人的な基準で判断することはできないということを，私たちは強く認識しておかねばならないだろう。実際，不登校の子どもを持つ母親に限らず，子育てと仕事の両立に悩む母親は少なくない。第２章でも述べたように，ひとり親家庭，低所得世帯もまた増える中，若い世代の母親が家庭の収入を支えざるを得ないという社会的背景を考えると，現実問題としてかなり切実な訴えなのである。

本書の中でこれまで述べてきたこととも関連するが，０歳児保育を推し進める現在の我が国では，外来の心理相談室において，親代わりの大人の代表としてのセラピストと子どもとの一対一の毎週１回の関わり，つまり「籠(こも)り」ならぬ「子守り」としてのプレイセラピーが求められていることは紛れもない事実であり，それはすでに始まろうとしている。否，すでに始まっている，という現実からも私たちは目を逸らしてはならないだろう。

【文　献】

青木保（2006）儀礼の象徴性．岩波書店．
河合隼雄（1975）心理療法におけるイニシエーションの意義．臨床心理事例研究（京都大学教育学部心理教育相談室紀要），2; 123-128.
河合隼雄（2000）イニシエーションと現代．In：河合隼雄編：心理療法とイニシエーション．岩波書店，pp.1-18.
Leach, E. R. (1961) Two essays concerning the symbolic representation of time.（青木保訳：時間の象徴的表象に関する二つのエッセイ.）In：山口昌男編：未開と文化．平凡社，pp.314-332.
真仁田昭・小玉正博・沢崎達夫・堀内聰（1981）登校拒否に関する治療の構造論的展開―体験的な観点からのアプローチ．教育相談研究，19; 1-14.

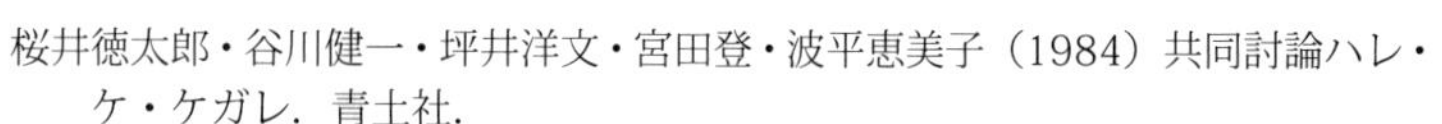

桜井徳太郎・谷川健一・坪井洋文・宮田登・波平恵美子（1984）共同討論ハレ・ケ・ケガレ．青土社．
薗田稔（1977）残響の彼方―神話の宗教学試論．In：藤田富雄編：講座宗教学第四巻．東京大学出版会，pp.75-167.
柳田國男（1976）明治大正史　世相篇．講談社．
柳田國男（1977）食物と心臓．講談社．

第４章註

註１）不登校：歴史的にはさまざまな捉え方があるが，Johnson ら（1941）が「学校恐怖症（school phobia）」と名づけたことに始まるとされることが多い。本邦では，佐藤修策が 1959 年に，続いて鷲見たえ子らが 1960 年に「学校恐怖症」の名称を用いて研究報告したことからその実態が明らかになっていく。その後，1980 年代から「登校拒否」の用語が一般的となり，1990 年代以降は「不登校」と称されるようになった。その状態像はさまざまであるが，現在，文部科学省では，「何らかの心理的，情緒的，身体的あるいは社会的要因・背景により，登校しないあるいはしたくともできない状況にあるために年間 30 日以上欠席した者のうち，病気や経済的な理由を除いたもの」と定義している。2018 年２月の「児童生徒の問題行動・不登校等調査」によると，不登校の子どもは，全国の国公私立の小中学生合わせて 13 万 3,683 人であり，うち小学生は３万 448 人，中学生は 10 万 3,235 人と少子化の中で増加傾向にある。

註２）治療構造：カウンセリング・心理療法における時間的，空間的な条件および料金と，セラピストとクライエントの関係性を規定する面接のルールなど基本的な枠組みのこと。前者を外的構造（枠組み），後者を内的構造（枠組み）と呼ぶこともある。プレイセラピーにおいては，毎週 50 分同じプレイルームで遊ぶなどの条件が外的枠組み，治療契約，治療関係，制限のルールなどが内的枠組みに相当する。この二重構造によって子どもとセラピストが守られ治療として成立する。この中で受け止めきれない表現や心の内容物が外に漏れ出てしまうことをアクティングアウトと呼ぶ。

註３）リーチ：1910 年～ 1989 年。人類について総合的に研究する人類学のうち，文化，言語，コミュニケーションなどを研究対象とする文化人類学および家族，親族，婚姻，共同体組織など社会的関係を研究対象とする社会人類学における世界的権威の一人。イギリス人。20 世紀を代表する思想家とも称されるフランスの文化人類学者レヴィ・ストロースの構造主義の方法論に基づき，儀礼，時間と空間，神話，親族関係などについて分析した。代表作として『文

化とコミュニケーション』『人類学再考』などがある。構造主義という考え方を理解するためには，レヴィ・ストロース Lévi-Strauss, C. よりもこの二冊を読んだ方が早い。ちなみに，フランスの精神分析学者ラカン Lacan, J. は，フロイトの精神分析を，構造主義的思想をもとに発展させたといわれている。

註４）死と再生：擬死再生ともいう。儀礼的，象徴的な死を経て，再び誕生する（再生）ことをいう。かつて，ある社会的地位や役割，段階から，別の段階へと移行する際に行われる通過儀礼（イニシエーション）において，バンジージャンプの起源とされるペンテコスト島の成人式における「ナゴール」に代表されるような死を疑似的に体験する行事や風習が世界各地でみられた。日本でも，修験者の修行において，山岳や霊地を他界または胎内と見立て，その中を巡歴して（胎内くぐり），いったん死んで生まれ変わる擬死再生の行を行うことで，肉体と魂を浄化し，新たに生まれ変わると考えた。子どものプレイセラピーや箱庭療法においても，母親人形が事故に合い，救急車に乗せられ病院で手当てを受けるも，無残に亡くなり（象徴的な死），お葬式（儀礼的な死）とお墓参りを行うなどの遊びは定番である。このような遊びは，これまでの母親と象徴的に死に別れることで，これから母親と新しい関係性が築かれていく（再生）ことを意味していると理解すると，現実的変化を納得できることが多い。思春期に限らず大人のクライエントでも，母親をはじめ，大切な人を殺めてしまったという夢が報告されることがある。これもまた死と再生と捉えることで理解が促進されることが多い。

註５）イニシエーション（通過儀礼）：オランダ出身の文化人類学者，民俗学者Ａファン・ヘネップ Van Gennep, A.（1873年～1957年）が提唱した用語。人間の生涯における誕生，成人，結婚，死亡などの各段階を通過する際に行われる特別な儀礼のこと。イニシエーションには，比較的単純なものから複雑なものまでいろいろあるが，ファン・ヘネップは，分離の儀礼，過渡の儀礼，統合の儀礼の３段階があることを指摘した。第一段階の分離の儀礼は，個人がそれまであった状態からの分離を象徴する形で行われる。所属するコミュニティから離れた場所で，一定期間隔離され籠ったりする。第二段階の過渡の儀礼は，個人がすでにこれまでの状態にはなく，また新たな状態にもなっていない過渡的な状態にあることを示している。男の女装，女の男装という中性化，胎児化を象徴する始原回帰的行動などが儀式的に行われる。第三段階の統合の儀礼は，分離儀礼と過渡儀礼を終えた個人が新しい状態となって社会へ迎え入れられる儀礼であり，一般に大規模な祝祭が行われる。統合儀礼が終了することによって，通過儀礼が遂げられ新しい段階，関係性に至ったことが認め

られる。イニシエーションと先の死と再生との関連については，宗教学者であり天才と称されたエリアーデ Eliade, M.（1907 年～ 1986 年）の『生と再生』が分かりやすい。

註 6）日本民俗学：諸説あるが，柳田國男が 1947 年に自宅に民俗学研究所を設立したのが日本民俗学の始まりとされる。文献資料を重視する歴史学を批判し，文字に記されることなく伝承され，代々語り継がれてきた事柄や内容から，暮らしの中の慣習や信仰，言葉などを分析し，日本人の基層文化や庶民の歴史を知ることを通して，過去だけではなく，現代を知るために創始された学問。柳田なくして現代の民俗学は存在しないが，その存在は大きすぎるとして，近年では，柳田民俗学と区別し，新しい学問として民俗学を見直し新たな理論構築を目指す流れもあり，現代民俗学会などはその象徴でもある。

註 7）柳田國男：1875 年～ 1962 年。日本民俗学の祖であるとともに，東京帝国大学卒業後，農商務省の高等官僚，貴族院書記官長，国際連盟委任統治委員などを経て，終戦後は枢密顧問官などを務めた人物。官僚を務めながら『遠野物語』などの著作を発表，早稲田大学で「農政学」の講義を行った。また，森鴎外，田山花袋・国木田独歩・島崎藤村らと親交を持ち松岡國男として詩人，歌人としての顔を持つマルチな活動を行った我が国を代表する知の巨人である。

註 8）河合隼雄：1928 年～ 2007 年。ユング派分析家の枠を越え，わが国のカウンセリング・心理療法を類い稀なき才能と技術と知識とカリスマ性を持って牽引し，発展させた，日本を代表する心理療法家であり臨床心理学者。逝去されて 10 年以上経つが，いまなおその教えや考え方は古くなることなく，残された多くの著作を通して，日本で臨床心理学を学び，実践する私たちを根底で支えてくれている。

註 9）エリクソン：1902 年～ 1994 年。ドイツ出身でアメリカで活躍した発達心理学者であり，精神分析家。ユダヤ人であることで最終的にアメリカに亡命した。青年期の「アイデンティティ」の概念や，乳児期から老年期までの発達課題を 8 段階に示した「心理社会的発達理論」を提唱したことで有名であるが，『幼児期と社会』『遊びと発達の心理学』『玩具と理性』など，子どもの発達と遊び，プレイセラピーに関する研究業績のことも知っておきたい。

註 10）ベイトソン：1904 年～ 1980 年。イギリス出身のアメリカの文化人類学者。研究領域は精神医学，社会学，言語学，生態学におよび，今なお現代思想に大きな影響を与え続けている。精神医学，心理学との関連では，家族内のコミュニケーションにおける「ダブルバインド理論」が有名である。これは，二つの矛盾した命令をすることで，相手を精神的に追い詰めるコミュニケーションパターンのことである。「怒らないから素直に話して」と母親に優しく言われた子どもが，それを素直に話したら，ボロクソに怒られるというようなやりとりが一つの例である。統合失調症の子どもを持つ家族のコミュニケーション研究から生まれた理論であるが，このようなコミュニケーションがなされていると子どもが必ず統合失調症になるという訳ではないということは理解しておきたい。

註 11）七つ子までは神のうち：さまざまな説があるが，かつてのムラ社会においては，七歳までの子どもはその地域の一員としてみなされておらず，「産神」の支配下に存在する「神の子」であると捉えられ，亡くなっても大人と同じ葬式がなされることはなかった。七歳になって初めて，社会的に一人前になったと判断され，人間を守護する地域の土地神である「氏神」に宮参りを行うという風習が多くの地域でみられたことから，全国的にこのような表現が残っていると考えられている。詳細は，宮田登の『老人と子供の民俗学』を参照のこと。

註 12）ハラエ・ミソギ：祓（はら）えは，禊（みそぎ）を含む広い概念であり，神道において，ケガレ，ツミのある場合，身心・家・土地などを払い清めること。祓戸（はらえど）の四柱の神に祈り，大麻・榊（さかき）・塩湯などで祓う。神祭の前には必ず行われ，それを修祓（しゅばつ）と呼ぶ。禊（みそぎ）とは，川や海の清い水につかり身体を洗い，心身のツミやケガレのある者や，神事にかかわる者が，水で祓うことを禊（みそ）ぎという。

註 13）籠り：隠り・篭り・籠もりとも表記される。神道において，神社やお堂にこもり，心身を清らかに保つための隔離生活を送る宗教的行為。神事に先立って行うものと，個人や共同体の祈願のためのものとがある。神祭りや神事的な年中行事においては，神霊を迎え祀るために，神事にかかわる者は，ケガレを遠ざけ，俗なる世界との関係を絶つために，一時的に家族と別居して神社やお堂で慎みの生活を送ることが求められた。

オススメ遊具コーナー　その4

ワニに乗る（HABA）

◆このゲームの特徴と意味：「賽の河原」としての「積みゲー」

ワニに乗る

ルールは至ってシンプル。木製の長細いワニ人形ブロックを土台にして自分の分の動物ブロックを積んでいく。全ての動物を先に積んだ人が勝ちとなる。サイコロの指示に従い，１つ積んだり，２つ積んだり，相手に積ませたり。落ちた動物は自分が引き取る。積んでは崩れ，積んでは崩れを繰り返し，それでもなお積み上げていくプロセスと積みあがった立ち姿を楽しむゲームである。ちょっとした駆け引きはあるが，基本的に二人で協力するゲームであり，勝ち負けにこだわる子どもは少ない。木工マイスター工房を抱えるドイツ発ゲームならではの木製ブロックのぬくもりもまた堪らない。

『ジェンガ』（タカラトミー）をはじめ，このようなブロックを積み上げるゲームをバランスゲームなどと称する向きもあるが，

筆者はこのようなゲームをあえて「積みゲー」と呼びたい。積んでは崩れ，積んでは崩れを楽しむ「積みゲー」の本質は，「賽の河原」に通じる。逆縁した子どもが父母の供養のために，河原に小石を積み上げて塔を作るが，絶えず鬼にくずされるという責苦を受ける。そこへ地蔵菩薩が現れて子を救うという「甲斐のないこと」と「救い」が共に同居する世界がそこには存在する。「積みゲー」は即ち「罪ゲー」なのである。だから，ストレスもまた伴うのであろう。うまくいかないことと救いの繰り返しは，私たちの人生そのものを象徴している。プレイセラピーにおける「積みゲー」遊びは，子どもとセラピストの「死と再生」の儀式的遊びであり，今回の連載テーマに深く関連してくる。老若男女，子どもも大人も「積みゲー」が大好きなのは，そこに各々の人生を投影しているからに違いない。

◆「積みゲー」の仲間たちと相互的コミュニケーション

エガチャンつみつみ

「積みゲー」の仲間たちは近年増え続けている。せんべいやシュークリームなどの食べ物，イス，漢字などの無機物，トトロ，ドラえもん，ふなっしー，ショッカー，江頭２：５０（エガチャン！）などのキャラクターを積むものまで「積みゲー」花盛り時代である。もちろん，ゲーム性を追求した，『キャプテンリノ』（HABA，す

ごろくや），『ヴィラパレッティー』（Zoch）などの名作もある。キャプテンリノは紙でできており，倒れてもしなやかなので，病態の重いお子さんとも安全に遊べるので特にオススメである。その一方，『ジェンガ』はガタッと崩れる驚愕感が強いため，このようなお子さんには禁忌といえる。

子どもとセラピストが２人寄り添い横並びで「積みゲー」を行うと，さながら母子のような関係性が生まれる。これは，いわゆる「共同注視」でもあり，一つの課題を二人で顔を見合わせたりしながら行うことで相互的コミュニケーションを育む。

◆「積みゲー」の集団的活用

私が主催している子どもグループでは，厚紙でできた箱を積み上げる『ジャンボジェンガ』（タカラトミー）が大人気である。メンバーは２名の女性スタッフを除いて全員男だらけ。みんなで協力しながら高くそびえ立たせたジェンガの塔は，さながらトーテムポールが如くであり，積まれるほどに興奮は高まり，崩れゆく様子に一同憂いを覚える。倒してしまった者を誰も責めはしない。ジャンボジェンガは，仲間意識を育むだけでなく，女性スタッフに「今度はもっと頑張ってよ」と責められた時，男同士だからこそ味わえる悲しみがそこには確かにある。何をかいわんやであるが…失敬。

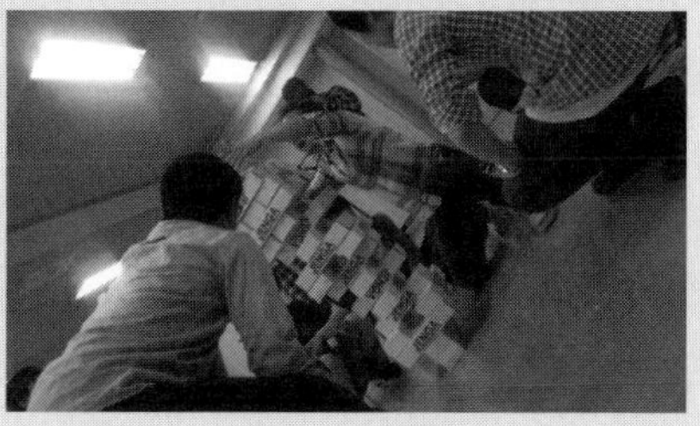

「積む」男たちの群れ

第5章

プレイセラピーの「遊び」の意味を捉えなおす

1．なぜ「遊び」なのかという問い

プレイセラピーでは，大人と子どもが「遊び」を通してかかわるのが当たり前の光景となっている。外来の心理相談室や教育相談室などでは，子どもが来たら何の疑いもなく「プレイセラピー」，すなわち「遊び」を行うのがお約束である（もちろん，インテークでの話し合いや契約の手続きもあるが)。幼児ならまだしも，小学生はもちろんのこと，まれに中学生や高校生も「遊ぶ」のである。セラピストにとっては，あまりにも当たり前過ぎることなのだが，子どもや親，そして学校の先生たちにとっては，決して当たり前ではないのである。セラピストと子どもが「遊ぶ」のは何故なのか，そのことにどんな意味はあるのか，そもそも何をやっているのか，という疑惑や違和感を抱かれているということに，私たちは無自覚ではいられない。

子どもが困った問題を抱えているというのに，親は子どもを早く何とかしたいと思って，真剣に悩み，時間を惜しんで相談しにきているというのに，大切なわが子がやっていることといったら「遊び」ではないか。漠然とではあっても，カウンセリングのようなものや問題解決を期待して相談室に来ているはずである。それなのに「なんで遊びなわけ？」「っていうか，遊んでいる場合じゃないんじゃない？」と思うことは，効率と成果が求められる現代社会では，むしろ普通の感覚ではないだろうか。

子どもたちは，決して親や周囲を困らせるために，問題を抱えている訳ではないのに，「私をこんなに苦しませておいて，遊んでるって何よ！」と思う親や関係者がいても何もおかしくはない時代になった。それならば，病院に行って手っ取り早く薬でも飲ませた方がまし，その方が何とかなるのではないかと思う親が増えるのも無理はなかろう。実際，近年，ここで躓いてしまっている事例をSVでたびたび耳にするようになった。

つまり，カウンセリングにおいて，また子どもの問題の解決にあたって，「遊び」が用いられるということには，納得しがたい曖昧さと違和感がまとわりついているのである。その間隙を突き，救世主が如く颯爽と現れたのがSST（ソーシャル・スキル・トレーニング）であった。この考え方がいわゆる発達障害ブームと相まって急速に臨床現場に広まったことは，多くの臨床家が知るところであろう。社会性やコミュニケーションを向上させるために,「遊び」なども取り入れながらトレーニングを受ける。そのために相談室に行こうという，いかにも分かりやすい名目ができたのだ。ずるい，でも，うまい。実際当時，時流に乗って，公立の教育相談室などでも少人数や個人のSSTを始めたところがあったが，現在は行っていない所も増えたようだ。何かが違っていたのだろう。

さらに，その少し前，虐待を受けた子どもたちにプレイセラピーが有効との考えが広がり（Gil, 1991），なぜか急にプレイセラピーに脚光が当たった時代があった。筆者も児童相談所のスタッフから「プレイセラピーをしてほしい」というこれまではなかった依頼を受けたことを思い出す。プレイの中で表現される（あるいは引き出す）被虐待経験の再体験が，心の再統合を促し，子どもはトラウマから解放されるらしい。その魅力的な響きと効果への期待に心を奪われた。しかし，これもやはりしっくりいかなかった。

私を含め，現場でプレイセラピーに取り組むセラピストたちは，このような魅惑的で美味しそうなものが運ばれてくるたびに，期待や希望とともに，言い知れぬ空しさと不純さに気づいていた。子どもの支援に関わる者，そしてプレイセラピストたちは，こんな風に，この子どもの問題はこうすれば解決するとか，このような効果や変化が得られる，などと易々と口にすることは憚られるのである。本人やセラピストの力，プレイセラピーだけでは，変えられないことが山ほどあることを知っているからである。環境や関係に振り回され影響を受ける子どもたちの姿をつぶさに見てきた。せっかく積み上げてきたものが本人以外の要因によって，為すすべなく崩されるという不条理さや理不尽さを幾度となく味わってきた。

熟練のプレイセラピストであっても,「遊び」だけで子どもを変えられるとか，治療できるなどと自信を持って言い切れる者は少ないだろう。もちろん責任と自覚をもって仕事をしている。しかし,「遊び」の体験をことばにしてみたり，理屈や論理で説明しようとしたりすると，何か少しずれている気がする，だからいつも心許なく自信がない。素晴らしいと思えるようなプレイセラピーを行っているセラピストが，これで本当に大丈夫なのだろうかと不意に不安になって，SV を受けることも少なくない。これは,「遊び」を通したかかわりのもつ宿命なのであろう。私たちは，それほどに難しく曖昧な「遊び」なるものを取り扱っているのだ，ということを自覚しておかないと，支援の指針と方向性だけでなく，自分自身の存在意義をすら見失ってしまいかねない。

そして現在，ポスト SST 時代に突入し，再びプレイセラピーがその曖昧さと難しさを孕んだまま，ぽつりとまた一つ取り残された。しかし，子どもの臨床の世界（それは日本に限らず世界中でという意味でも）では，今日も今この時間もプレイセラピーがさまざまな場所で多くの子どもたちに対して行われている，これだけは紛れもない事実である。では逆に問いたい。何ゆえに，時代も世の中も大きく変わり続けているというのに，大人のカウンセリングや心理療法の理論や技法の流行廃りは激しいのに，子どものカウンセリングと心理療法においては，ずっと何も変わらないままに相も変わらず，プレイセラピーなのか,「遊び」なのか。プレイセラピーよりも良い方法やエビデンスの高いアプローチがあれば，すでにそれにとって代わられていただろう。しかし，そうなってはいない。それはなぜか。理由はさまざまに説明できるだろう。筆者があえてその理由を述べるとするならば，プレイセラピーにおける「遊び」は，何だか凄いのである。ともかく,面白くて奥深いのである。「雑！」などということなかれ，結局そうとしか言いようがない。時に日常や現実では考えられないような驚くべきことも起こる。それは第５章で述べたプレイセラピーの「遊び」が持つ「非日常性」や「儀礼性」との関連が予測される。いずれにしても，その醍醐味は，拙くとも何とかことばで，文章で伝えることでしか，理解してもらう術はない。

本章では，プレイセラピーの世界で繰り広げられる「遊び」とは何なのか，その意味と中身について，豊かで奥深い世界を可能な限り描写すると共に，それに伴う子どもとセラピストの感情や行動に焦点を当てながら，プレイセラピーにおける「遊び」のもつ凄みと面白さを浮き彫りにしていきたい。

２．遊ぶことの「後ろめたさ」と「空しさ」

プレイセラピーにおける「遊び」では普段の「遊び」とは違った特有の雰囲気が漂う。プレイセラピーの過程や段階でもその雰囲気は異なるが，ここでは導入期を取り上げてみよう。導入期では，普段の「遊び」で感じられる楽しさや喜びなどとは無縁とも思えるような，「後ろめたさ」や「空しさ」といった感覚が存在する。思い出してほしい。やけになって平日の昼から酒を飲んでしまったときの美味しくも楽しくもない嫌なあの感じや，授業をさぼってカラオケで大声を張り上げながらちっとも楽しくもない気まずいあの感じ。背徳感や罪悪感とでもいえばよいのだろうか。皆さんもそれぞれに心当たりがあるに違いないはずなのだが，これは，プレイセラピーの世界で，ほとんど取り上げられてこなかった一面であろう。

繰り返しになるが，本来ならば，同級生が学校で勉強や運動に打ち込んでいる，決して「遊んでいてはいけない」はずの平日の昼の時間帯に，知らない大人と二人っきりで，相談室の中に不自然に設えられたプレイルームと称される遊び場で，「遊ぶ」のである。幼児ならまだしも，小学生はもちろんのこと，稀に中学生や高校生も「遊ぶ」のである。これは，改めて考えてみると，決して尋常なことではない。

親も学校も公認だからといって初めから「昼から遊べてラッキ

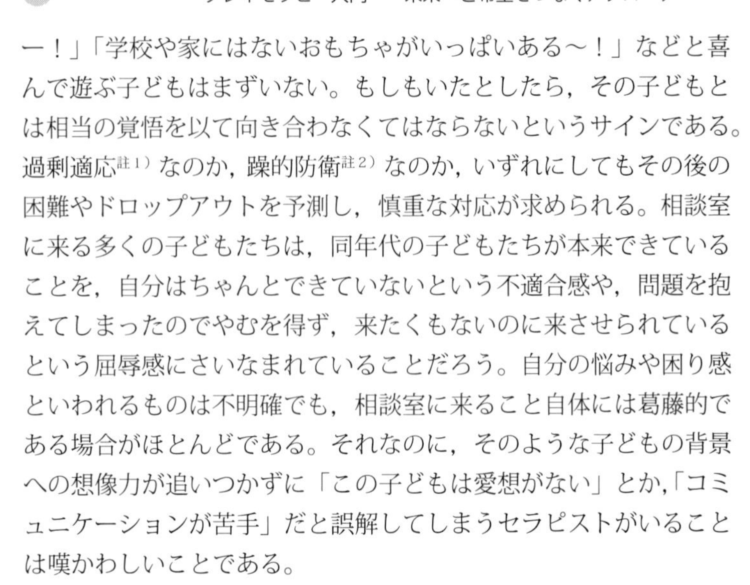

ー！」「学校や家にはないおもちゃがいっぱいある～！」などと喜んで遊ぶ子どもはまずいない。もしもいたとしたら，その子どもとは相当の覚悟を以て向き合わなくてはならないというサインである。過剰適応[註1)]なのか，躁的防衛[註2)]なのか，いずれにしてもその後の困難やドロップアウトを予測し，慎重な対応が求められる。相談室に来る多くの子どもたちは，同年代の子どもたちが本来できていることを，自分はちゃんとできていないという不適合感や，問題を抱えてしまったのでやむを得ず，来たくもないのに来させられているという屈辱感にさいなまれていることだろう。自分の悩みや困り感といわれるものは不明確でも，相談室に来ること自体には葛藤的である場合がほとんどである。それなのに，そのような子どもの背景への想像力が追いつかずに「この子どもは愛想がない」とか，「コミュニケーションが苦手」だと誤解してしまうセラピストがいることは嘆かわしいことである。

こんな状況で，子どもたちは「遊ぶ」ことを促されるのである。その「遊び」のどこが楽しかろう。楽しめるはずなどなかろうに。それでも，そんな中でも，健気に何かを探し，無理しながら「遊ぼう」とする子どもの背中からは，何か「後ろめたい」感じや，そこはかとない「空しさ」が漂ってくるのである。プレイセラピーの「遊び」は大概，こんな「気まずい」雰囲気から始まるのである。だから，こちらは，次もまた来てくれるだろうかといつも不安になってしまう。私たちはこのような子どもの心の機微やこの雰囲気に対して常に敏感でありたいものである。そしてそれが一つの答え，正しい感覚だと確信している。ここで，セラピストがはしゃぎ過ぎたり，遊び過ぎたり，下手に楽しませようとしたりすると子どもは戸惑う，というか明らかに「引く」。子どもは全くもってそんな気分じゃないからである。そして，子どもは気づく。せっかく頑張ってここに来たのに，目の前の知らないこの大人は，空気読めてない，思いの伝わらない他の大人と何ら変わらない奴だと。

ところで，幼児や一部の子どもなどの例外はあるが，放課後の時間帯や土曜日だとこの雰囲気は若干だが薄れるのは確かである。誰もが「遊ぶ」ことを許されている時間帯だからだろう。しかし，それでも，プレイセラピーの導入期では同じような雰囲気を味わう。つまり，来談する時間帯も無関係ではないが，相談室に来てプレイルームで遊ぶこと，遊ばなくてはいけないということに戸惑う子どもの気持ちは変わらないということである。

これだけでも，プレイセラピーにおける「遊び」が普段の遊びとは異なり，かくも複雑で奥深い（濃い）世界であることが分かってもらえたのではなかろうか。

3．それでもなお遊び続けるということ――プレイセラピーにおける「遊び」の凄み

導入期のこの段階を乗り越え，子どもはプレイセラピーとセラピストに慣れてくると，毎週プレイセラピーに通うことが日常の一部となってくる。そして,「遊び」続けるしかなくなる。後戻りはできない。子どもは「遊び」に没頭せざるをえなくなっていく。なにせ，ここでは「遊ぶ」こと以外何もすることはないのだ。ここで，悩みや不安を話し出す子どもは全くとは言わないまでも，ほとんどいない。楽しくもないけど，遊ぶしかない，遊ぶことだけで，時間を費やす以外にないのである。「後ろめたさ」と「空しさ」の中でただ遊ぶしかない状況から，喪（モーニング）としての「凄み」を持ったものへと「遊び」が昇華されていくプロセスとその感覚については，遊びの天才であり，遊ぶことの意味を突き詰めてきた芸人，北野武[註3)]がその映画作品（特に，『菊次郎の夏』と『ソナチネ』）の中で描いているので是非そのイメージを共有して頂きたい。セラピストと子どもは初め，不安や曖昧さを抱えながら遊びを通してかかわる。それでも少しずつ関係が深まるうちに少しずつ何だか楽しくなってきて，そのうち何かを諦めたように，ポッカリ空いた心のすき間を埋めるような喪失感の中で，次第に夢中になってがむしゃらに「遊ぶ」ようになっていくのである。そこで行われる「遊び」が「凄み」と「面白さ」に満ちているのは，このような普段の遊びとは全く異なるかなり特殊なプロセスが前提として存在するからに違いない。

プレイセラピーの「遊び」で起こる「凄み」と「面白さ」を例を挙げて示していこう。筆者のことを知っている人ならば失笑するだろうが，私はプレイセラピーをしていた子どもにキムタク[註4)]（木村拓哉：タレント）だと思われたこともあるのだ。Cくんは小学３年生の男の子。自閉症と診断されていた。筆者とのかかわりが充実してきた頃，彼はテレビでキムタクを見るたびに「あっ，丹さんが出てるよ」と言うらしく，母親は「何がどうなったらそうなるの！ 全然似てないでしょ！！」と思わず怒ってしまうのだと言うので，私はお母さんと顔を見合わせてお互い苦笑いしてしまった。そこまで怒らなくてもと。この子は，まだ父親や先生たちにも十分な愛着を示していなかったので，おそらく毎週「遊ぶ」当時のお兄さん（筆者）が，お母さん以外の第三者である男性の代表として認識されてきて，顔立ちのはっきりした格好のいい男性であるキムタクという存在が私とダブって見えていただけのであろう，というのが筆者の見立てである。

この子の場合は，自閉症スペクトラムの特徴から起こったものだと思われるが，プレイルームでの「遊び」に入れ込み始めると，多くの子どもたちがさまざまな形で，カウンセラーを別の人物やキャラクターに置き換えて「遊ぶ」ことが起こってくる。いわゆる投影とよばれるものである。「遊び」に没頭しすぎて，危険な行動をとった子どもを筆者が制限した時，思わず，「ご，ごめんなさい！ お父さん」と，どもりながら叫び，身を固めた小学３年生のDくん。それから彼はふと我に返って，「お父さんなんて死んでしまえ！」と言いながら私をプラスチックの刀で切りつけた。彼は，父親の家庭内暴力（DV）[註5)]に怯え，夜泣きが止まなかった子どもである。「遊び」の中で，私と父親を重ね，ずっと我慢してきた思いをぶつけられたことで，その後，彼の夜泣きは減っていった。また，30分以上も筆者のひざに座って，甘えたまま，「ねえ，ママ」と私に呼びかけてきたり，私の着ているセーターの中に潜り込んできて，首口から顔を出しては，にっこりと微笑かけるという「遊び」を繰り返した小学１年生のEちゃん。彼女の母親は，この子が物心もつかない頃に家出していた。この子はまだ見ぬ母を私に重ねながら，満たされない思いを埋め合わせ，母親との再会を夢見ていたのだろうか。乱暴だった彼女も少しずつではあるが落ち着きを取り戻していった。

小学２年生のＦくんは，私をドラえもんにして遊んだ（私の体型からしてキムタクよりはこちらの方がしっくりいくのであるが）。学校でいじめられ，不登校になった彼は，私の懐にピストルをしのばせておいて，箱庭療法[註6)]の箱庭の中で人間の人形（彼自身？）と怪獣を戦わせながら，窮地に陥ると私を「ドラえもーん」と呼び，私のお腹からピストルを取り出して，怪獣をやっつけるという「遊び」を繰り返していた。テレビの中ののび太くんならば，いつまでもドラえもんを必要とし続けるのだろうが，彼はこのような「遊び」を続けることで，次第に自分の力だけで怪獣を倒すことができるようになり，学校に復帰していった。

プレイセラピーにおける「遊び」が，かくも面白く，奥深くて，凄みを持つことが少しは伝わったであろうか。

これと関連して，幕末の志士，高杉晋作[註7)]は，辞世の句として「おもしろきこともなき世におもしろく，すみなすものは心なりけり」と詠んだ。面白くもない世の中でも，面白くするのは，その心次第である，という意であろう。しかしこの名句，高杉が詠んだのは上の句だけ，下の句は，病に倒れた彼を看病していた野村望東尼が詠み，完成をみたという。つまり，この句は，信頼できる人間関係から生み出された合作であり，そこがこの句の「みそ」なのだ。

このことは，プレイセラピーの「遊び」とも重なってくる，もともとは仕方なく楽しくもなかった「遊び」が，楽しくなるのも，意味をもってくるのも，それは心次第。しかし，それは子ども一人では成し遂げられない。傍らにいて，それを受け取り理解しようとするセラピストという存在があってこそ，つまり，二人の合作によって生み出されてくるものなのである。楽しくもない「遊び」が，面白さと凄みを持つのは，結局のところ，二人の間にある信頼関係の賜物なのだということを，この名句は教えてくれている。

4．プレイセラピーの「遊び」で起こる奇跡（ミラクル）

さらに事例をあげていこう。学校に行くと緊張し，一言も話せないでいた小学1年生のGくんは，プレイルームに大きな積み木で囲いを作り，そこを「温泉」にして私と一緒につかるという遊びを繰り返し行なった。「極楽，極楽」とまでは言わないにせよ，何とも言えぬ気持ちよさそうな顔をしていたのが印象的であった。温泉につかってすっかりリラックスした彼は，学校でも緊張しなくなり，自由に話せるようになっていった。

中学1年生から不登校を続け，3年生になっても何も状況が変わらなかったHくんは，受験を意識する時期になっても勉強にも手をつけず，「自分は何も変わらないよ，変わるつもりもないよ」といつも口癖のようにつぶやいていた。延々と二人でマンネリ卓球を続けてきたある日，私はなぜだかよく分からないが，ふと思いつき，「ここにぶつけてごらん，きっと当たるはず！」と卓球台にバトミントンの羽を標的として置いた。「当たるわけないじゃないですか，無理っすよ」といつものように意固地な態度。私はこれもなぜか確信的に「当たるっての，絶対に！」と促す。彼は面倒そうに仕方なくトライする。私がサーブをし，返球された彼の球は，見事な程に置かれた羽にパンパンと何度も繰り返し当たるのだった。百発百中というやつである。狐につままれたように，放心状態になる彼。そのしばらく後，彼は急に勉強すると言い出し，適応指導教室[註8)]に通い始めるようになった。

落ち着きがなく，ADHD（注意欠陥多動性障害）と診断されていた幼稚園の年長のIくんは，幼稚園でじっとしていることができず，いつも走り回り，喧嘩ばかり繰り返していた。プレイルームでも，毎回，砂場の砂を部屋にばら撒き大騒ぎして「遊び」どころではなかったが，ある回，突然，真顔になり，積み木で人が一人くぐれるくらいの細くくねったトンネルのようなものを作り出した。そして真剣な表情でその中を何度もくぐり抜けた。それから，「やった！　やった！」と歌い踊るのだった（当時お笑い番組で流行っていたはっぱ隊[註9)]が踊り歌う真似である)。その回以降，彼は人が変わったように落ち着いたのには家族，先生共々びっくりしてしまった。思えば，仮死状態のまま産道をくぐり抜けてこの世に生まれ，その後も大病を患い，多くの心配を注がれながら育ったＩくんは，自ら産道（トンネル）を作り，そこをもう一度くぐり抜け，「やった！　やった！」と産声を上げることで，まさに「生まれ変わった（再誕生）」のではなかったか。

こうなると「遊び」は，面白さや凄さを越えて奇跡にも思えてくる。こんな時，現実を超えるような力の存在を本気で信じてしまう自分がいる。こういうことがしばしば起こるので,「遊び」はやはり侮れないのである。たかが「遊び」,されど「遊び」なのである。このような「遊び」は，子どもの心の内から自然とあふれ出てくるものだと考えると，子どもたちは本来，このような奇跡を起こす特別な力を持っているのではないかと思うのである。今も昔も子どもたちは，大人の常識的な日常や現実とは違った，あるいはそれを越えた世界に生きている。夢やファンタジーの世界に生きている子どもたちだから，特別な力も自由に操れる。むしろ，そんな自由な世界に生きられることこそが，健康な子どもらしさの証でもあるのだろう。現実や日常の世界に疲れ，苦しんで，夢見ることを忘れてしまった子どもたち。その心の中の風通しをよくして，魔法の使い方を思い出させるのがプレイセラピーにおける「遊び」,そしてプレイセラピストの役割なのかもしれない。

5．みんな夢の中

しかし，こんなことが本当にあったのだろうか。今となってはよくわからないし，確信はない。もう大人になっているであろうクライエント達に確認しても，覚えてないと言われてしまうだけだろう。私だけの錯覚，思い込みなのかもしれない。今となっては，すべては「夢の中」である。

浜口庫之助[註10)]が作詞作曲し，1969 年に高田恭子が歌い，その後も玉置浩二をはじめ多くのミュージシャンにカバーされている「み

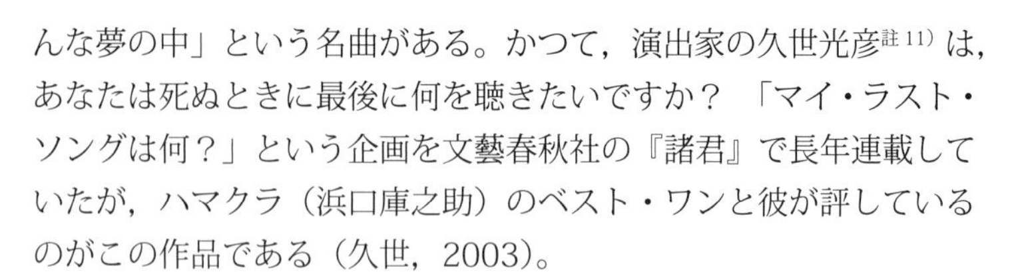

んな夢の中」という名曲がある。かつて，演出家の久世光彦[註11)]は，あなたは死ぬときに最後に何を聴きたいですか？「マイ・ラスト・ソングは何？」という企画を文藝春秋社の『諸君』で長年連載していたが，ハマクラ（浜口庫之助）のベスト・ワンと彼が評しているのがこの作品である（久世，2003）。

恋は短い夢のようなものだけど
女心は　夢をみるのが好きなの
夢のくちづけ　夢の涙
喜びも悲しみも　みんな夢の中　（以下略）

これまで示したようなさまざまな「遊び」の断片のイメージや，交わしてきた感情の数々の思い出，そして，子どもと築き上げてきた関係をこの歌に重ね合わせてみると，何とも切なく，感慨深いものがある。すべての「遊び」やその時の思いは，夢のようにはかないものでしかない。

それでもなお，否，だからこそ，筆者は，「遊び」の持つ力を，子どもたちが本来持っている力を，「夢」ではなく「現実」だったと信じたいのである。この歌の真意もきっとそこにある。

【文　献】

Gil, E. (1991) The Healing Power of Play — Working with Abused Children. The Guilford Press.（西澤哲訳（1997）虐待を受けた子どものプレイセラピー．誠信書房．）
久世光彦（2003）みんな夢の中―続マイ・ラスト・ソング．文春文庫．

第5章註

註1）過剰適応：ある状況や環境に自分の行動の仕方や考え方を変えてまで過剰に適応している状態のこと。自分の気持ちを後回しにして，他者から期待されている役割や思いに答えようとして，人の顔色にも過剰に敏感になっているため，心に負担が生じるのも無理はない。我が国では2000年代以降，急激に過剰適応研究が盛んになり，他の心理的要因や精神病理的傾向との関連について検討され続けている。未だに大学生，大学院生もこの問題を卒論や修論で取り上げることが多く，現代の日本人の代表的な心理的問題のひとつなのか

もしれない。

註２）躁的防衛：manic defense の訳。イギリスの対象関係論・精神分析家であるクライン Klein, M. が原始的防衛のひとつとして取り上げている極めて未熟な防衛機制の一つ。自分の大切な対象を失ったり，傷つけたりしてしまったと感じた時に，自分の心の中で生じる不安や抑うつ感などの不快感情を否認し，逆に優越感，支配感，軽蔑感を対象（相手）に向けるとともに，うつ気分とは反対の躁の気分になって，明るく楽しそうに振る舞うことでその苦しみを認めない心理的状態。原始的防衛機制とは，生後５か月くらいまでの乳幼児期において用いられる防衛機制であり，クラインはその他に分裂，否認，投影同一視，原始的理想化などを概念化した。

註３）北野武：1947 年～。ビートたけしとして日本で知らぬ者はいないお笑い芸人。芸人の枠を越え，映画，俳優，画家，小説などあらゆるジャンルにおいて，大傑作を生み出し続けている生ける伝説。たけしさんが「いる」ということだけで，生きる理由になりうる程の影響力を持つ，世界に誇れる本物のカリスマでありマエストロ。

註４）キムタク（木村拓哉）：1972 年～。これまた日本で知らぬ人はいないタレント。元 SMAP のメンバー。今の時代には珍しい，媚びず諂（へつら）わず，一本芯の通った一貫性を持った男性であるというのが筆者の勝手なイメージ。多くの日本人たちの持つキムタクイメージとその期待に応え続けているという意味で過剰適応感の高さを感じさせる人物でもある。

註５）家庭内暴力（ドメスティック・バイオレンス；DV）：従来，本邦では子どもが家庭の中で暴力をふるうことを「家庭内暴力」と称してきた歴史があり，それと区別する意味で「配偶者からの暴力」をドメスティック・バイオレンス（DV）と呼び，2001 年４月に「配偶者暴力防止法」（平成 13 年法律第 31 号。DV 防止法ともいう）が成立した。DV の形態として，身体的暴力，精神的暴力，性的暴力，経済的暴力，社会的隔離（外出や交際の制限など）などがある。被害者への支援はもちろんのこと，加害者への支援も極めて重要である。

註６）箱庭療法：砂の入った箱にフィギュアや玩具などを自由に置いて遊んだり，一つの作品を作ったりする心理療法。スイスのカルフ Kalff, D. がユング心理学を背景に「砂遊び療法」（Sandspiel）として確立した。河合隼雄がカルフの元で体験した際，日本の文化に適していると直観し，「箱庭療法」と名付け 1965 年に日本に初めて紹介した。心理相談室や教育相談室には必ずと言ってよい程，箱庭とフィギュアがあり，世界で最も多く実施されているのが日本である。しかし近年，使用率が著しく減ってきており，ほこりを被ったまま放置

されているとも聞く。エビデンスの考え方や CBT の興隆の影響もあると思うが，このツールを使いこなせるだけの繊細なセンスが日本人に失われてきていることの方が大きいのではないかと筆者は思っている。筆者にとって箱庭療法はエネルギーをあまりに消費してしまうだけでなく，多くのものを受け取ってしまいすぎるため今は封印している。あの箱は異界への入り口である。一日１～２ケースだけ行える日が来たならば，また箱庭療法の世界にどっぷりと浸り，味わいたいと思う。効果？　エビデンス？　使い手によっては絶大としかいいようのない威力を発揮するとしかいえない。

註７）高杉晋作：1839 年～ 1867 年。幕末に長州藩の尊王攘夷の志士として活躍した。松下村塾に入り，吉田松陰門下の俊英といわれた。1863 年に外国船の下関砲撃に際し奇兵隊を編制し対抗した。藩内を改革し倒幕へと向かわせたが，明治維新直前に肺結核のため下関で死去。29 歳であった。

註８）適応指導教室：不登校が長期化した児童生徒に対し，在籍校への復帰を支援するために相談や教育指導を行う機関。不登校児童生徒の増加に対応するために 1990 年に事業として開始された。都道府県や市町村の教育委員会が学校以外の場所などに設置し，スタッフは元教員と心理士が担うことが多く，在籍校や関係機関と連携しながら，子どもそれぞれの実態にあわせて，個別相談・プレイ，教科学習，集団ゲームなどを通じて，集団生活への適応を目指す。なお，適応指導教室に通った日数は，在籍校の出席日数として扱われる。たびたび聞かれるのが，一度適応指導教室に行くともう在籍校に戻れなくなるのでは？　であるが，適応指導教室に通っている子どもの方が，通っていない子どもよりも明らかに在籍校への復帰率が高いことが，多くの研究から明らかになっている。普通に考えても，小人数での集団生活に慣れることで大人数の教室に戻りやすくなるのは納得がいく。

註９）はっぱ隊：フジテレビ系列局で放送されていたバラエティ番組『笑う犬の冒険』（1998 年～ 2003 年）の中のコントに登場する集団。ウッチャンナンチャンの南原清隆をリーダーとし，ビビる（大内登・大木淳），ネプチューン（名倉潤・堀内健・原田泰造）の６人で構成されていた。肌色のパンツで股間に葉っぱ一枚の格好で，「YATTA!YATTA!（やった！　やった！）」という掛け声とともにシンプルなダンスを行う。当時の子どもたちがこぞって踊ったその姿を忘れられない。

註 10）浜口庫之助：1917 年～ 1990 年。作詞家・作曲家として 1960 年代に名曲を連発し，そのキャラクターも相まって日本人の多くに愛された。誰もが聴いたことのある CM 曲も多数作曲。代表曲に「涙くんさよなら」「バラが咲いた」「夜霧よ今夜もありがとう」「人生いろいろ」など名曲がずらり。ミュージシャンとしても活躍し，容貌が似ていることから映画で昭和天皇役を演じたこともある。

註11）久世光彦:1935年～2006年。演出家，小説家，テレビプロデューサーとして昭和のテレビ界を彩った。代表作に「寺内貫太郎一家」，「時間ですよ」などがある。筆者の大好きな名作，竹中直人映画監督作品「サヨナラCOLOR」(2004年）に初めて役者としても出演している。

オススメ遊具コーナー　その5

「ウィ・ウィル・ロック・ユー　日本語版」（ホビージャパン）

◆どんなゲーム？：「リズムゲー」とその意味

本章の最後に歌が登場した。筆者のプレイセラピーの中で歌がテーマになったことはそう多くはない。しかし，忘れられない思い出がある。虐待を受け児童相談所と連携しながら児童養護施設に措置されるまでの１年間プレイセラピーを行っていた小学３年生の少年のことである。学校で手作りの槍で上級生の背中を刺したということが筆者と出会うきっかけであった。プレイセラピーにおける暴力や暴言に筆者も打ちのめされていた。それほどまでに苦しい現実を生きる少年の痛みを身をもって実感させられていた。次第に関係は近づいていく。彼はプレイルームを「ここは僕の家だよ」と言い，だから帰る家はないと退室をしぶった。プレイでは筆者に抱きつきおんぶし甘えまくった。ますます退室しぶりは激しくなっていった。その頃，手紙を書きあう遊びの中で，彼の名前の苗字が「丹」になっていたのには正直戸惑った。送り迎えをしてくれていた祖母の体調が優れず，来室が途切れ途切れになった頃から，彼は筆者と明らかに距離をとるようになり，退室しぶりもなくなった。ふっきれたような彼の態度が悲しかった。施設入所が決まりお別れの日を迎えた。彼は最終回，幼い時に生き別れた異国の母が自分に歌ってくれたという「ユーアーマイサンシャイン」を私に歌ってくれた後，「ここに来れてよかったよ」と言い，振り返ることもなく帰っていった。涙がずっと止まらなった。歌はズルいよ，強いよ。

プレイセラピーでは子どもたちは一人でよく歌う。それに合わせて私たちも歌うことがあるだろう。または楽器でリズムをつけたりすることもある。

プレイセラピーに限らず，カウンセリングではクライエントとの「リズム合わせ」は大切だと言われているが，子どもたちは「せんだみつおゲーム」（古っ）のようなリズム遊びは大好きである。この『ウィ・ウィル・ロック・ユー』はイギリスの伝説のロックバンド Queen の名曲 “We Will Rock You" の「ドン・ドン・パ」のリズムに合わせて，手と膝を打ちながら，カードに指示された通りのジェスチャーをメンバーが順番に間違わないよう

ウィ・ウィル・ロック・ユー
日本語版

に続けていくゲームである。セラピストにとってリズム感は欠かせない。クライエントの会話のリズム，子どもの遊びのリズム。リズム感を養い，リズム合わせができるようになるためのトレーニングとしても「リズムゲー」は重要だ。是非自分のためにも取り組んでみて欲しい。

◆「リズムゲー」のバリエーション

『オフビート』（HOLA）は，パッケージそのものを太鼓として，「両手で叩く」「片手で叩く」「シーッ！のポーズ」などのジェスチャーを全員一斉にリズムを合わせて繰り返していく。『ウィ・ウィル・ロック・ユー』との違いはジェスチャーを順番にするか一斉にするかである。また『ウィ・ウィル・ロック・ユー』は複数が面白いが，『オフビート』は二人でも楽しめる。他にも『酋長ボンバボン』(HABA) は，酋長役がさまざまなリズムで太鼓を叩き，そのリズムはいったいどのカードを指しているのかを察知し，ピシャリと「手の棒」で叩き，正解カードをたくさん集めるゲームである。第９章末に示した「音ゲー」としても使うことができる。

第6章

プレイセラピーにおける体験の共有とことば以前の心のつながり

1.「子どもの目線に立って」とは

先日，相談室でこのような場面に遭遇した。おそらく何らかの障害を抱えておられるお子さんであろう。小学生よりはまだ小さいくらい。その子どもの担当者と思しき大学院生と親御さんの担当者が，その子どもの目線に合わせるように膝を落とし，真正面から至近距離で何やら一生懸命話しかけている。お子さんの方はというと，廊下の壁にどんどんと後ずさりして，視線を外してから何やら怯えたように大きな声をあげていた。通りすがりの光景であった。これぞ，あのどこかで聞いたお約束の必殺フレーズ，「子どもの目線に立って」ではないか！　と思いつつ,「えっ？　でもちょっと待てよ」,それって「実際に」子どもの目の高さまで腰を落として，担当者の目線までも子どもの目線にもっていくことなの???　と筆者は頭が混乱してしまった。同様にその子どもも混乱している様子だった。

私の思い違いかもしれないが，このどこで聞いたのか忘れるほどありふれたフレーズは，子どもの心と向き合う上での基本姿勢というか,気持ちの上での問題だとてっきり思いこんでいた。そういう心得は確かに大事，でも字義通りにとは思っていなかったので驚きが大きかったわけである。自身を振り返ると，意図的に子どもの目の高さまで腰を落として，正面から向き合うということをほとんどしたことがないことに改めて気が付かされた。面接室で低いテーブルをはさんで座って話すことや，プレイセラピーの場面で何かを探す子どもと「同じ目の高さ」で同じ方向を向いて一緒に探したり,「だいたい同じ目の高さ」でたまに視線を交わしながら遊ぶことはあっても，近くで話しかけるときなどは，正面から，しかも同じ高さでかかわることはまずない。自閉症スペクトラムなどコミュニケーション上の課題を抱えるお子さんと関わる経験が多かったからだろうか，視線を過度に合わせ過ぎることは，子どもにとって負担になると直感的にまた経験的に感じてきた。むしろできる限り視線の位置を合わせない方が良いとさえ思ってきた。それは障害を抱えている子どもに限らず，情緒的な問題を抱えている子どもに対しても同様であったので意外だったのである。

子どもの頃の自分自身を思い出してみる。相対した大人が急に腰をおろして正面から向き合われたとき，怖いと感じたかすかな記憶が残っている。なので，それを確かめるために，早速ゼミで学生たちとロールプレイ[註1)]をしてみた。腰を落とした子ども役に対して，正面に立っている大人役が目線を同じ高さに合わせにくる。そこで子ども役が感じる印象は，やはり皆一様に「少し怖い」という。普段，大人の顔の位置は大抵自分よりも上にあるのが普通だから，急に近づいてこられると，何か不穏なことが予期されるのではないか，というのが話し合いの結論であった。

つまり，「子どもの目線に立つ」などといいながら，逆に「子どもの気持ちの目線にはまったく立っていない」ということが実際にあるらしいという悲しい現実が浮かび上がってきた。まさに死角である。もしかすると知らず知らずにこのようなことが多々起こっているのかもしれない。確かに大人になると子どもの頃の記憶や感覚はどんどんと失われていく。子どもの立場に立って，あるいは子どもたちの役に立ちたいと心から思いながらも，そんなちょっとしたコミュニケーションのすれ違いから関係性はもろくも崩れ去っていくことがあるのではないかと思い，空恐ろしく感じた瞬間だった。そして，教育する立場の私たちも気をつけなくてはならないと感じた場面でもあった。

2.「扉」を巡る攻防——退室しぶりを考える

さて，プレイセラピーに関する単発のSV依頼があった。教育相談室でプレイセラピーをしているというそのセラピストは，いわゆる子どもの退室しぶり[註2)]に悩まされていた。担当している子どもが，時間になってもなかなか遊びをやめない，何を言ってもダメ。長いときは20分くらいプレイルームから出ず，ほかのセラピスト達にも迷惑をかけているらしい。プレイセラピーの時間はとても和やかでよい関係を築けているという自覚もあるのにどうして？　という思いも強いという。筆者のもとを訪れる前に，自分が大学院時代にお世話になった先生の元を訪ね対応法を聞いたらしい。その先生から「あなたが先にプレイルームを出ればいい。そうすれば，きっと諦めて出て来るに違いない」とアドバイスをもらい，疑うこともなくそれに従った。するとどうなったか。その次の回，子どもはプレイルームに入ると同時に部屋の鍵を閉めたまま，セラピストを外に追い出しプレイルームには最後まで入れてくれなかったという。外から声をかけるもののまったく反応はなく，終了時間になるとそそくさと出てきて，何もなかったかのように帰っていった。その次の回も同様のやりとりが続く。さすがにどうしたらよいかわからなくなってしまったのでSVを受けたいというのである。

プレイセラピストは多かれ少なかれ，退室しぶりを代表とした，出入り口を巡る攻防戦に悩ませられる。これは，プレイセラピストにとって，誰もが通る文字通り「関所」なのである。ジンメル Simmel, G. [註3)]（1976）は「壁は無言だが扉は語る」と述べる。すなわち，「扉」は無限なる「そと」と有限なる「うち」の永続的な相互交流の場として存在しており，「うち」に入る行為は安らぎと巣ごもりを意図し，「そと」に出る行為は，はばたきやさすらいを意味する。このことは，プレイルームの扉は，単なる物理的な空間ではなく，子どもとセラピストの心の「うち」と「そと」が出入り交差する心的空間であることを，典型的かつ根源的に示しているといえるだろう。

しかし，退室しぶりをする子どもたちにどうしてそのようなことをするのか尋ねても，理由を説明できないことがほとんどであるし，聞くのも野暮（やぼ）な感じがして躊躇される。だから私たちは可能な限りの想像力をもってその訳を理解するしかないのだが，それでもやはりわからない，ということが多いのが現実である。そんなとき手掛かりになるのは，その時に感じられたセラピスト側の感情であることが多いので，筆者はセラピストに対して「部屋から締め出されて，外に一人で取り残されたとき，あなたはどんな気持ちだったの？」と訊いてみた。「正直に言うと，私が一番初めに思ったのは，同僚たちにどう思われるだろうということでした。うまく子どもと関係が作れていないことを責められるのではないか，笑われるのではないか，だからスタッフルームには戻れないし。いつかは開けてもらえるだろうという期待と，開けた時に私がいないのはさすがに子どもに悪い気もするので，その場からも離れられず，情けないというか，惨めな気持ちでいっぱいでした」との答え。それを聞きながら筆者もまた退室しぶりでひどく困った遠い記憶がありありと蘇ってきて苦しくなると同時に，彼女の所属している職場の人間関係を想像し，孤独だな，誰も助けてはくれない，自分だけでこの事態と向き合わなくてはならないのかー，辛いなあーなどと一人思いを馳せていると，そのセラピストは，「この子は教室に入れない子なんですよ，学校には行くけれども，なかなかクラスの中には入っていけない，もしかすると，この子も私と同じように，周りの子たちのことが気になったり，一人だけ教室から締め出されたように感じていて，情けなくて惨めな思いをいつも味わっているのかもしれないです。本当はプレイルームの中でいるように，教室でも楽しい思いをしていたいと願っているのかもしれない，だからプレイルームからも出たくないのかなー，なのに私は彼を放り出して先に外に出てしまった，見捨てられたような気持ちになって，さみしい思いをして，そして私に対して怒っていたのかもしれない，だから私のことも締め出した。そういう気持ちを私に味あわせてくれたのかもしれないですね，そこまでしないと私に気持ちが伝わらないなんて，彼になんだかさらに辛い思いをさせてしまった」と自ら気づきを得た。それが本当に正しい答えかどうかはわからない。しかし，そんな風にイメージを膨らませ，子どもの気持ちをまるで我が事のように考え思いを馳せることが何よりも大切なのである。この瞬間，セラピストは，ことばや理屈を超えたレベルでまさしく「子どもと同じ目線に立てた」のではなかろうか。実際，その気づきを経てからのちのセッションでは，何事もなかったように退室しぶりはなくなっているという。プレイルームの扉とともに子どもの心の扉が開かれたのである。体験の共有，共感，想像力を通した理解なき小手先の対応法が通用しない世界がここには確かに存在している。

3．ことば以前のコミュニケーション

セラピストのこんな気づきだけで退室しぶりがなくなることを不思議に思う方もいるだろう。しかし，プレイセラピーはこのようなことの連続で成り立っていることはあまり語られていない事実なのではなかろうか。例えば，箱庭で遊ぶ子どもが次に何のパーツを置くのか，また何を探しているのかなど，子どもがことばで伝えてはこなくとも，話さなくとも直観的に分かることはしばしばである。遊びにおいてもそうである。毎週会っていれば，次に何をしようと思っているかいちいち確認などしなくてもほとんど察知することができるようになってくる。大人のカウンセリングにおいても，今日はどんな話をするか，その時どんなことを感じたのか聴かなくても，相手が話さなくとも分かるという体験は，関係が深まれば誰しも体験したことがあるに違いない。

しかし，考えてみればこれは不思議なことでも特別なことでもなんでもない。もともと人に備えられた力を発揮したまでにすぎないのではなかろうか。そもそも乳児期における子どもと養育者との間で交わされるコミュニケーション手段は「ことば」ではない。それは，ことば以前の前言語的コミュニケーションであり，子どもと養育者との関係性は「間主観的なやりとり[註4)]」によって成立している（鯨岡，1999）。すなわち，子どもの行動や泣き声などから発せられている情報をもとに，その機微を頼りに，その感情や要求を敏感に察知し，養育者はそれをあたかも本当であるかのように汲み取り返していく。それが正しく合致していれば，子どもから快の感情や行動が発せられ養育者に伝わり，それがずれていれば不快な感情と行動を示すことで養育者はそれに応じ修正する。もちろん，失敗する

ことも多いが，そんな繰り返されるやりとりを通して，互いの関係性は深まり，子どももまた養育者のできる限界を知り成長していく。このような過程を経ることで，子どもたちは世界への安心感と他者への信頼感を獲得し，養育者と離れていても心はつながっていると認識できるようになって初めて,「ことば」を「話す」ようになっていくのである。私たちは皆，記憶にはなくとも，ことばではないレベルでのやりとり，相互的コミュニケーションという発達過程を経て，今，ことばを用いた世界を生きている。

しかし，言わずもがな，それぞれの子どもの発達状況や特性，個性は異なり，養育者もまたそれぞれにオリジナルな存在であるため，互いの関係性は極めてパーソナルなもので，バリエーションに富んでいる。そのため，その関係性を一律に括ることは難しい。このことは，子どもの心理療法場面，プレイセラピーにおいても同様であり，子どもとセラピストとの関係性にもそのまま置き換え可能である。すなわち，プレイセラピーにおいては，子どもの感情やニーズをセラピストが敏感に察知し，それに応じていくことで，自然な流れの中で相互的関係が形成されていくのであるが，その過程は決して一筋縄にはいかないのが現実である。子どもたちが辿ってきた歴史も個性も異なり，それを受けとるセラピスト側も皆それぞれに異なる存在であるためである。そして特にプレイセラピーにおけるセラピストと子どもとの関係作りは，もろく危ういものであることも少なくない。

4．乳児期に大病を患った子どもとのプレイセラピー

当時,小学校に上がって間もなかったＪ男は,喧嘩が絶えずクラスメートに血が出るまで噛みついて離れず，大きな傷を負わせてしまったことが学校で大きな問題となり，相談室に訪れた。彼は生死を彷徨う大きな病を抱え，生後３カ月の時から入退院を繰り返し，これまで４回もの大手術を乗り越えてきた。彼は入院中，注射を受けるときも，母親が帰ってしまう時も全く泣くことも叫ぶこともしないのだという。初めて出会った日,私が近づいていくと彼は「キー」

とまるで動物のような声で威嚇した。彼の小さな目には生まれてきたこの世界がとても怖いものに映ってきたのではないか，そして他人は皆敵だと認識してきたのではないかと震えたことを覚えている。それを顕現するが如く，彼とのかかわりは到底遊びどころではなく，私を叩き，引っ掻き，噛みつくことに終始することもあった。どんなことばも通用しない世界とはまさしくこのことである。なすすべもなく攻撃を受け続けた私の心の中に巻き起こる，憤り，不条理感，無力感，痛み，思えばそれは彼自身がずっと感じ続けてきた心の世界そのものだったのではないか，と身を持って思い知らされたのである。

「痛みを分かち合う」ことで，次第に私たちは少しずつ親密になっていく。すると今度は極端に私にべたべたに甘えるようになっていった。まさしく愛情をむさぼるように，絡みつき，抱きつき，頬を摺り寄せてくる。その頃，彼はよく無言のままに指さしやその表情や雰囲気を通して，私に「(あれ持ってきて！)」「(これして！)」と伝えてきた。私が「ハイ，これね」とちゃんと理解できるとにんまりと笑い，できないときは悲しい顔をするので私はとにかく必死だった。何とかその思いに応えたいという気持ちとともに，一歩間違えるとまた攻撃されてしまうのではないかという思いで，冷や冷やしながら，半年以上このような綱渡りのような関係が続いた。普通なら母親と，先に示したような「前言語的な間主観的なかかわり」が交わされる時期，彼は病院のベッドに縛り付けられていたのだ。私との間で為されたそのかかわりは，その時望んでも叶わなかった切ない思いを達するための育ちなおしの機会でもあったに違いない。

それからの彼は，プレイルームに入ると赤ん坊のようにハイハイして歩き回ったり，自分が入れる程のローラーのついた移動式のおもちゃ箱をベビーカーに見立てて眠ったり，盛んに世話を求めるようになった。私は「おなかすいた」と言われればごはんを差し出し，「おしゃんぽ」と言われればベビーカーを引いて歩き，眠れば子守歌を歌った。しかし，私のこのような退行を促すようなかかわりは，彼をかえって苦しませることになったのも事実である。時間が終了してもプレイルームから出ることを強く拒み，泣き喚きながら，私を叩き噛みついた。私は「大丈夫，大丈夫」と声を掛けながら何十分も抱っこして，泣き疲れて気持ちがおさまるまで待つことしかできなかった（先のスーパーヴィジョンの中で思い出していたのはこの場面であった）。彼の歳不相応ともいえる際限のない甘えは，これまで求めても得られなかったものを取り戻すかのようで，彼の中に愛情を乞うてやまない思いを実感させるのに十分と感じられたことをしみじみと思い出す。

その後のプレイの経過が気になるところであろう。彼はしっかりと「ことば」で意思や感情を伝えるようになり，それからも印象深い出来事がたくさん起こったが，ここまでにしておこう。セラピーは５年間続き終結した。しかし，いまだに彼とはたびたび顔を合わせることがある。なぜなら，彼は現在，私の同業者として立派に臨床家として活躍しているからである。掲載を快諾してくれた彼に心から感謝。

５．体験の共有が先，ことばはその後

彼が教えてくれたことは数多いが，その中でも重要なことは，子どもが感じてきたであろう体験や心の痛みを，セラピストが身を持って共に「分かちあい」ながら，指さしや表情，雰囲気を通した「ことば以前の間主観的な相互的コミュニケーション」の深まりとともに，やっと「ことば」を通して「話す」ことができるようになっていったというプロセスではなかっただろうか。セラピストが子どもの心の目線に立ち，ことばではないレベルでの体験を共有することで心のつながりが育まれ，その関係性の深まりを通して初めて「ことば」が生まれてくる。「離れていても」心は繋がっていることを体で丸ごと感じられるようになって初めて，ことばを用いた相互的なコミュニケーションへと発展していったのだろう。

彼とのプレイセラピーは，彼自身の追体験を通した誕生からの心の成長の過程であると同時に，彼が生まれてきたこの世界を，そして他者を信頼し受け入れていくプロセスでもあったに違いない。相

談室に訪れる子どもにとって，セラピストとの出会いは，新しい世界との出会いであるとともに新しい人間関係の始まり，すなわち新しい自分の誕生を意味する。誕生したばかりの子どもたちがことばではないレベルでの理解を求めるのは発達的にみればごく自然な流れなのではなかろうか。毎週毎週のかかわりを通して，私たちはその成長過程を温かく見守り支えていく。一人の人間存在そのものと向き合い，成長を支えるということはそう簡単なものではない。カウンセリング・心理療法においてことばが重要であることは言うまでもないことであるが，ことばと共にことば以前のコミュニケーションの充実こそが，クライエントとのコミュニケーションと成長を支える基盤にあることを改めて認識させられる。

最後に。中井・神田橋（2012）は，自傷と衝動行為を繰り返し「言葉のやりとりができない」という 20 代女性を担当する医師のスーパーヴィジョンを行っているが，その中で中井久夫註5）は，「いろいろな体験が重なって，共有されて，初めてお互いに何かしゃべれるようになるんじゃないでしょうか」と述べている。この簡潔でありながら，たおやかな指摘は，子どもたちとの遊びを通したプレイセラピーの本質にも通じていると思われる。特別な働きかけやことばかけ以前に，私たちの発達過程と重なるように，子どもたちとのプレイセラピーもまた，「体験の共有が先，ことばはその後」である。

「子どもの目線に立って」というありふれたフレーズから辿りついた一つの答えはこのことである。

【文　献】

鯨岡峻（1999）関係発達論の構築―間主観的アプローチによる. ミネルヴァ書房.
中井久夫・神田橋條治（2012）中井久夫・神田橋條治スーパーヴィジョン②体験の共有が先，言葉はその後．精神看護，15-2; 40-53.
ジンメル，G.（酒田健一ほか訳，1976）橋と扉．白水社.

第6章註

註1）ロールプレイ：役割演技やロールプレイングともいう。現実の場面を想定して，それぞれが役割を演じ，疑似体験を通じて，それが実際に起こったとき

にどうなるか対応できるようにする学習方法の一つである。

註2）退室しぶり：プレイセラピーにおいて多くのセラピストが体験し，対応に窮する場面はさまざまである。退室しぶりやプレイルームの物を持ち帰りたい（後述）と言われるなどはその代表的なものであろう。その中でも，時間が来てもプレイルームからなかなか退室しようとしない「退室しぶり」を体験することが最も多いのではなかろうか。プレイセラピーのプロセス段階に応じて，そのことが示す意味合いや対応はさまざまであるが，子どもの心のメッセージをいかに正確に受け止めるかが対応の基本である。初期であれば，次回の日程をしっかりと確認し，確かにここであなたのことを待っていると伝えることで見通しと連続性が確認され，安心して退室することも少なくない。筆者はここ10年以上退室しぶりに悩まされるという体験はしていない。セラピストがそれを問題視したり，焦ったりすることなく，心のゆとりと安心感をもって冷静に接することが何よりもの対応の要であると思われる。プレイセラピーを長く行ってきた心理士にSVを仰ぐと解決は早い。

註3）ジンメル：1858年～1918年。ドイツ出身の哲学者であり社会学者。デュルケム Durkheim, É.，マックス・ウェーバー Weber, M. などと共に社会学の始祖とされる。ジンメルの哲学的立場は，どのようにしてより良く生きるかを考えるニーチェ　Nietzsche, F. やキルケゴール Kierkegaard, S. の「生の哲学」の系譜に位置づけられ，それが後に社会学としての基礎を作った。ドゥルーズ Deleuze, G. やガタリ Guattari, F. など近代のフランス哲学においても再評価されている。

註4）間主観的やりとり：間主観性という概念は，元々，現象学者であるフッサール Husserl, E. が提起したものであり，相互主観性あるいは共同主観性ともいわれる。換言すれば，二人以上の人間において同意が成り立っている状態のことであり，主観的であることと客観的であることの間にある認識といえる。ここで取り上げている間主観性，間主観的やりとりとは，トレバーセン Trevarthen, C. らが発達心理学領域において，ある人が，相手の視線や声，表情やジェスチャーを通じて相手の感情を感じ取りそれを通してかかわり合う関係性のことを指す。

註5）中井久夫：1934年～。我が国を代表する精神科医であり，精神病理学者。統合失調症治療の理論と治療研究を通して，本邦における現代の統合失調症治療の礎を築いた。アメリカのサリバン Sullivan, H. やイギリスの児童精神科医ウィニコット Winnicott, D. W. のスクイグルを日本に紹介すると共に，描画療法の一つである風景構成法を開発した。阪神・淡路大震災（1995年）に際

して被災者の心のケアの中心的人物として，PTSD（心的外傷後ストレス障害）の研究や翻訳，詩人ポール・ヴァレリー Valéry, P. の翻訳などその活躍は多岐に渡り，心理士にも多大なる影響を与え続けている。ラテン語，現代ギリシャ語，オランダ語にも通じる生ける天才として知られる。

オススメ遊具コーナー　その6

コンセプト 日本語版（ホビージャパン）

◆このゲームの特徴――以心伝心

コンセプト

本章のテーマはことば以前のコミュニケーション。『コンセプト』はそのことを象徴するようなボードゲームである。出題する側は「お題」を「ことばを一切用いず」にボードに示されたヒントとなるアイコンにコマ（これも何種類かありヒントになる）を置き，相手に当てさせる。それだけのシンプルなゲームであるが，2014 年のフランス年間ゲーム大賞を受賞しただけある奥深いゲームである。

連想が連想を呼び，飛んでもない方向に答えは行ったり来たり，大笑いしながら，最終的に辿りついた回答に安堵する。お互いの心と心が通じ合えた瞬間の喜びは，まさに「ことば」にはならないものがある。本来チームを組み，無言で息を合わせながら「お題」を他のメンバー達に当てさせるゲームであるが，一対一で遊ぶことができ，正式なルールに従わなくとも十分盛り上がれる。初めは簡単な「お題」でもとても難しいと感じられるが，不思議なことにだんだんと回答は早くなっていくのがこのゲームの一番の魅力でもある。ことばはなくともイメージだけで心は通じ合えることを体感できるお勧めの「以心伝心」ゲームである。

◆「コミュニケーションゲーム」の世界――コミュニケーションの極意を学ぶ

このようなゲームはボードゲーム（アナログゲーム）の世界で,「コミュニケーションゲーム」と称されている。『コンセプト』がことばを一切使わないのに対して，非言語的表現とことばが交差するゲームにも趣深いものは多い。数多くコミュニケーションゲームは存在するが，ここではメジャーなものだけを紹介したい。

まずは,『バルバロッサ　日本語版』（ニューゲームスオーダー）。粘土をこねて造形した上で,「はい」「いいえ」のみの質問を交えて作った作品の答えを当てるゲーム。粘土細工の好きな子どもにはこれである。これもルールにはこだわらず，遊び方は子どもに合わせて変えられる。

さらに，勝ち負けを越えたコミュニケーションの楽しさを世界に広げたといっても過言ではない有名なボードゲーム『Dixit（ディクシット）』（ホビージャパン)。絵カードから思い浮かべたことばをもとにして……これ以上の説明は避けるが，とにかく手に取って試してみて欲しい逸品である。柔らかで葛藤の少ないコミュニケーションツールであり，性別問わず（女子には特に受ける），どの年代でも楽しめる。筆者は家族面接で父母子どもを入れた４人で行うこともある。３人～６人で遊ぶゲームだが，２人用ルールも存在し（ネットで検索して下さい），個人セラピーでの応用も十分可能である。

粘土で作り伝える『バルバロッサ』，絵カードからイメージされたことばを伝える『Dixit』。形式の異なるゲームではあるが，この２つに共通しているのは「情報量が多すぎても，少なすぎてもいけない」「わかりすぎても，わからなすぎてもいけない」イメージを伝えるという独特のルールである。つまり，自分のイメージが伝わる人もいれば，伝わらない人もいるというさじ加減が求められ，その絶妙さが勝利に結びつくというオリジナリティがゲームをより面白く奥深いものにしている。

これは，私たちが生活していく上での実際的なコミュニケーションと共通してはいないだろうか。何も伝えなければ相手には何も伝わらない，伝えたとしてもその情報量が少なすぎては相手に十分理解してもらえなかったり誤解を生む，かといって一方的に多くを伝えすぎては相手の理解のキャパを超えてしまったり，反対に不信と抵抗を抱かせたりしてしまうこともある。つまり，この２つのゲームは，常に相手を意識し，ほど良い質と量と内容を吟味しつつ，何をどこまでどう伝えるのが適切かを見定めながらコミュニケーションを取るという能力が試されているのである。この能力こそが，コミュニケーションの極意なのではないかと確信している。したがって，『コンセプト』も含めて，これら３つのゲームは，クライエントのためだけではなく，セラピストが自分自身の感性とセンスを鍛えるためにも，是非手に取って遊ぶことをお勧めする。

Dixit

バルバロッサ

第７章
子どもを遊びに導く「何か」とは何か

１．みんなうんち

「うんこドリル」が売れに売れているらしい。ある日突然，カウンセリングに来た母親たちから，立て続けに「うんこ，うんこ」と連呼された私は，なんのことやらよく分からぬまま，その帰り道，本屋に駈け込んだ。本の群れをかき分け，匂いそうな店の奥地，問題集コーナーへと向かう。しかしなかなか見つからない。店員にそのありかを尋ねたいが，タイトルを告げるのが恥ずかしい。そもそもタイトルの正式名もおぼろげ。困った。しかし，私も大人，しかも研究者として関心を持っているだけ，と自分に言い聞かせ，意を決し，近くにいた女性店員さんに，「すみません，あの，う，う，うんちの何とか……」と詰まりながらやっとの思いで伝えた。そんな曖昧な感じで伝わるのかという私の不安をつんざくように，「はい，『うんこ漢字ドリル[註1)]』でございますね。それでしたら店頭にございます。お客様ご案内いたします！」と声が響く。おいおい，そんなに活舌よくさわやかに答えられても。しかも声大きい。と心の中で突っ込みつつ，踵を返し，とぼとぼと暗い奥地から明るい入り口へとついていくその道すがら，私がネガティブ反芻[註2)]していたことは，「うんこをうんち」と言ってしまい「しまったぁ！」というどうでもいいことであった。

飲み屋や仲間内では恥ずかしくも何ともない，むしろ大好きなうんちを，公の場，本屋で口にすることがこんなに恥ずかしいものとは思ってもいなかったので驚いた。こんないい歳になってもなお。どうしても自分だけではこの経験を抱えておくことができなかったので，身近な人たちに垂れ流すと皆な一様に喜んで笑ってくれたので，やっとそこで落ち着きを取り戻した。

なんの話じゃ，であるが，私の味わった恥ずかしさや後ろめたさを通して，今回取り上げる子どもの問題への理解が整理され，子どものかかわりにおいて行っている配慮や工夫を再確認するきっかけになったのであるから，うんこ様々である。

ところで，子どもたちが大好きな絵本のひとつに，五味（1981）の『みんなうんち』がある。ベストセラーでもあるこの作品は，よく読むと，他の五味太郎[註3)]作品のユーモアあふれる面白いお話や展開とはまったく異質なものであることがわかる。もちろん絵の味わいと若干のユーモアは含まれているものの，基本的には淡々とうんちを綴っていき,「いきものは　たべるから　みんな　うんちをするんだね」としめくくる。生き物ってそういうものよ，ただそれだけという実も蓋もない説明で終わるのである。正直そんなに作品として面白いとは思わない。しかし，五味は，子どもが好きなうんちという素材そのものの持つ力に絶大な信頼を置きながら，これが人として生きる上で一番大事ということを，この絵本を通して子どもたちに伝えているのではないかと思われる。確かに，食べてうんちをして寝る，このサイクルの繰り返し，私たちは，この基本的な営みによって生きている。このサイクルが崩れたり，そのどこかが滞ったりすると心理的にも身体的にも不調をきたす。反対に心理的・身体的不調がこのサイクルに影響を与えることもある。

ところで，ウィニコット（1971）は「遊びこそが普遍的であり，健康に属するものである」とし,かの有名な「遊ぶことが起り得ない場合に，治療者のなすべき作業は，患者を遊べない状態から遊べる状態へ導くように努力することである」とのフレーズを残した。すなわち，私たちが生き物としてだけなく，人間として健康に生きるためには,食べてうんちして寝るに加えて,「遊ぶこと」をこのサイクルの中に加える必要があるということである。食べて「遊んで」うんちして寝る，の適切なサイクルが健康の基準であるならば，遊べなくなることは，生命の根源を揺るがしかねない極めて危機的な状況なのである。だからこそ，子どもたちが遊べる状態に導く努力を小児科医でもあるウィニコット[註4)]はことさらに強調しているのだろう。

本章では，教育相談室でプレイセラピーを受けたことをきっかけに状態が悪化し，筆者の私設相談室につながることになった事例を通して，子どもの問題や状況に応じた遊びの工夫と配慮について検討していきたい。

ウィニコット（1971）の言い方は極めて辛辣である。「もし，治療者が遊べないとしたら，その人は精神療法に適していないのである。そして，もし患者が遊べないならば，患者を遊べるようにする何かがまず必要であり，その後に精神療法が始められるのである」。ウィニコットにこうまで言われたら返す言葉もないが，子どもが遊べるようになるために凡人の私たちができる，その「何か」とは何か，について考えていくこととしよう。

2．おならの匂いが人に伝わるのではないかという不安

ところで，しつこいようだが，子どもたちは本当にうんちが好きなのだろうか？　もちろん大好きなのだろう。だから例のドリルは売れている。しかしどうだろう。うんちの現物そのものやその匂いが大好きだという子どもがいたとしたら。それこそカウンセリングにでも行こうか，と真剣に考えてしまうに違いない。つまり，子どもたちはうんちそのものではなく，その音韻の響きや象徴化された💩という形状，くさいと忌避されるイメージ，そして自分のお尻から生み出した創造物としてストレンジかつユーモラスなものとして好きなのである。だから，うんちイメージを楽しんで大笑いし，遊べているようなら何も心配することはない。それどころか精神的に健康な証左である。

SC の紹介で筆者が担当することになった小４のＫ子（父母Ｋ子の３人家族）は，うんちとおならのことについて悩んでいた。そのことが原因で学校に行くことすらできなくなってしまっていた。うんちイメージを楽しみ遊ぶどころの騒ぎではなく，現物のうんことおならの臭い匂いの存在にとらわれ，身動きが取れない状態に陥っていたのである。

ことの始まりは，小４の三学期に突然起こった原因不明の腹痛であった。それから毎日のように腹痛が起こり，登校をしぶるようになっていく。病院に行き，検査を受けるが異常は認められず，処方された整腸剤の効果もなかった。

母親はまず担任と面談し学校での様子を聞いた。勉強もよくでき，これまで何事にも熱心で手を抜かなかったまじめなＫ子さんが，最近表情が暗く,休み時間も友達と遊ぶこともなくなり,席に座ってボーっとしていることが多いので心配していたという。いじめられるタイプでもなく，その形跡もないので，本人の心理的な問題ではないかと指摘され，プレイセラピーを勧められた。まだ学校には来られているし，プレイセラピーで気持ちを発散すれば元気になるのではないか，という担任の言葉に安心と可能性を見出した母親は，その日のうちに地域の教育相談室に相談の予約を入れた。

担任との面接によって，母親の心にゆとりができたからであろうか，その晩二人で一緒にお風呂に入っているとき，Ｋ子はこれまで口にすることのなかった悩み事を「秘密だよ」としっかりと前置きしたうえで母親に打ち明けた。Ｋ子は「この間，学校でお腹が痛くなって，うんちが出そうになったけど，恥ずかしくて先生にトイレに行きたいと言い出せなかった。うんちを我慢していたら少しだけおならが出てしまった。音はしなかったが，おならの匂いがみんなに伝わって，みんな臭いって思っているのに，我慢して誰も何も言わなかった。でもきっと私のおならを臭いと思っていたに違いない。それから毎日ずっとおならが漏れないようにお尻をぎゅっとしている。それでも，おならが漏れてしまって匂いが伝わって臭いと思われていると思う時がある。本当は学校に行きたいんだけど，みんなに迷惑をかけちゃうから行けないの」と言って泣き出してしまった。母親は，ここぞとばかりに教育相談室でのプレイセラピーをＫ子に提案する。そこには楽しく遊ぶ部屋があって，今話したことを専門の先生に全部話せば，きっとすっきりしておならも気にならなくなるよと説明した。Ｋ子ははじめは嫌がったものの母親の熱意に負けたのか渋々受け入れた。

インテーク[註5)]の日，時間通りに教育相談室に着き，待合室で座っていると，２人の担当者がやってきた。簡単なあいさつの後，すぐに，母親と母親担当者は面接室へ行き，Ｋ子はＫ子担当者とプレイルームへと向かった。約１時間後再会した母子。母親はＫ子のなんとも言えない異様な様子に気づいてはいたが，次の予約（３週間後）を入れて帰途についた。どうだった？　と聞いても一言も話さず，疲れたからと夕飯も取らずにその日はすぐに眠ってしまったという。

Ｋ子はまさに，その翌日から学校に全く行かなくなってしまう。「二度とプレイセラピーになんか行かない」と教育相談室へ通うことも拒否されてしまった母親は，前回のプレイルームでのＫ子の様子を母親担当者から聞いた。Ｋ子は，担当者から学校に行きたくない理由を尋ねられると，母親に伝えた一連のくだりを包み隠さずすべてを淡々と話し，それから，トランポリンに乗ったり，ボール投げをしたりとのびのびと遊んでから，担当者の差し出した紙に女の子の絵などを自由に描いて終わったという。あんなに楽しそうだったのにどうして来られないのかわからない，不思議というのが担当者達の見解だという。しかし，こういうことはよくあることなので，また来られるようになるまで焦らず見守りましょうと励まされ，母親はそういうものなのかと返す言葉もなくただ頷いた。

しかし，フルタイムの常勤で働く母親は，近くに親戚などもいないため，Ｋ子が毎日学校にも行かず，家に一人でいることが心配であると共に負担でもあった。本当はなんとかしてでも早く学校に戻ってもらいたい，正直，有給休暇にも限りがあるので焦ってしまう，とその頃並行して通い始めていたSCに本音を述べた。Ｋ子もまた一人で家にいることを怖がり，母親に対して，「仕事に行かないで私のそばにいてほしい」と駄々を捏(こ)ね，毎朝泣きわめくようになる。これまで「いや」とか「〜して」などと一切言うことのなかったＫ子の変貌に母親はとても戸惑っているという。これらの経過や情報から不穏な状況を察したSCは筆者を紹介した。気心のよく知れたSCである。

3．慎しく治療構造を検討することの意義

K子の状態が決してよくないことは誰もが予測できるだろう。自分のおならの匂いが相手に伝わり，臭いと思っているに違いない，みんなに迷惑をかけているという思い込みと確信は，自己臭恐怖[註6)]，確信型対人恐怖[註7)]，自我漏洩症状[註8)]，あるいは強迫性障害[註9)]とも予測され，大人であれば自他の境界が曖昧な精神病水準[註10)]と受け取られる可能性もある。K子の問題の根幹に肛門期[註11)]的モチーフがあり，これまで聞き分けの良かった「いい子」が，母親に自己主張を始めたという情報から，「自律」と「恥，疑惑」[註12)]をめぐる幼児期前期の母子間葛藤がテーマになっているだろうことなどさまざまな見立ては可能であるが，いずれにしても現在，自我が極めて脆弱な状況にあり，丁寧で手厚い支援を必要とする危機的な状態にあることは疑いようもなかった。

筆者は，子どもへの対応の緊急性が高いことを認識したうえで，あえて母親だけに来談してもらい以上のようなこれまでの経過を２回に渡って詳しく聞いた。それから，毎週１回，筆者一人で母子同室面接[註14)]を行うことを提案した。母子分離不安[註13)]が強く，他者への不信感に彩られたK子の状況を鑑みると，母子を分離することが得策ではないことは明らかであった。K子もそのような形ならば行くことができる，大丈夫と同意し，その後休むことなく相談室に来ることができた。

子どもの心理療法においては，特に重篤な状態が予測される場合，事前に子どもの状況を詳細に把握し，治療構造を含め，その子どもが安心できる環境を慎重に見立ててから，子どもに来談してもらう方が安全である。何もわからない状況で会うことほど怖いことはない。そして，その治療構造も子どもの状態に応じて，一つの方法にとらわれず臨機応変に検討した方がよい。筆者は，親子が来談した場合，親と子担当者２人で同じ部屋で合同面接をしてから別れて，母子並行に移行するCo-joint方式を用いることが多い。本事例のように母子同室面接をインテークからずっと継続する場合もある。従来いわ

れてきたような，思春期の子どもは親とは別の担当者が対応した方がよいという一般論も，現代においてはケースバイケースだと筆者は考えている。少なくとも筆者は基本的に母子同室面接を必ず行ってから個別対応を検討している。

ともあれ，子どもが見知らぬ場所に来て，なんの説明も受けぬまま　いきなり母親と離れ，初めて出会う他者（セラピスト）と２人きりで話したり，自由に遊んだりするということが，どれだけ負担で，強い不安を喚起させられることか。子どもの状況を充分に把握していない段階で，初回から当たり前のように，母子をすぐに分離し，母子並行面接に移行するという方法は，それが適切と判断できる限られた事例にしか用いない方が無難だろう。このシステムが慣習的に，また当然のものとして行われている相談室は現在でも多いように感じる。研修でお呼ばれしてのグループ SV などでこのことを指摘すると露骨に抵抗されることがある。もちろん，そうではない相談室もあると思うので，ほんの一部の相談室か私の思い込みや誤解なのかもしれない。

ちなみに，慎重の「慎」から派生した言葉である「慎（つつ）ましい」「慎（つつ）む」は，「包（つつ）む」と同義である（中西，2006）。そして，病気や災いを示す「恙（つつが）」は「つつみ」が転化した語であり，「つつむ」の名詞形である「堤（つつみ）」は，それらを遮り保護し包むことを意味する（額田，1977）。

すなわち，私たちは，傷つき危機に陥ったクライエントを保護するために，その状態に合わせて，防波堤となるような包みこむ安全な空間を慎重に設（しつら）えなくてはならない。もちろん，このことでセラピストも守られ，子どもを遊べる状態に導くゆとりが得られる。おそらくこれが，私たち凡人が子どもを遊びに導くためにできる「何か」の一つであろう。筆者がＫ子に行った母子同室面接というセッティングがその「何か」である。

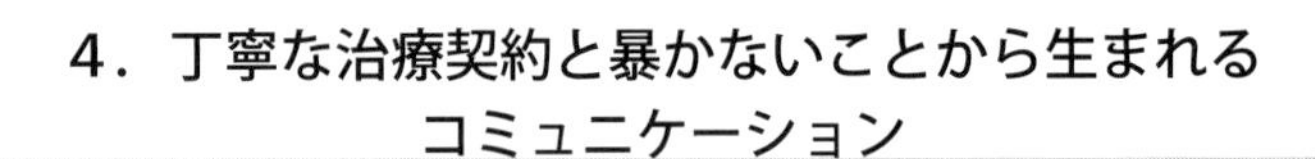

4．丁寧な治療契約と暴かないことから生まれるコミュニケーション

K子は教育相談室のプレイルームで，学校に行きたくない理由を初回から担当者に対して素直に話してしまう。まじめなK子はきっとその内容のすべてをしっかりとありのままに伝えたことだろう。K子がその後，遊んだり，自由画を描いたりしながら，次第に「しまったぁ！」というなんともいいがたい思いに囚われるようになっていったことは想像に難くない。新規場面での強い緊張と不安にゆとりを失った状況では，その後生じてくるであろう気まずい感情を小4の少女が予測することは至難の業である。

担当者も決して悪気はなかったに違いない。しかし，結果的にはK子の「秘密」を暴いてしまうことになってしまった。これまで自分の心の中に抱え込んで，決して漏らすことのなかった惨めな「恥ずかしさ」や「後ろめたさ」を，信頼している母親にさえやっとの思いで伝えられた矢先，それを他者に不覚にも漏らしてしまうことになったのである。

K子にとって，漏れ出ないようにお尻をぎゅっとしてまで蓋をしていたような辛い内容を他者に吐露してしまったことで，改めてK子はその辛い思いに直面し自覚させられることになった。渦巻くような恥ずかしさと後ろめたさ，そして後悔と屈辱の思いを，自分の心一つで受けとめることなどできなかったに違いない。案の定，K子は再び心に蓋をして閉ざし，不登校という形で自分の心を守ることを選択する。同時に，恥ずかしい自分をさらけ出してしまった相手，すなわち担当者のいる相談室に行くこともできなくなってしまう。

もしも，事前に担当者がK子の状態を十分に把握し，K子に悩みを話させすぎないような配慮ができていたら，あるいは事情を知りながらも，差し障りのあることには触れすぎない適度な程よい距離を保てていれば，ここまで大きな反応にはつながらなかったのではなかろうか。

ところで，子どもとプレイセラピーにおいても，大人同様，治療契約[註15)]は欠かせない。ここがどういう場所でなんのために何をするのか，どんなに小さい子どもであっても理解できるレベルで伝え同意を得て，納得した上でセラピーに導入することが必要である。筆者の場合，子どものインテークでは必ず，あらかじめ用意している「自己紹介用紙」に好きな食べ物や嫌いな食べ物，好きな遊び，嫌いなことなどを記入してもらうことにしている。子どもの抱える問題ではなく，子どもの関心や楽しみ，そして子ども本人に対して関心を持ってコミュニケーションを取ることにエネルギーを注ぐ。だから筆者の子どものインテーク場面は，５分もするといきなり笑顔と笑い声に包まれるのが普通である。食べ物の話だけで 10 分以上も費やすこともある。好きな食べ物が「寿司」であれば，好きなネタ当てゲームで遊ぶ。大学の相談室では陪席する大学院生も母親も巻き込む。「ねぇ，Ｌくんはさぁ，このお姉さん何のネタが好きだと思う？　お姉さんたちってさぁ，大概は，絶対サーモンだと思うんだけど，このお姉さんは違う気がするなぁ」と問うて，子どもから「納豆巻き！」などという答えがかえってくるともう最高である。こんなやりとりを行って少しずつ警戒心を溶いていくのである。いきなり，本人に直接悩みを聞いたり，プレイルームに連れて行ったり，自由に遊んだりなどということは一切しない。インテークの終盤にきて，やっと子どもにここに何と言われてきたか，そして母親からも，今困っていることを話してもらい，子ども本人もいる前で，子どもの様子を十分に観察しながら，その問題を確認するということを必ず行っている。Ｋ子のインテークでも，このようなやりとりを行った後，担任の先生がどんな人かなどの話題から，学校に行けていないことについて触れ，母親から語られた主訴を本人とも共有した上で，「私は学校に行かせる人ではなくて，Ｋ子さんが少しでも楽になれるのを手伝う人」とセラピストの役割を明確にし，話したくないことは話さなくてもよいし，遊びたくなければそれでもかまわないということを伝えた上で，それでよいかと確認し，Ｋ子とは治療契約を行った。伝える内容はもちろんケースバイケースである。

このように筆者は，インテークで「自己紹介用紙」などの間に挟むものをクッションにして，コミュニケーションをとり，子どもそれぞれに応じた治療契約を結ぶことにしている。このとき，母親と同席だととても心強い。子どもがことばに詰まったときにアシストしてくれる。これが子どもの安心感や想起につながってコミュニケーションがスムーズに進んでいく。すなわち，治療契約を通してのコミュニケーションが「遊ぶこと」への導入にもなっているのである。子どもを遊びに導くためのもう一つの「何か」とは，このようなインテークと治療契約において子どもを安全にセラピーに導入するための配慮と工夫のことである。

5．安全で優しい自己表出させすぎない遊びから生まれる関係性

子どもの問題は，話したり，遊んだりして発散すれば解決するというイメージや誤解は未だに根強い。自発的（場合によっては他発的）に，心の中の世界を自己表出・表現させようとするあまりにも安易なかかわりも跋扈している。カウンセリング・心理療法のイメージやレディネス[註16)]と援助ニーズが明確な大人のクライエントと，訳もわからず連れてこられている子どものクライエントとでは事情がまるで異なるということを，これまで幾度も強調してきた。信頼どころか不信感すらもっているかもしれないセラピストというよくわからない存在に対して，心の中を曝け出すことがいかに恐ろしいことか。さあどうぞ，といきなり自由に遊ぶことや絵を描くことを，なんの説明もなく促されることもまた同様である。

K子もまた教育相談室でいきなりプレイルームにいざなわれ，自由遊びや自由画を行っている。このことはK子にとってとても負担で苦しい体験だったに違いない。K子のように大きな悩みを抱え，心の中のものが漏れないように必死に自分を守り，行動抑制している子どもの場合，自己表現や自己表出を行うことには強い抵抗があり，とても憚られることであろう。それをこちらが要求することは，子どもを追い詰め，苦しさを助長するものでしかない。心にゆとりの

ない状況で，何をしても良いなどと言われて自由に遊んだり，絵を描いたりすることがいかに苦しいことか，ある程度の想像力があれば理解できるだろう。これもまたケースバイケースであるが，子ども即プレイという発想から解放されない限り，多様な難しい子どもの問題は到底対応できない。

筆者の場合，K子のような重い症状を抱える子どもといきなりオーソドックスなプレイセラピーを行うことはまずない。箱庭療法や自由画なども同様である。自己表出,自己表現を最小限に抑え,無理をさせないためである。なるべく侵襲性が低く自己表出を促しすぎない遊びを通して，コミュニケーションを少しずつ深めていく。それに最適な遊びとして，筆者は「交互色彩分割[註17)]」を用いることが多い。正確には母親も入れた３人での「親子交互色彩分割」である。この何をやっているかよくわからない，面白いか面白くないかもわからない，線で区切り，黙々と３人でぐるぐるとただただ色を塗りたくる,このもやっとした曖昧な遊びがよいのである。「交互色彩分割」は，お互いの適度な距離を保ちつつ，確実にその間の壁を取り払い，関係性を少しずつ埋めていくから不思議である。K子は,これを自発的にやりたいと要求するようになっていく。ものを言わず語らずとも，心の距離が縮まっていくというプロセスは，色を塗りながらK子が自然と母親に身体を預ける様子からも明らかであった。

その後行ったのは，筆者が他の慎重を要する事例でも多用しているカードゲーム『ひつじがいっぴき』である。柔らかい絵柄と簡単で葛藤の少ないゲームシステム。心が穏やかになり，リラックスしながら遊べる貴重なゲームである。「ひつじが一匹」「二匹」「三匹」と順番にカードを出しながら，ことばを重ねあいながら，お互いの気持ちが繋がっていく一体感が味わえる。その他にも『キャプテンリノ』（第４章末のオススメ遊具コーナーを参照のこと）でもよく遊んだ。崩れても紙なので安全な積みゲーである。K子は順番につないでいきながら途絶し，またこれを繰り返し繋いでいくという遊びを好んで行っていた。

半年ほど経った頃のことである。突然父親が一緒に来室した。K子が行こうと誘ったらしい。そのとき，K子は父親にわかりやすく『ひつじがいっぴき』のやり方を自ら積極的に教えていた。そして，その日なんと，K子は『ブリッとでるワン』というゲーム（第1章末のオススメ遊具コーナーを参照のこと）を「実は前から気になってたんだ」と取り上げ，4人の真ん中において「遊ぼう」と言い出した。ワンちゃんの人形が下品なおならを繰り返ししながら，最後にはうんちをブリッとするというクソゲーである。これには筆者もさすがにドキッとしたが，K子の意思を尊重した。K子はワンちゃんがおならをするたびにゲラゲラと笑い転げる。これまで見たこともない無邪気な姿であり，まるでかつて自分がおならに苦しんでいたことを忘れているかのようでもあった。そして，筆者に耳打ちしながら皆に聞こえるように，「お父さんはね，いつもブーブーでっかいおならをするの，しかもものすごくクッサイ」と言う。筆者も「ごめーん，ここだけの秘密だけど，丹さんのも超臭いんだよ〜，お父さんには負けるかもしれないけど音もでかいから〜」と同じようにまねして耳打ちして言うとK子は大笑いし，「でも私とお母さんはそんなに臭くないよねー」と目くばせし，我々に鼻をつまんで「ブーブーさんたちはいやだねー」と軽蔑したような視線を送ってきた。筆者は，なぜ私とお父さんのおならが臭くて音が大きく出るのか，そしてK子とお母さんと何が違うのかを紙にイラスト（筆者らの尻の肉は厚く，その間を通りぬける距離と時間が長いからおならが大きくなる，ラッパのようなものと描いたイラスト）で描き出し，嘘かまことかわからない適当な説明をしてふざけると「超うける」と言って，その紙をどうしても持ち帰りたいというので，筆者は迷いつつも「くれぐれもお尻をふく紙としては使わないでよ」と言って持ち帰らせた。

父親の突然の登場は予想外であったが，これほどの大きな化学反応を起こすきっかけになるとは思ってもいなかった。このセッションは，K子が安全で守られた治療空間の中で，恥ずかしさも後ろめたさも感じることなく，家族のぬくもりを感じながら，安心してうんちすること（わだかまりを排泄すること）ができた貴重な機会であったと考えられる。

それが契機になったのかは定かではないが，その後しばらくして，自分がかつておならのことで悩んでいたということを筆者の前で自ら話題にした。インテークから約1年が経っていた。その後，K子は，象の𠮷を踏んだり，つまずいたりしないように気を付けながら冒険する『カリマンボー』というボードゲームに夢中になっていた。ここまで自分の心に抱えていた問題を話し（離し），それを笑い飛ばし，つまずかないよう対処するなど，象徴的にうんちイメージと楽しく「遊べる」ようになった頃には，今までやめていた習い事も始めるようになり，少しずつ学校にも登校できるようになっていた。そして，小6の4月からは通常通り休むことなく学校に通えるようになり，中学1年生の夏休みに面接は終結した。治癒に至る過程は臨床家であれば，推して知るべしだろう。この事例を書くことを快諾して下さったご両親に心より感謝。

子どもの状態に合わせて，子どもを包む安全な環境を慎重に整え，問題をあいまいなまま抱えつつ,「遊び」における優しい配慮と工夫を施すこと。ウィニコットの意図とは異なるかもしれないが，筆者が子どもを遊べる状態に導くためにできる「何か」として実践しているいくつかについて紹介し，検討した。

最後にしつこく『うんこ漢字ドリル』(2017) から。「うんこ一つで逃げ出すなんてまだまだ若い」「このうんこは清潔だと言っているではないか」…笑。

【文　献】

文響社編（2017）日本一楽しい漢字ドリル　うんこかん字ドリル（小学1年生～6年生）．文響社．
五味太郎（1981）みんなうんち．福音館書店．
中西進（2006）日本語の力．集英社文庫．
額田巖（1977）包み．法政大学出版局．
Winnicott, D. W. (1971) Playing and Reality. Tavistock Publications Ltd, London.（橋本雅雄訳（1979）遊ぶことと現実．岩崎学術出版社．）

第7章註

註1）うんこ漢字ドリル：2017年3月に文響社がうんこを題材として出版した小学生向けの漢字ドリル。作者である古屋雄作氏は，脚本家，演出家，映像ディレクターであり，2003年頃からうんこ川柳というプロジェクトを展開していた。この川柳が元となりこのドリルへと発展した。海外にはうんこを題材としたドリルが多く出版されているが，日本では初めての試みとして注目された。現在は，ひらがな版，ボードゲーム版などが販売されている。開発段階ではドリル自体をうんこの形状とすることが検討されたが，書き込みにくいということから四角い形となったなど完成するまでに紆余曲折あった逸話が知られている。2017年3月に初版3万6000部で発売。発売後約2カ月で発行部数148万を記録したベストセラーである。

註2）ネガティブ反芻：ネガティブな反芻ともいう。自分の失敗や嫌な出来事があったときに，そのことが頭から離れなくなり，何度も繰り返して思い出す傾向のこと。うつ病との関連が強く，近年多くの研究が行われている。

註3）五味太郎：1945年〜。絵本作家。子ども向け絵本を中心に400冊以上の作品を生み出している日本を代表する絵本作家であり，エッセイストとしての顔を持つ。『みんなうんち』は彼の代表作であり，世界各国で翻訳されている名作と称される。出版元の福音館書店の社長であった松居直氏は，この本を，知識の枠を超えた科学の絵本であり，意外性と語りのユーモアが心に残る絵本であると評している。

註4）ウィニコット：1896年〜1971年。イギリスの小児科医，児童精神科医，精神分析家。移行対象，ホールディング，一人でいられる能力など，子どもと母子関係などを理解し，支援していく上で極めて重要な臨床的理論とともに，スクイグル法などの技法を提唱した。イギリス国営放送（BBC）で子ども相談を担当し，多くの母親たちの心を支え，腕の立つ臨床家として，今なお強く世界的に影響力と説得力を持つ稀有なる存在。書き残されている事例には学ぶところが多く，筆者の机上にも常にウィニコットの著作が並んでいる。入門書としては，『赤ちゃんはなぜなくの－ウィニコット博士の育児講義－（子どもと家族とまわりの世界（上））』『子どもはなぜあそぶの－続・ウィニコット博士の育児講義－（子どもと家族とまわりの世界（下））』がとっつきやすい。

註5）インテーク：カウンセリング・心理療法において，支援を求めて相談機関を訪れた者に対して初めて行われる面接のこと。詳細に主訴を確認するとともに，生育歴，家族関係，問題の経緯などを聴く。子どもに関する相談では，親から上記のことを確認していくとともに，子ども自身の主訴などを確認す

ることが求められる。インテークは，それと同時にクライエントの来談動機づけを高め，支援を受けるに値すると思ってもらえることが重要であり，多くの役割を担うため筆者はベテランが行うことが望ましいと思っている。クライエントにとっては，未だカウンセリング・心理療法を受けることにはハードルが高い。心理士にとってはいつもの慣れた仕事であっても，クライエントにとっては特別な体験であり，強い不安を感じていることを理解し，適度な緊張感をもって望むことが求められる。子どものインテークの方法については付章を参照のこと。

註６）自己臭恐怖：周りから臭いと思われていると思い込み，それを恐れること。他者の鼻をすする行動など何気ない行動が，自身の臭いから起こっていると認知し，日常生活に支障が出るレベルになっていると自己臭恐怖症と呼ばれる。DSM-5 では自己臭恐怖として，他の特定される強迫症および関連症として位置づけられた。自己臭恐怖は社交不安障害や強迫性障害と重なり合った状態像として理解される。

註７）確信型対人恐怖：対人恐怖症には，緊張型対人恐怖と確信型対人恐怖の２種類が存在しているとされる。緊張型が人前で自意識が高まることにより緊張感や不安感が生じる状態像である一方，確信型は，自分の身体的欠点（視線・体臭など）が周囲の他者を不快にすると訴え，その身体的欠点の存在は周囲の他者の何気ない行動（咳払い・鼻をすするなど）から直感的に感じ取られるという関係妄想性を伴った状態像のことをいう。

註８）自我漏洩症状：自我漏洩感とは，対人恐怖症や統合失調症等に広くみられる主要な症状であり，自分の内面的な情報（感情や思考）が他者に伝わっていると感じる体験のことである。自他の境界があいまいになり，他者に自分の気持ちが伝わってしまうのではないかと感じることに違和感を覚えたり，苦痛を感じたりすることを自我漏洩症状という。

註９）強迫性障害：Obsessive Compulsive Disorder(OCD)。強迫性障害には，「強迫観念」と「強迫行為」の２つの症状があり，強迫観念とは，頭から離れない考えを本人もその内容がおかしいと自覚しながら取り払うことが難しい思い込みのことであり，強迫行為とは，強迫観念から生じた不安にかきたてられて行う行為のことである。やりすぎ，無意味だと理解していても，自分の意思に反して，なかなかやめることができない行動のことをいう。強迫観念・行為にはいくつかの決まったパターンがあり，汚れに関するもの，安全確認に関するもの，順番や数字などに関するもの，他害行為への疑念などに当てはまることが多い。自分ひとりで行う自己強迫型と，他者に確認したり強要する巻

き込み強迫型がある。不登校の子どもなどでは，親の強迫傾向によって子どもが巻き込まれて自発性が奪われていると思われる事例も少なくない。原因として，脳内神経伝達物質のアンバランスさが想定されており，薬物療法と認知行動療法が効果的とされるが，症状が変化していくなど，治療には比較的時間が掛かり，再発も多い。

註 10）精神病水準：精神分析家であるカーンバーグ Kernberg, O. は，臨床的なアセスメントを行い，カウンセリング・心理療法を適用できるかどうかを吟味する上で重要となるパーソナリティの病理の深さについて，神経症水準，境界例水準，精神病水準という三つに分類する病態水準論を提唱した。これは現実検討能力（自分の心の中に起きていること，自分が考えていることが合理的，現実的であるか判断できる力）と，自我同一性（自分がどんな人間であるか，自分の心を客観的に見つめることができ，一定である状態が保たれているか）と，防衛機制（自分の心が傷つかないようにと心理的に守る術がどのような形式をとっているか）の三つの観点から判断する。神経症水準は，現実検討能力○自我同一性○防衛機制○（アンナ・フロイト Freud, A. が整理した一般的な防衛機制を用いる），境界水準は，現実検討能力○自我同一性×防衛機制×（クラインが提唱した乳児期にみられるような原始的防衛機制を用いる），精神病水準は，現実検討能力×自我同一性×防衛機制×（原始的防衛機制を用いる）である。一般的に神経症水準に対してカウンセリング・心理療法が有効であり，精神病水準の場合は，精神医学的治療を優先することが望ましいとされる。

註 11）肛門期：フロイトは，性行動をともなわない子ども時代から性欲（リビドー）を充足させられるか否かがその後の人格形成に影響するとし，幼児性欲理論に基づいて，口唇期，肛門期，男根期（エディプス期），潜伏期，性器期という５つの段階を想定し，その期間に身体成長と性的発達との相互作用によって心が成長していくと考えた。肛門期は一般に２歳～４歳の頃の第一次反抗期，いわゆるイヤイヤ期と重なり，子どもの自己主張が顕著である一方で，甘え感情が強く出るなど両価的感情を示すため親は対応に困難する時期である。この時期，子どもは排便を意識し，そのコントロールの方法を教えられ，適切な時と場所でトイレに行くという「トイレットトレーニング」などのしつけを通してセルフコントロール，自律性を獲得していく。

註 12）「自律」と「恥，疑惑」：エリクソンは，幼児期前期の発達課題として，自律性の獲得を挙げた。自律性とは，排泄を中心に衣食住や感情のセルフコントロールなどの能力が確立されていることをいう。この時期，子どもは排泄に抵抗したり，何でも自分でやりたがったりするようになるが，危険な行動や強いかんしゃくや家以外の場所での駄々こねや乱暴など逸脱した行動をとることがある。大人は，子どもの自主性を尊重しながらも，社会的に逸脱した行動に対しては，ある程度の制限や禁止，すなわちしつけをすることが求められる。大人は子どもの個性や特性に応じて，しつけのバランスや判断に留意しないと，子どもにさまざまな問題が生じ後の性格形成にも影響を与えると考えられている。放任して何でも子どもの意思を尊重しすぎてしまうと，未熟でわがまま放題な子どもになり，反対に過剰に制限し厳しく接しすぎると自律性が育たず，恥の感情や疑惑の思いが募り，消極的で受け身的な態度が優位になり，子どもらしさを失ってしまうことになる。大人のほどよいかかわりが重要な時期である。

註 13）母子分離不安：母親が愛着対象である場合に，子どもが母親と分離される場面において強い不安を示すこと。生活に支障が出るレベルである場合には，分離不安障害と捉えることができる。愛着対象への分離不安障害は，不安障害に分類され子どもに限らず大人にもみられることが分かっている。低学年の不登校には母子分離不安が原因となるものが少なくない。母親が大好きで離れられないという場合もあるかもしれないが，多くは愛着の形成過程にあり，母親と離れてしまうと見捨てられてしまうのではないか，学校から帰ると母親はいなくなってしまうのではないかという思いが強く離れられない場合がほとんどである。

註 14）母子同室面接：セラピスト一人が親と子どもを同じ面接室で一緒に面接したり，プレイセラピーを行ったりする治療構造のこと。この事例のように，母子分離不安の強い子どもや，自我の著しい脆弱性が予測される場合は，母子同室面接を行うのが最も安全である。段階的に三人で過ごす時間を減らし，セラピストと子どもだけで面接を行う時間を増やしていくことも多い。

註 15）治療契約：カウンセリング・心理療法の開始にあたって，セラピストとクライエントの間で，治療目標や面接の方法についてなされる取り決めや約束のことをいう。フロイトが提唱した概念であり，治療関係の基盤をなすものとして位置づけた。現在においても，治療契約のないカウンセリング・心理療法は，カウンセリング・心理療法とは呼ばないと言っても過言ではない。いつどこでどのような目的のために何をどのように行うかを先に示した外的組みとともにセラピストとクライエントの内的な枠組みを設定することが求められる。子どもとの治療契約については付章をご参照のこと。

註 16）レディネス：特定の学習に必要な条件が学習者の側に整っている状態を

示す心理学用語。その課題を学習するための前提となる知識や技能がすでに習得されているか否かを指して使用される。カウンセリング・心理療法においては，そのイメージやどのようなものかをある程度把握し，心の準備ができているか否かについて，そのレディネスがあるかどうかを示す。

註 17）交互色彩分割：1970 年代に中里均氏によって，統合失調症の長期入院患者を対象に開発された描画療法の一技法であるが，現在では子どもから高齢者まで，さまざまな症状を抱えるクライエントとの関係作りなどに広く使用されている。中里氏による手順は以下の通りである。黒のフェルトペンと 30 色程度のクレヨン，B5 から A3 サイズの画用紙を用意する。セラピストが画用紙にフリーハンドで枠を描き，まずセラピストが 1 本の分割線で枠内をしきってみせた後，クライエントにサインペンを渡ししきらせる。その後は交代して用紙を分割していく。そして，分割があまり細かくなる前にセラピストが分割をきりあげて，分割された 1 区画をクレヨンで好きな色を塗る。次にクライエントが別の 1 区画を塗り，その後は交代して彩色して完成させていく。それを共に眺めながら，どこかが何かに見えるか，でき上がった作品にタイトルを付けるとしたらなどとコミュニケーションを行うこともある。実際やってみると何を成し遂げようとしているのかはわかりにくいが，やればわかるという不思議な体験である。特にカウンセリング・心理療法の初期に安全に関係作りをするのにとても適している。状態が思わしくないクライエントには極めて有効な技法であり，子どもの場合は，初期段階では，親も入れてセラピストと三人で行う方が安全な場合も少なくない。

今号のオススメ遊具コーナー　その７

「ひつじがいっぴき」（グランディング）

◆このゲームの特徴─誰にも安全で優しい必携ゲーム

プレイルームや面接室に置かれているゲームといえば，ジェンガ，人生ゲーム，黒ひげ危機一髪，野球盤，ウノ，グラグラゲーム，ポカポンゲーム，エアホッケー，ワニや犬の噛み付きゲームが定番，という状況は今も相変わらずのようである。

ジェンガのガタッと木が強く崩れる恐怖と緊張，黒ひげや噛み付き系ゲームの驚愕感，人生ゲームなどすごろく系ゲームの競争感，ポカポンゲームやエアホッケー，野球盤などの対立感。これらのゲームが放つ子どもへの心理的影響について考えたことはあるだろうか。唯一これらのゲームが優れている点があるとすれば，ルールがわかりやすく，見慣れていて取り組むのに面倒ではないことであろう。

強い緊張感と不安感が感じられるクライエント，心を閉ざしてコミュニケーションを拒絶しているクライエント，場面緘黙の子どもなど話さない，行動しないなどの抑制の強いクライエントとのかかわりにおいて，これらのゲームは心的侵襲性が高く，決して推奨できない。このような子どもたちと遊び，コミュニケーションを促進するために遊具やゲームを導入するのであれば，怖くない，優しくて，簡単なルールで楽しいという条件を満たす必要がある。

雰囲気も柔らかく優しく，ルールも易しいゲームの代表格が『ひつじがいっぴき』である。配られたカードに描かれたひつじの数をもとに，「一匹」「二匹」と言いながら順番にカードを出していく。自分の順番でその数のひつじがいなければ山札から一枚カードを引く。手持ちのカードが先になくなった人が勝ち。勝った人はお宝カードがもらえるというルール。ここまで対立意識が起こらず，緊張と不安を感じさせないリラックスして楽しめる優しいゲームも珍しい。さまざまな子どもとの安全な遊びの導入として，担当者と２人でも，母親を入れて３人で遊ぶのにも最適である。超オススメである。

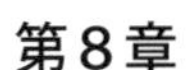

第8章

効果的な心理療法としてのプレイセラピーの実践（1）
──場面緘黙児に対する治療的アプローチ──

1．プレイセラピーの効果と成果を示すことの意義

大学の「遊戯療法」の講義の初回に，プレイセラピーに抱くイメージや基本的な疑問を書き出してもらった。「遊んでいるだけで良くなるとはどうしても思えない」「話さないでも子どもは変わるの？」「変化がゆっくりだと思うので時間もコストもかかり非効率的」「プレイセラピーがマイナーなのはどうしてですか」「プレイセラピーは心理療法とは別物？」「エビデンスがなさそう」「エビデンスがないと他の授業で聞いた」……。もう，書かせるんじゃなかったよ。想像はしていたけど，ここまで書かれてしまうと悲しい。「心が折れる」ってきっとこういうことと気付かされた瞬間であった。しかし，本当にエビデンスって強すぎる。コンプライアンス[註1)]と同じくらい強力。これまで積み上げてきたもの全てを，有無を言わせず一瞬で破壊するような威力を持っている。この黒船到来が，従来の日本の心理療法のあり方を揺さぶったのもここ10数年の間の大きな出来事であったことは間違いない。

気を持ち直して。かくして，学生達へのアンケートから筆者は予想通りの現実を突きつけられた訳である。これすなわち，現在の世間のプレイセラピーへの認識と大きくかけ離れてはいないことを示している。時代は元に戻らない。私たちプレイセラピストもエビデンスを意識した時代に生きているかどうかを問われているのである。いくら，子どもの心の問題へのアプローチはプレイセラピーがメインであり，有効と言われていると伝えた所で，クライエントのニーズに応え，確かな成果を出せないようでは，今度はコンプライアンスを問われるのである。“エビデン”と“コンプラ”，相談室で出会う親のみならず子ども本人の口から当然のように飛び出す時代に突入していることを認識しなくてはならない。

第２章でも述べたように，現在プレイセラピーの構造自体が治療的に働き,「共に遊ぶこと」だけが意味をもつ子どもたちが増えているのは事実である。その一方で，深刻な症状や障害を抱えて来談しているにも関わらず，こちらは何の工夫もせず，エビデンスのあるとされる技法やアプローチも用いず（用いられないのであればできるセラピストに紹介するのもセラピストの力である),自然な変化を待つだけの「ただの遊び」,「プレイ」をしているだけという場合も少なくない現実がある。苦しい症状や取り去りたい問題を，私は放置することはできない。筆者の元にはこのような子どもたちが紹介されてくる。「セラピー」というからにはやはり,しっかりと問題に対して効果的に成果を出して初めて「プレイセラピー」といえるのではなかろうか。

本章と次章では，子どもの同様の問題や症状に焦点を当て，基本的には同じ手続きで介入し，多くの子どもに同様の成果を上げている「プレイセラピー」の事例を紹介していくこととしよう。プレイセラピーが効果と成果を出しているかを明確に示さなくては，プレイセラピーへのイメージは到底変わりようもない。

２．プレイセラピーの挫折と限界の認識からの出発

教育相談室で臨床を初めて４年～５年程経った頃のことである。朝から夕方まで全ての相談枠が埋まっていた。臨床の世界にズブズブに浸り，来る子ども来る子どもがプレイセラピー（箱庭療法や描画療法[註2]を含む）で変化していくのを目の当たりにした。公立相談室の一カウンセラーに個人指名で，児童相談所や学校からセラピーの依頼が来るようになるのもこの頃である。

当時私が担当していた子どもはさまざまであったが，不思議と乱

暴で反社会的とみなされるような子どもたちが多かった。例を挙げればきりがないが，クラスメートの頬っぺたをかみ切った，ハサミで耳を切った，カッターで先輩の背中を切りつけた，そんな少年たち……今なら確実に通報レベルである。虐待を受けてきた子どもも多かった。私自身は小学生低学年位まで，大人しく引っ込み思案だったので，粗野で乱暴な男子たちが苦手で正直本当に大嫌いだった。今でこそ，あの頃は私自身の「シャドー（影）註3)」と向き合っていた時期であり，生きられてこなかった自分を彼らと過ごし生き抜くことが，セラピストになるためのイニシエーションとして必要だったと捉えることもできるが，当時は，意地を張って若さに任せて必死に向き合っていただけである。それでも，皆押しなべて毎週のプレイセラピーを通して確実に落ち着いていった。プレイセラピーは本当に魔法のようであった。その効果を疑うことすらなかった。

私のセラピスト人生の始まりは，苦しくもあったが出会った子どもたちのお蔭で多くの成功体験に彩られていた。そんな矢先，大きな障壁が私の前に立ち塞がる。初めての挫折，失敗といってよい体験だった。何もできないまま2回のセッションでその女の子は来談しなくなってしまった。これまで培った自信は脆くも崩れ去り，無力感と未熟さ，勉強不足を痛感させられた。そしてその子に対して今でも何もできなかったことを申し訳なく思っている。その障壁となったのが「場面緘黙註4)」であった。その子は，家以外の場所では一切，話さず，「緘動註5)」といわれる身動きがとれなくなる症状や，給食が食べられないなどの「会食恐怖註6)」も合わせ持っていた。

プレイセラピーの限界に直面した私は，それから新しい臨床の在り方を模索するようになった。その特性をより深く理解し，プレイセラピーの枠組みの中で「場面緘黙」の子どもたちとどう向き合うかが私の中でのテーマの一つになっていった。認知行動療法，システムズアプローチ（家族療法）註7)，現代催眠註8)，EMDR註9)（最近では動機づけ面接法註10)も）を学び，困難な課題を抱える子どもに何ができるか，このようなアプローチを自然なカウンセリング，プレイセラピーの中にどのように落とし込むかを真剣に考えるようになった。例えばかつて，システムズアプローチ（家族療法），ブリーフセラピー註11)，ミルトン・エリクソン催眠註12)，論理療法註13)などを駆使し，母親への介入のみで，チック註14)，夜尿註15)，夜驚註16)を伴う子どもを短期的に治療した事例を報告したが（丹，2001），今もなお常々工夫を重ねながら臨床を行う毎日である。

それ以来，30名以上の緘黙児と出会い，一人目の子ども以外は筆者が直接子ども自身とかかわったすべての事例において，初回に子どもが話す声を聴いている。もちろん発話を無理強いしてはいない。はじめから話すはずがないと思っていた母親が驚いて涙をみせるという場面を何度も垣間見てきた。学校や社会的場面での発話が可能になるのも確実に早いと自認している。現在も緘黙を抱える子どものセラピーを複数継続中である。

筆者は基本的に子どもの抱える症状は，その子どもにとって必要だから生じていると捉え，第７章に示したように無理にとるようなことはせず守ることを大切にしている。現在でもその考えは変わらない。現在，緘黙への関心が高まる中で，無理に話させることは避けた方が良いという風潮が強くあることも承知している。それは決して否定はしない。繰り返すが筆者は子どもに決して発話を無理強いはせずに初回に自発的発話を導いている。

とかく，場面緘黙児に対するセラピーでは，「セラピストと話せるようになる」ことが目的になりがちで，それまでに何年も費やされた上，学校場面や社会的場面への般化まで至らないか，大きく環境が変わったりする中で，セラピーとは関係なくいつの間にか話せるようになっているという場合が多いように思う。

過去にこの症状を抱える子どもたちや抱えていた青年たちは皆，どうにかしてあの状態から早く解放されたかったと語る。今担当している子どもは，母親に「私は話したいと思っているのになぜか話せないの，早く学校でみんなの前で話したい」と語っている。外来相談室で早い時点，ことに初回で発話できるという体験は，学校や社会的場面への般化註17)を早く強く後押しし，子どものQOLを高めることを確信している。本来は，セラピストと話せるようになるこ

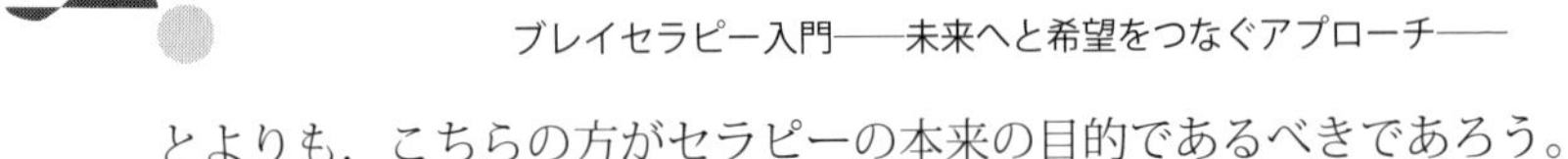

とよりも，こちらの方がセラピーの本来の目的であるべきであろう。

3．場面緘黙児の基本的理解と特徴

筆者はこれまで20年以上に渡り手探りで試行錯誤しながら，「場面緘黙」の子どもの特性を理解し，効果的なアプローチを模索してきた。その成果を共同研究者たちとも共有し，事例を積み重ねながら，現在それを少しずつ発表し始めている段階である（青柳・丹・菅谷，2013；丹，2014）。

欧米圏での場面緘黙への関心は1990年代から急速に高まり，現在では「場面緘黙」が「不安障害[註18]（社交不安障害）」のサブタイプとして臨床概念はほぼ整理されており，DSM-5（2013）でも正式に「不安障害群」に位置づけられた。そして，不安障害への行動療法，認知行動療法を応用したアプローチの成果が多く報告されている（青柳・丹，2015ab）。

欧米における場面緘黙の症状に関する最新知見の一部をまとめておこう。

（1）子どもが意思を持って，意図的に抵抗して話さないという科学的根拠はない。親やセラピスト，研究者さえも，場面緘黙児は頑固で反抗的であると捉えてきた長い歴史があるが，これは完全に否定されている。そのようにとらえられてきた理由は後述する。

（2）特定の状況や場面において発生する症状であり，その背景に明らかに子どもの不安，恐怖が存在する。場面緘黙児は高い確率で「不安障害」と重複診断される。その他に，社交恐怖・不安[註19]，回避性障害[註20]との関連も指摘されている。

（3）場面緘黙は，入園，就学まで発見されないが，それ以前にも内向的，恥ずかしがり，行動抑制，引っ込み思案，分離不安の強さなどがみられ，病前のパーソナリティ要因が想定されている。

（4）場面緘黙児の近親者は，一般よりも有意に不安障害，社交恐怖・不安，場面緘黙の既往率が高く，遺伝的影響も想定されている。

（5）場面緘黙児全体の約75％程度が，聴覚機能の微妙な異常を抱えており，それが発話能力に悪影響を与えているのではないかということが想定されている。実際，中耳筋反射[註21]（あぶみ骨筋反射または耳小骨筋反射ともいう）に異常が認められ，自分が話しているときに聴覚情報が与えられると，言語理解の過程における処理が混乱するのではないかと指摘する研究もある。

（６）児童期に場面緘黙と診断された成人の半数以上が，自尊心や自立心，社会的コミュニケーションなどにおいて困難を抱え続けており，対人恐怖や社交不安・恐怖といった症状を継続して持つことが少なくない。

我が国の状況はどうか。かつて我が国の場面緘黙研究は世界でも最高水準クラスであったということは，あまり知られていない。1950 年代後半から 1980 年代にかけて，膨大な研究実績がある。その中でも堀内（1974）における場面緘黙の理解は，現代の理解とほぼ変わりなく，支援においても福島（1979）などは現代に通じる先駆的実践を行っている。2000 年以降に相次いだ書籍，翻訳本の出版，支援ネットの立ち上げなどに続き，近年は NHK や新聞でも取り上げられるなど関心と支援ニーズは確実に高まってきている。通級教室や心理相談室への来談も増えており，特に言語聴覚学級[註22]に通級する緘黙児が顕著に目立つという。数年前から，対応に窮した先生たちから研修会の講師として呼ばれることが増えた。筆者のアプローチを紹介すると，先生達は，本来持つ能力をいかんなく発揮し，多くの子どもたちを確実に変化へと導いている。

ちなみに，筆者の日本での臨床経験および本人，親から聞いた，あまり語られていないかもしれない場面緘黙児の特徴をまとめると次のようなものが挙げられる。

（１）場への不安と緊張（恐怖より緊張に近い）と人への不安と緊張の２つがある。

（２）初めに一度話せなかった人とは，継続して話せなくなってしまう。逆に一度話してしまった人とは話さなくなることは気まずく，恥ずかしいので話し続けることができる。

（３）自分が話さないことを知っている人がいる場面では，話せる人とも話さないことが多い。逆に知らない人だけであれば話しやすくなる。
（4）自分が話すと決めた人や場所では話す。決めたことはしっかりする。真面目で我慢強く，完璧主義な側面がある。
（5）人から話しかけられることは嫌いではない。通級学級など個別で担当してくれている先生に対しては好意を持っていることが多く，セラピストの次に話したい対象として選ばれやすい。
（6）人の行動や言動をよく観察しており，先生やクラスメートのことを家庭で詳細に親に報告することが多く，不登校は小学生では意外にも少ない。

ところで，場面緘黙が形成され，強化されていくプロセスを至極簡単に説明しておきたい。これは行動理論[註23)]でシンプルにとらえておいた方が治療を組み立てるためにも良いと思っている。いわゆる「負の強化[註24)]」である。例えば，公園で母親といる子どもが，「お名前は？」と知り合いに聞かれる。子どもは恥ずかしがって母親の後ろに隠れる。そうすると母親は慣れたように「～ちゃんです」と代弁する。「何歳？」と聞かれても，すぐに母親は察して「7歳になったばかりなの」と答える。本人は回避し，話さなくて良い状況が強化されるという訳である。あくまでも原理的にではあるが，話さなくてもよい状況を良しとする環境や周囲の優しい配慮という名の「負の強化」は，緘黙症状を固定化させ長期化させるのである。

4．場面緘黙児とかかわる支援者と子どもの心のすれ違い

ところで，場面緘黙を支援していくことはとても根気がいる。何のロードマップもなくかかわっているとこちらが緘黙状態になってしまいかねない。それを回避するためにも，支援者が陥りがちな一連の心の流れを知っておくことはきっと役に立つことだろう。

まず，何とか力になりたいと思っている支援者が子どもとかかわる中で，その間にコミュニケーションがなかなか成立しないと，支援者の心に子どもの気持ちを想像する「投影[註25)]」という防衛機制[註26)]が働き出す。子どもは今きっとこんな風に思っているに違いな

いなどと思いながら，積極的に働きかけようとする。

しかし，いくらこちらが誠意と優しさと思いやりを持って接していても,反応がないと,次第に子どもが自分に対して悪意や敵意を持っているのではないかと感じる気持ちが湧いてくる。そして，なんて頑固で抵抗的，反抗的な子どもだろうと怒りが感じられたり，やはり親の問題ではないだろうかなどと誰かに責任を押し付けたくなったりしてくる。

それでもいつかはと期待を持つが，それでもなおかかわりが生じないため，苛立ちや失望，無力感を感じるようになっていき，子どもに熱意を持って接することが難しくなっていく。最後にはかかわること自体が苦痛になり，子どもとの関係を回避し，支援を諦めてしまう。

このプロセスこそが，長い間，場面緘黙児を頑固で反抗的であると捉えてきた理由である。しかし，頑固で反抗的というのはすべて誤解の賜物であることが明らかになっている。子どもは，敵意も反抗心も持っていない。ただただ漠然とした不安に押しつぶされ，なぜか話すことができず，どうしていいかわからずに困っているだけなのである。支援者とコミュニケーションをとれないことに申し訳なさを感じている子どもは多い。しかし，積極的に接してくれる支援者のことは基本的に好きであり，何とか話したいと思っているのにできなくて，その苦しさの中でもがいているのである。本当はただそれだけのことであるのだが，それが理解できないことで支援者は知らず知らずのうちに緘黙症状に巻き込まれていってしまうのである。これは場面緘黙に限らず，引っ込み思案だったり，不安の強い子ども，何事にも慎重で取り組むのに時間のかかる自閉症スペクトラムのお子さんでも起こりやすいだろう。

ところで，支援者が熱心なのは良いが，いかにもカウンセラー的な「う～ん，そ～う，ね～」といったねっとりとした声のトーンは嫌いという場面緘黙児が多いことは知っておいた方がよいかもしれない。話し方が嫌だと言ってカウンセラーとは「話したくない」という子どもが実に多いのである。淡々とした話し方と，感情的に巻き込まれず，冷静で一貫した態度が，場面緘黙の子どもに安心と安全を提供し，治療関係の基盤となる。

5．場面緘黙児への初回及び初期におけるアプローチ

それでは，このような特性を理解した上で，子どもに負担を掛けずに，無理強いせずに初回に発話を導き，初期段階でどのようにかかわりを深めていけばよいか。子どもたちの状態や特性は,「場面緘黙」という共通項を除ければ千差万別なので，アプローチも子どもに応じてさまざまな工夫が必要でありオーダーメードになる。しかし，支援における基本的な配慮や介入の手続きは共通している。これまでさまざまなアプローチを用いてきたが，最近よく行っている事例の進め方の大まかにその流れを解説していこう。

1）場所と人への不安，緊張への配慮

必ず初回面接（インテーク）は,母親のみから話を十分に聴き,子どもの緘黙の範囲や状況（どこで，誰に対して，どのような反応を示すか）を詳細に把握した上で，相談室という場所とセラピストである筆者という人への不安と緊張を，本人の特性に合わせて可能な限り軽減できるよう統制する。

場所への不安と緊張を軽減するための配慮として，母親に対して，事前に家から相談室までの道のりの所々，相談室の入っているビル，階段，相談室の入り口，相談室の中，トイレなど全てを写真に撮ってもらうことをお願いし，次回子どもが相談室に来る前に見せておいてもらう。相談室までの道のりと相談室の雰囲気を知っておくことは子どもに確実に安心感を与える。

人（セラピスト）への不安と緊張への配慮としては，セラピストの顔写真（変顔がポイント！）だけでなく，母親とのツーショットも撮ってもらい事前に見せてもらう。可能であれば，インテーク時に母親から本人に相談室から電話し，話してもらいながら（母親とすでに間接的に相談室で話していることになる）ラインなどで撮った写真を見せるとより効果的である。動画メッセージもよいが，短

く，そしてなるべく視線は外して話すのがコツである。事前にセラピストの顔を知り，声を聴いておくことで子どもが来談する上での不安と緊張を確実に軽減できる。不安障害である場面緘黙児には欠かせない手続きである。

２）母子分離を促さないかかわり

子どもが話さないという症状は，母親と離れると，話すことができない段階と理解する。つまり，子どもが話さないのなら母子を絶対に離さないことが重要である。初回から来談が定着するまではこの形式は絶対に崩さない方がよい。

子どもが初めて来室したら，母親と子ども二人だけで相談室に入室してもらい，話したり遊んだりしてもらう。つまり担当者はそこにいない。そしてあらかじめ子どもへのメッセージや子どもへの質問を記載したスクリプト用紙[註27)]を準備しておき，子どもと向かい合った状態で，母親を通してセラピストからの簡単な質問に子どもに答えてもらい，その答えを書き込んでもらう。それから，二人で相談室の中を探検してもらいキャンディークレーンでキャンディーを取る遊びを促す。大概，ここで大きな笑い声が部屋から漏れ聞こえる。この時点で相談室という場がすでに話せる安心できる場になっている。それからやっとセラピストが面接室に入っていき，先ほど行った母親との質問と答えのやり取りを再現する訳であるが，その際，必ず子どもにそれが可能かどうか５段階（０（ゼロ）が全く可能でない，５が絶対可能である）でスケーリング[註28)]してもらう。ここで，母親から外にいるセラピストに担当者に電話をしてもらいその数値を必ず確認する。その得点が高くても低くても，この時点で母親はいったん相談室を出てきてもらい，セラピストの変顔と母親との二人の変顔ツーショットを撮りに来てもらう。それを子どもに見せてから，もう一度スケーリングしてもらい，再び電話をもらう。ここで大概，数値は４以上になるので，電話で話している状態のまま入室し，子どもに視線を合わせないようにさりげなく母親の座っていた席に座り（同時に母親は子どもの横に移動してもらう），セラピストは先ほどの質問を行い，子どもは書かれた回答をそのまま読んでもらう。ここまで周到に準備して進めていくと確実にそれを発話で答えることができる。初回は小さな声や地声ではないこともあるが，回を重ねるごとに慣れてきて，次第に大きな声になっていく。決して無理強いして発話させていないことがお分かり頂けるだろう。

それから段階的に，子どもからセラピストへの質問を予め母親に聞いておいてもらい，それを子どもが読み，セラピストが答える。母親から子どもに質問項目を伝えるが，それには答えないでおいて，セラピストが質問項目を読んだときに，その場で答える。さらには，質問を事前に知らせておかないで，セラピストが直接その場で質問し，子どもが答える。といった具合に少しずつバリエーションを増やしていく。また，スクリプト用紙の中には，今日行う課題やプログラムを書いておき，セラピストが参加する前に母親から事前に伝えることも重要である。ここでも，５段階スケーリングは欠かせない。

さらに時期をみて，母親がいなくてもセラピストと二人で「過せる」かどうかを確認し，ついに母子分離に到達する。多くの子どもは 10 セッション以内にここに達する。母親がいない時の方が，声は大きく伸び伸びと話してくれるのはみな共通している。母親による「負の強化」の影響は思っているよりも強いのである。

3）自己表出を促さない「遊び」の重要性

緘黙症状は，不安と緊張によって自己表現，自己表出を抑制している状態と理解し，子どもには自由な自己表現や自己表出を促すことは避ける。従って，それを促すオーソドックスなプレイセラピーや箱庭療法，自由画などは筆者の場合は間違っても行わない。２）に示したやり取りの後，初期は母親を入れて３人で「遊ぶ」。初回や初期は，交互色彩分割，簡単なカードゲーム・ボードゲーム，手品などが良い。ゲームは初めのうちはこちらが選択し提示するが，それからは複数の中から子どもが選択するようにしていく。こちらがゲームを選択する一番重要なポイントは，必ず一言程度の発話が求められ，楽しくて，ルールは簡単なことである。ルールが難しいと不安と緊張を高めてしまい，子どもは取り組まない。また，発話が求められないゲームには，こちらが発話をルールの中に組み込む。ちなみに，有名な「アンゲーム[註29]」などは面白くないだけでなく，自己表現が求められるので初期には決してお勧めできない。お手製ゲームや教材もお勧めしない。既製品の方で珍しいものが良い。

２）で示したスクリプトによるやり取りは形式的でハードルが低い。自発的で自由な発話は初期には特にあまり見られない。「遊び」の時間は，快感情に包まれながら，他者であるセラピストと過ごせる重要な時間であり，自発的で自由な発話が発生するタイミングは「遊び」の中であることが多い。したがって，「遊び」の時間における「遊具」の選択は極めて重要である。段階的に発話が増えていくように，そして自発的発話が生まれるための「遊具」の選択について十分に吟味する必要がある。是非，章末を参照頂きたい。

6．場面緘黙児に対するその後の治療的アプローチの実際

初期段階がスムーズに進んだとしても，スクリプト用紙を用いて，母親と二人で面接室でやり取りすることや，キャンディークレーンで遊ぶという設定は基本的にずっと変えない。変わらないことは子どもに安心を保証する。初期の流れを変えないまま「遊び」を中心に据えて，楽しいセッションを続けながら，次の段階として不安や緊張に強くなるための活動として次のようなものを取り入れていく。もちろん子どもの年齢によってこの内容や伝え方は大きく変わるが基本は変わらない。ただし，幼児から小学低学年の子どもに対しては，初期アプローチを継続していくだけの場合もある。このアプローチと，親が「負の強化」をやめることで，改善することが多いからである。

（1）不安や緊張のメカニズムをわかりやすく図示して「心理教育」を行う。不安や緊張は時間が経つと必ず下がること，でもずっと続くと思うから私たちはそれから逃げ出してしまうことや，保護者にはそこで「負

の強化」を行うことのないよう改めて説明する。

（2）「心理教育」の中で，不安や緊張を「リラクセーション[註30)]」で抑え込むことができることと，その方法を身に着けることの必要性を伝え，実際に取り組んでみる。飽きないようにさまざまなリラクセーションの方法を練習する。一般的な呼吸法[註31)]や筋弛緩法[註32)]だけでなく，最近はマインドフルネス瞑想法[註33)]を取り入れている。音叉やスマホの音を流して邪魔を入れるが，子どもが好きなアイドルやキャラクターに関する音などを使うと深刻にならないだけでなく，そちらに気を奪われて呼吸に意識が向かなくならないように，笑っては我慢し，呼吸により集中しようとする反応が見られて面白いだけでなく効果的である。また，筆者は，不安緊張する場面で，すぐに用いることができる方法として現代催眠の１つであるNLP（神経言語学的プログラミング）[註34)]のアンカリング[註35)]の技法を応用して，スイッチングという方法を子どもたちにお勧めしている。それは手の合谷のツボ（リラックスにもつながるツボ）をスイッチにして，ここを逆の手の親指と人差し指か中指でスイッチオンすると，自分の好きな動画やキャラクター，落ち着く風景などがリラックスできるイメージを思い浮べられるように何度も練習をする。いざという時に深呼吸をすることはなかなか難しい。さりげなくスイッチングすれば誰にも気づかれることがないので子どもたちに好評である。

（3）リラクセーションの一環として，筆者はEMDRを用いる。子どもに学校で話せなくて困った経験は皆体験しておりトラウマになっていることが多い。これを「緘黙トラウマ」といっても良いであろう。そのような場面を思い浮かべてもらいEMDRで脱感作と再処理を促す。その他にも話せている場面を思い浮かべてもらい，そのイメージを定着させる技法などを用いて自己効力感を高める。

7．場面緘黙児の発話の般化にあたって

リラクセーションなどを通して，子どもはセルフコントロールを取り戻し（場面緘黙は不安に飲み込まれ話したくても話せないセルフコントロールを発揮できない状態），話せる人と場所の範囲を段階的に広げていく。話したい場面や話したい人が具体的であれば，それをターゲットにそれが実現するようにシミュレーション，リハー

サルしていくなどして，学校や社会的場面に般化していくが，ここでも「遊び心」を忘れず楽しく取り組むのがコツである。

しかし，特に学校場面に自発的で自由な発話を般化させていくことは難しいことも少なくない。その一方でこのような事例もある。幼稚園から小学６年生まで家を出ると一言も話さなかった男児が，母親に自ら「中学校になったら話せるようになりたい」と懇願し，小学校の SC が場面緘黙治療ができる筆者を探し出し，紹介してきた。彼は小学校を卒業し，中学に入学するまでの間，つまり春休み中の３セッションだけで，中学入学式の日から学校での自発的で自由な発話が可能になった。その後は全く問題はなくなっている。

このようにうまくいったのは，子どもの動機づけが高かったことはもちろんであるが，それだけが要因なのではない。来談する子どもの多くは発話への動機づけは皆一様に高いからである。では何が最も大きな要因とは何なのか。場面緘黙児のほとんどは，小，中，高校に上がる節目や転校の節目[註36]で話せるようになることが圧倒的に多いのである。したがって，その節目での変化を目指して治療を進めていくのが最も効果的である。この事例はまさにその典型である。筆者はすべての事例でその節目の「初日」を目標にして治療を進めていくことがほとんどである。この節目のためにセッションの積み重ねがあると言ってもよい程である。そのための準備として，例えば，入学式の前に，学校に入って，母親と一緒に話しておくことや，教室を見ておくことはとても重要である。そして，セッションでも，入学式の１か月前からは，入学式での点呼やクラスでの自己紹介の流れを事前に把握しておき，朝起きてからの場面を想定しての脱感作，リラクセーション，イメージトレーニング，クラスメートから何か聞かれた時の答え方（質問返し:「～さんってどんな音楽きくの？」と問われたら，「～さん（相手）は？」と聞き返す方法）の練習など，徹底したリハーサルを繰り返す。これまで示したようなセッションを続けてきた上で，節目のタイミングで，学校で話せるようになる確率はほぼ100％である。節目までのセッション期間が長い程，心の準備，リラクセーションの方法が確実に身についているため節目での変化が大きいからである。本来ならもう既にクラスでも話せる状態にある子どもは少なくないが，先生や周囲が過剰に反応してしまい，元に戻るリスクも伴うため敢えて避けている。

しかし，節目までの期間が長い場合は，別の方法を取らざるを得ないこともある。そして長期戦を覚悟しなくてはならない。例えば，小中一貫校。さらには小中高一貫校。節目がない。セッションを通して，セラピストや多くの人達，色々な場所では話せるようになるが，学校での発話という壁はやはり最も高いのである。

ではどうすればよいか。そのような場合は，「出張セッション」である。すでにセラピストとは普通に会話できている状態であれば，誰もいない教室やグラウンドで筆者と子どもが話したり，遊んだりしながら過ごす。筆者は，子どもと教室で大声を出しあったり，はしたないが机の上を飛び跳ねて走り回ったりして遊んだりする。普段遊び慣れたお気に入りの遊具を持参することも忘れてはいけない。その遊び慣れた遊具で遊んでいる場面に，母親が参入して来たり，担任の先生が参入してきたりしながら，その状況に慣れてもらう。その後，筆者との会話の中に，母親や担任が加わるなどしながら，学校の中で楽しく過ごす。グラウンドではかけっこ競争を本気でしたり，逆上がりをする。セラピストはもちろん走るのは遅いし，鉄棒などできっこないので，子どもは満面の笑みで自信が高まっていることがあからさまに分かる。このような出張セッションを通して，小学4年生という中途段階で，学校で話せるようになった子どももいる。このセッションのタイミングもまた，始業式の直前という節目に設けることが最も効果的である。

これって普通に認知行動療法じゃないの？ と思われた方も少なくないだろう。確かに間違いなく認知行動療法なのかもしれない。しかし，筆者はこのアプローチを，あくまでも「プレイセラピー」の一環として行っている。セラピーの中心に据えられているのは，「遊び」であり，プレイなしに最終目標である自発的発話は決して生まれない。毎回，新しいチャレンジをこちらは提案しているが，子どもはいつも楽しみながら嫌がることもなく意欲的に自発的に「遊ぶ」。その姿もプレイセラピーとなんら変わりはない。ここで十分に取り上げられなかった効果的な声掛けのコツや，やりとりの工夫は沢山あるが，シビアにならず，常に「遊び心」を忘れないことが何よりも大切だということを最後に強調しておきたい。

【文　献】

青柳宏亮・丹明彦・菅谷正史（2013）思春期の場面緘黙児に対する心理療法のプロセス．カウンセリング研究，46(3); 167-176.

青柳宏亮・丹明彦（2015a）場面緘黙児の理解と支援に関する研究動向．子どもの心と学校臨床，13; 132-142.

青柳宏亮・丹明彦（2015b）場面緘黙に関する研究動向：臨床的概念の変遷を踏まえて．目白大学心理学研究，11; 99-109.

福島脩美（1979）フェーディング手続による場面緘黙児－セラピスト間 verbal interaction の形成．日本教育心理学会総会発表論文集，21(0); 1030-1031.

堀内聰（1974）心因性緘黙症の研究―青年期まで続いた３つの症例を通じて．教育相談研究，14; 41-55.

丹明彦（2001）チック，夜尿，夜驚症状を呈した児童の「母親面接」．カウンセリング研究，34(3); 318-328.

丹明彦（2014）心を閉ざす子どもとのプレイセラピー：場面緘黙児の事例を通して．児童心理，68(10); 835-839.

第８章註

註１）コンプライアンス:「法令遵守」の意。本来，企業がルールに従い，公正・公平に業務を遂行することを指すが，現在では，法令だけではなく，就業規則や企業論理，さらには社会規範，倫理・道徳的規範に従うことを広く指す。

註２）描画療法:絵画療法や表現療法などとも呼ばれる。絵や線などの描画を通してクライエントとの相互的コミュニケーションを図りながら行う心理療法的アプローチの一つ。それはただのなぐり書きや自由画，絵だけでしりとりをしていくことなどの遊びも含まれるが，さまざまな方法が開発されている。中井久夫の「枠づけ法」はクライエントの自我を守りながら安全に心を表現することができるようにした発明ともいえる（ただし，中井も指摘するように「枠づけ」には安全とともに拘束，描かなくてはならないという強制という側面もある）。描画療法には中井の風景構成法（後述）やウィニコットのスクイグル法，スクイグル法を発展させた山中康裕の MSSM（後述），先に示した交互色彩分割などがある。描画は，心理検査としての役割も果たしており，それ

は，投影描画法とも呼ばれる。代表的なものとして，バウムテストや樹木画テスト，HTPP 法などがある。

註３）シャドー（影）:ユング Jung, C. は，フロイトの個人的無意識に対して，すべての人が無意識の中に持っている集合的無意識という概念を提唱した。それにはいくつかの典型的なものがあり，それを元型（アーキタイプ）と呼んだ。その一つにシャドー（影）がある。それは，自分自身について認めがたい部分，その人の人生において生きてこられなかった側面を表すものとされる。シャドーは，現実にいる他者（同性）に映し出される形で現れ，一般的には不快で受け入れがたい人物として感じられる。しかし，苦手な同性や嫌いな同性の人間は自分のシャドー（影）であり，その人物とのかかわりを通して，それを受け入れることが意識化されることによって心の中で統合が起こり，人格的に成長していくことができると考えられている。

註４）場面緘黙:選択性緘黙ともいう。家などでは話すことができるものの，学校などある特定の場面・状況では話すことができなくなる不安障害のひとつとされる症状。平均２歳～４歳に発症するが，発見されるのは小学校に上がってからであることが多い。女児が男児よりも２倍の発症率とされる。緘黙の範囲や程度は個人差が大きいが，早期の行動療法的介入により症状は改善する。しかし，話さない以外の問題がなく家では普通に話すため治療がなされないことや，放置されてしまうことが多い。原因や発症機序などが十分に理解されず，どのように対応すべきかが分からない専門家も多く，治療を受けても長期的に改善しない場合も少なくない。新しい学習指導要領においてアクティブラーニングが推奨されることで，これから学校だけでなく社会的問題として取り上げられることが多くなることが予測される。

註５）緘動:場面緘黙に伴うことのある体が固まったまま動かなくなる状態のこと。強い不安による行動抑制の結果であるにもかかわらず，頑固で強情などと捉えられることがあるが，これは大きな誤解である。本人は不安に飲み込まれ何もできなくなっており，辛い思いをしていることを理解しなくてはならない。重度な子どもの場合，体を他者が動かすと不自然な形のまま固まってしまうこともある。体育などで，強く抵抗して求められた行動に取り組まないことや，遊びや普段は早く走れるのに，人に注目される体育や運動会では早く走れなくなることもある。

註６）会食恐怖:会食恐怖症ともいう。人前でご飯を食べること（会食行為）に対して強い不安や恐怖を持つ症状。社交不安障害がある者においてよくみられる。場面緘黙児も会食恐怖を伴うことが多く，他者に注目されながら食べる

ことを恐れる。

註７）システムズアプローチ（家族療法）：家族療法にはさまざま立場や流れがあるが，特に初期段階においては，システム論の影響を受け，家族を一まとまりのシステムとして捉え，その関係性に対して介入しようとしたことからシステムズアプローチとも呼ばれる。家族成員において発生した問題は，個人の問題ではなく，個人を取り巻く家族の関係性の文脈や相互作用の中で悪循環が維持されたものとして考える。問題が起こっている人をシステムズアプローチでは，家族システムの問題を代表するという意味で，IP（Identified Patient；患者と見なされた人）と呼ぶ。なお，家族療法は，もちろん家族全員を集めて行う場合もあるが，個人もまたシステムの一部であるため，現実的には個人に対してシステムズアプローチ的立場で介入することが多く，それでも問題はない。積極的に指示や介入を行うことも特徴である。寄って立つ理論や技法的立場を越えて，システムズアプローチの考え方には必ず一度は触れて欲しい。セラピストの頭がリフレッシュされ，自由に開放され，柔軟なかかわりを可能としていく。東豊の『セラピスト入門』は臨床家にとって必読書である。

註８）現代催眠：「眠くな～る～」などの暗示を用いた古典的催眠とは異なり，後述するミルトン・エリクソン催眠や NLP などを代表とする明確な暗示などは使わずに，言葉の使い方やセラピストの姿勢や声色，呼吸，抑揚などを通して，カウンセリングや心理療法場の通常のコミュニケーション場面で用いることで，クライエントの変化を導く技法を現代催眠という。

註９）EMDR：Eye Movement Desensitization and Reprocessing（眼球運動による脱感作と再処理法）の略。主に PTSD（心的外傷後ストレス障害）に対してエビデンスの認められる心理療法である。1989 年にアメリカで臨床心理学者シャピロ Shapiro, F. によって提唱された。精神的な問題の多くが，トラウマもしくは苦痛でいやな人生経験が，不適応的に学習され，不完全に処理されたことによるものと仮定し，眼球運動や耳，タッピングなどに両側性の刺激を加えるという方法によって，現在ではうつ病から発達障害まで幅広く適応可能な短期的に症状を改善できる心理療法である。手続き的には簡単に見えるものの，脳を直接的に刺激し，脳が本来もっている情報処理のプロセスを活性化するということにより，トラウマを消去するだけではなく，より良い状態や望ましい方向に導くことができる（植え付け）技法としても注目されている。研修を受け専門的な資格を持つ者だけが用いることができる。

註 10）動機づけ面接法：アメリカのミラー Miller, W. とイギリスのロルニック

Rollnick, S. によって開発されたカウンセリング技法であり，変化に対するその人自身への動機づけを高めるためのアプローチ。チェンジトークという方法を用いて，「変わりたいけど変わりたくない」というアンビヴァレントで葛藤的な感情や状況を丁寧に引き出しながら，本人の決断をやんわりとサポートしていく。ダイエット，禁煙や飲酒，非行など多くの症状に効果があるとされる。現在，もっともロジャースのカウンセリングに近い方法ともいわれており，しかも自然な形で確実に変化を導く方法であり，今後さらに注目を浴びていくことになるものと考えられる。ちなみに筆者は通信教育で２級を持っている。通信空手２級と同様，強い使い手ではない。

註 11）ブリーフセラピー：短期療法とも呼ばれる。催眠療法家ミルトン・エリクソン Erickson, M. の影響を受け，さらに先のシステム論を取り入れ，短期間で問題解決を図ろうとするアプローチ。ソリューションフォーカストアプローチ（SFA）や MRI アプローチはその代表的なものである。SFA では，クライエントの解決したい問題のゴールをセッティングした上で，クライエントのこれまでの努力や対処などを十分にコンプリメント（労う，認める）し，「例外」（クライエントの問題が起こっていない状態）や，解決の手がかりとなる「リソース」（内的・外的資源）を見つけていく中で，解決につながる提案を行い，次回のセッションでは，「何が良くなったか」を詳しく尋ね小さな変化を確認していく。解決したときのイメージを引き出す「ミラクルクエスチョン」などを用いる。MRI アプローチでは，ことばを肯定的に言い直すリフレーミングや逆説的処方などを指示する治療的ダブルバインドを用いる。

註 12）ミルトン・エリクソン催眠：エリクソン催眠，エリクソニアンアプローチともいう。20 世紀最大の天才セラピストと称されるミルトン・エリクソン（1901 年～ 1980 年）による催眠療法を基礎とした心理療法。ミルトン・エリクソンは，催眠的コミュニケーションを通して短時間のうちにクライエントとの深い関係性を築きながら，クライエントの無意識に対して働きかけ，クライエントに対して解決に向けた明確な指示や課題を出しながらも，その指示や課題への抵抗を回避し，短期間で問題を解決した。彼のアプローチはクライエントごとに異なるアプローチをすべきという信念から，技法の体系化を行わなかった。しかし，ミルトン・エリクソンの技法のエッセンスや考え方に影響を受けた心理療法家たちや研究者は，さまざまなアプローチを提唱していった。家族療法やブリーフセラピー，NLP はその代表的なものである。

註 13）論理療法：エリス Ellis, A.（1913 年～ 2007 年）によって提唱された心理療法。「～すべきである，～ねばならない」というような非合理的な信念（イラショナルビリーフ）を論駁することによって，認知を変容させる認知療法の一つ。現在では，論理情動行動療法や理性感情行動療法（Rational emotive behavior therapy; REBT）と呼ばれることが多い。心理的問題は，出来事（Activating event）→ビリーフ（Belief）→結果（Consequence）によって形成されていると考え，非合理的なビリーフを論駁（Dispute）することが効果（Effect）につながるという一連のプロセスを ABCDE 理論という。

註 14）チック：不随意的に起こる，まばたき，顔をしかめ，首をかしげ，肩すくめなどの運動性チックと,「ん」「くんくん」と声を出る，鼻を鳴らす，咳払いをするなどの音声性チックなどがある。原因は不明とされるが,脳内伝達物質のアンバランスさによって起こる脳の疾患であると現在では考えられている。ADHD や強迫性障害に合併することがあり,就学前後の 6 歳頃から 8 歳くらいまでの男児に多くみられる。1 年以内に症状が自然に消失するものを一過性チックという。この場合，周囲がそれを気にすることなく，ストレスを減らし経過をみる。プレイセラピーも効果的である。慢性化した場合は,成人になっても継続することがある。運動チックと音声チックが激しく,突然飛び跳ねたり，突然卑猥なことや汚い言葉をいう汚言症が出たり，それが 1 年以上継続する場合は，トゥレット症候群と呼ばれ，社会生活に影響が出るレベルの症状には薬物療法が行われる。

註 15）夜尿：夜寝ている間に無意識に排尿してしまう現象のこと。幼児期まではおねしょといい，5～6 歳以後の夜尿を夜尿症として区別することが多い。膀胱の発達の個人差が影響していることが主な原因として指摘されており，水分摂取を控えることなどで対応することが多い。また,睡眠覚醒バランスが未熟な場合に起こることもあり，その場合は睡眠障害として捉えることができる。12 歳を越える頃にはそのほとんどが自然治癒することもあるが，それ以降も続き成人に至る場合もある。学校の宿泊行事などでの夜尿は劣等感にもつながり社会生活にも影響するため，その場合は薬物療法などを行うことで改善する場合もある。あまり夜尿にこだわらないで自然に治癒するのを待つことが大切との見解もあるが，筆者の経験では，夜尿は意識しない限り，家族の中でそれが当たり前のものとして習慣化してしまい長期化するため，さまざまなアプローチを行い治療に成功している。中でも,グループセラピーのメンバーで行うキャンプでは夜尿のある子どもに対して，寝ぼけた状態で起こしトイレに連れていきおしっこをさせ,その行き来の際に「おしっこがしたくなったら自分で起きることができるよ」と何度も小さな声で伝える催眠技法でそれ以降一度も夜尿を起こさなくなっている子どもが多くいる。

註 16）夜驚：かつては夢遊病（アルプスの少女ハイジが罹った疾患として有名）などさまざまな呼び方がなされてきた歴史があるが，現在，DSM-5 では「ノンレム睡眠からの覚醒障害」として睡眠障害の一つとして位置づけられている。睡眠覚醒バランスの未成熟さが原因の一つとされ，睡眠時遊行症型という睡眠時に起き上がり歩き回ることが繰り返されるタイプと，睡眠時驚愕症型という睡眠時に突然恐怖による叫び声で驚愕反応が繰り返されるタイプがある。疲労や身体的，心理的ストレスによって発症率が上がるとされる。規則正しい生活とストレッサーの特定による環境調整が治療の基本であるが，プレイセラピーや家族療法が有効であることも多い。

註 17）般化：学習された経験や反応が，類似した状況や別の条件においても，その学習の効果が生じるようになっていくこと。カウンセリング・心理療法だけでなく，療育などの成果や効果がセッション場面だけではなく，学校や家，会社などでも発揮できていくことが求められる。セッション場面でできていることが，般化できているかということには常に意識を向けていなくてはならない。そして般化がなされなくても焦ることなく見守る姿勢が大切である。

註 18）不安障害：人間が生きていく上で，ほどほどの不安を感じることは誰にでもあり，自分を守るうえで極めて重要である。しかし，行き過ぎた不安に飲み込まれ生活に支障をきたすようになった状態を広く不安障害という。不安障害群の中には，分離不安障害（愛着をもっている人物からの分離に対して過剰な不安や恐怖を示す），場面緘黙，限局性恐怖症（飛行，高所，動物，注射されることなど特定の対象や状況への顕著な恐怖や不安），社交不安障害，パニック障害（繰り返される予期しないパニック発作が突然，激しい恐怖や強烈な不快感が高まり数分以内にピークに達する。発作には動悸，発汗，震え，めまい，死ぬのではないかという恐怖などがある），広場恐怖症（公共交通機関，広い場所，囲われた場所，列や群衆の中，家の外で一人でいるときなどにパニック様症状や，耐えられないような症状が起きたときそれを恐れ回避する），全般性不安障害（仕事や学業など多数の出来事や活動について過剰な不安や心配が感じる日が感じない日より多い状態が 6 カ月以上続く）などが含まれる。認知行動療法が最も有効な疾患群とされる。

註 19）社交恐怖・不安：他者からの注目を浴びる可能性のある社交場面に対する著しい恐怖または不安。雑談する，よく知らない人と会う，会食などの場面において多くみられる。自分の振る舞いや不安を感じていることを他者に否定的に評価されるのではないかと恐れ，そのような場面を回避するか，強い恐怖や不安を感じながら耐え忍ぶこともある。このような状態が 6 カ月以上続き，社会生活に支障が出ている場合，社交不安障害と診断される。治療は特に認知行動療法が有効とされる。

註20）回避性障害：回避傾向が強いパーソナリティで，社会生活に影響が出る場合は，回避性パーソナリティ障害と捉えることができる。批判，非難，拒絶に対する恐怖のために，対人接触のある仕事を避ける。好かれていると確信できなければ人と関係を持ちたがらない。恥をかかされる，または笑われることを恐れ，親密な関係でも遠慮を示す。社会的場面で人に批判される，拒絶されることに心が囚われている。新しい対人関係において抑制が起こる。自己評価が低く劣等感が強い。新しいことに取り組むことに引っ込み事案などの特性が見られる。

註21）中耳筋反射：あぶみ骨筋反射，耳小骨筋反射ともいう。一般的な耳鼻科でも検査することのできる5分程度で終わる検査によって測定される。この反射が出現すると内耳の聴覚細胞で音刺激を受けて，大脳のきこえ中枢で音が認識されていると判断される。この反射に異常が認められると，自分の声や相手の声の大きさを会話中に制限するという機能が働いていないことでスムーズな会話に問題が起こると考えられている。

註22）言語聴覚学級：難聴言語障害学級，きこえとことばの教室などと称することもある。1960年頃から各自治体で，難聴や言語障害を抱える子ども，自閉症の子どもなどが普通学級に在籍しながら，通級学級・教室のある学校へ通級するという試みがなされてきたが，1993年に学校教育法施行規則改正により，正式に通級による指導が規定・制度化された。当初は言語聴覚学級がメインであったが，知的障害のないADHDや自閉症スペクトラム障害の子どもの情緒障害学級への通級者が増加の一途を辿った。言語聴覚学級には未だ他校への通級制度が残っているが，情緒障害学級は子どもたちが通級するという形式から，各学校に設置された特別支援教室へ情緒障害学級の教員が巡回し指導する形式へと大きく変化を遂げている。本文中にも述べたが，言語聴覚学級で場面緘黙の子どもが指導を受けることが増えている。

註23）行動理論：人間の行動は全て学習の結果として捉える心理学の一理論。行動理論では，良い感情や行動も悪い感情や行動もすべて条件付けによって学習された結果であると考える。条件付けには，主にレスポンデント条件付けとオペラント条件付けがある。前者は，パブロフの犬でお馴染みである。餌を与える前にベルの音を鳴らすことで，次第にベルの音を聞くだけで犬が唾液を分泌するという条件反射の研究観察がもとになった理論であり，刺激に応答（respondent）する特性からこのように呼ばれる。ウォルピ Wolpe, J. が提唱

した系統的感作法（不安や恐怖の対象となる状況などに対してリラックスした状況で直面していくことによって不安や恐怖を克服していく技法）などは代表的な技法である。後者はスキナー Skinner, B. が提唱したものであり，快刺激（強化子）を与えることによって，その行動を強化する正の強化，嫌悪刺激を消去することによって行動を増加させる負の強化，嫌悪刺激を与えることで行動を減少させる正の罰，快刺激を消去することで行動を減少させる負の罰などがある。オペラント（operant）とはスキナーが operate（操作する）を元にした造語である。

註 24）負の強化：場面緘黙における負の強化は次のような一連の流れよって説明できる。場面緘黙の子どもは，誰かにコミュニケーションを求められると，過度な緊張や不安が喚起されるため，その状況を回避しようとする。コミュニケーションを避けられた相手は訳が分からず不安になったり，また不快な感情を抱くため，緘黙児に対して「まあ答えたくなければそれでいいよ」と救済したり，「君はこんな風に思っているのかな？」などと代弁したりという行動を取る。そうすることで子どもも相手も不安や不快感が減少するわけである。緘黙状態で不安が減少するという状況が周囲から強化されるため，他の似たような場面や状況でもコミュニケーションを避けるという行動が増えていく。

註 25）投影：防衛機制の一つ。自分の認めたくない感情を相手に押し付け，他者のものとして扱うこと。自分が嫌いな相手が自分を嫌っていると捉えたり，逆に好きな相手が自分を好いていると思い込んだりすること。

註 26）防衛機制：不安や困難な事態，葛藤に直面したとき，自分の心のバランスを取るために人が行う無意識の心の働きのこと。フロイトが提唱し，娘のアンナ・フロイトが整理し概念化した。先の投影の他に，自我防衛機制の主要なものとして以下のようなものがある。（1）抑圧：受け入れがたい感情や記憶などを無意識に押し込めること。自分の思いを抑え込み過ぎ我慢しすぎることは，結果的に自分の首を絞めてしまうことになるので「いい子」であり過ぎることは危険である。（2）反動形成：抑圧している感情や衝動とは反対の態度や行動をとること。好きな子に対していじわるするなど。辛すぎると楽しいと思わないではいられない態度を示す子どももいる。本当の気持ちには敏感でありたい。（3）同一化・同一視：他者と自己とを同一とみなしたり，他者の行動や態度を自分の中に取り入れて同一化したりする。理想的な他者を見本として同一化する場合も，反社会的な行動をかっこいいと思って同一化する場合などさまざまなパターンがある。子どもにとって理想となる同一化したくなるような良いモデルはやはり欠かせない。（4）合理化：自分に都合の良い理屈をつけて，自分の失敗や好ましくない体験を正当化し納得しようとすること。子どもに言い訳を許さないと合理化が過剰になる。言い訳を沢山させてあげると子どもは自分の本当の気持ちに気づき素直になるものである。（５）昇華：社会的に容認されない抑圧された欲求や衝動を，主にスポーツや芸術，仕事や学業へと転換して発揮していくこと。創造的活動の基礎をなす適応的な防衛機制である。（６）置き換え：ある状況では容認されない衝動や態度を，別の人やものに向けることによって不安を解消しようとすること。学校でのストレスを家で母親にぶつけることなど。子どもはこの防衛機制を多用するため，理由なくイライラしているときなどは何かほかに要因があるのではないかと考える視点が求められる。

註 27）スクリプト用紙：スクリプトとは台本や脚本の意。ここではあらかじめ筆者からのメッセージを母親から子どもに対して読んでもらい，筆者の子どもへの質問を母親が読み，それに対して子どもが答えてもらい記入してもらったり，今回行うプログラムとその内容をあらかじめ伝えたりするために，毎回用意する用紙である。子どもの状態や進度に合わせてオーダーメードで作成する。

註 28）スケーリング：数値化すること。行動療法やソリューションフォーカストアプローチ（SFA）など心理療法でもスケーリングは頻繁に使われる。スケーリングする目的やその数値設定はさまざまである。場面緘黙児に対するスケーリングは子どもの不安や緊張の程度をスケーリングすることが目的となる。しかし，不安や緊張の程度をセルフモニタリングすることは難しい。想定される状況で話すことや，セッションで行うプログラムを行うことが「どの程度難しそうか」あるいは「どのくらいうまくいきそうか」について５点法で尋ねるのが良い。表情を示した視覚的なスケールを使うのもよいだろう。

註 29）アンゲーム：アメリカで 30 年以上前から販売されているコミュニケーションゲームの日本語版。子ども向け，ティーン向け，全年齢向けなどがある。質問カードに気持ちや，好み，価値観などを問う質問などが書かれている。現在では「こころカルタ」としてリニューアルされている。筆者ももちろんすべてのバージョンを持っており（今は貴重なボードゲーム版さえもっている），テストプレイを繰り返した上であえて言う。リニューアルされても，コミュニケーションゲームとしては楽しくない上に退屈すぎる。質問が答えにくいし遊びが足りない。子ども相手にこれを使おうというセラピストは，一度子どもの立場になってみた方がよいと正直思う。世の中にはもっと工夫されたこれよりも安い値段で面白いコミュニケーションゲームは沢山ある。ビバリー社の各種トランプシリーズは安くて質問自体がかなり面白い。『クイズいいセン行きまSHOW!』（アークライト），『私の世界の見方』（テンデイズゲームズ）も手に取って，やり比べてみれば自分のセンスのなさを嘆くことであろう。本書のオススメ遊具コーナーも参照して欲しい。

註30）リラクセーション：リラクゼーションは和風英語読み。リラクセーションかリラクセイションと言うのが英語発音に近く正しい（らしい）。心理的にリラックスした状態とは，交感神経の興奮が抑制され，副交感神経の働きが優位になっている状態のこと。副交感神経が優位になると，気分が落ち着き，血圧が下がり，心拍数が下がり，眠くなる。この2つの神経は，どちらか一方が活動するともう一方は抑制される。リラクセーションは，副交感神経を優位にすることによってストレスに曝された心を安定を導くための技術である。

註31）呼吸法：人はストレスにさらされると交感神経が優位になり，呼吸のペースが早くなり，それと同時に呼吸が浅くなる。それに対して，呼吸をコントロールし，副交感神経を優位にすることによってリラクセーションを得るための方法が呼吸法である。腹式呼吸でゆっくりと呼吸をする。その際，吸う時間よりも息を吐く時間を長くすることが重要である。もっとも簡単にリラックス反応が得られる方法である。

註32）筋弛緩法：ストレスが高い状態が持続すると筋肉が硬直し，結果的に不安感や緊張感が感じられるようになる。1920年代にジェイコブソン Jacobson, E. は，筋肉を意識的に硬直されると，その後筋肉は弛緩し脱力するという特性を生かして，心身のリラクセーション反応を導く漸進的筋弛緩法を開発した。エビデンスのある確かな技法として現在でも多用される。ジェイコブソンの方法は全身を細かく緊張弛緩させる方法であり，時間もかかるため簡便法が用いられることが多い。簡便法では，10秒の緊張と15秒の弛緩を，前腕→上腕→肩→肩甲骨→首→顔面→お腹→足→全身の順番で行われる。緊張から急激に弛緩させる方法も紹介されているが，筋肉は緊張を解くとじわっとゆっくりと弛緩していくため，その感覚を味わうようにゆっくり弛緩に時間をかけるのが正しい方法である。

註33）マインドフルネス瞑想法：マインドフルネスとは，「今，この瞬間の体験に意図的に意識を向け評価をせずとらわれのない状態でそれをただ観て置いておくこと」などと定義される。もともと仏教における瞑想や座禅を通して得られるプロセスであるが，カバット・ジン Kabat-Zinn, J. が自ら修行を体験することによって，ストレスや不安，うつ病などへの治療法としてマインドフルネス瞑想として紹介し，心理療法の世界のみならず社会へと発信し，現在ひと

つの世界的ムーブメントとなっている。さまざまな症状に対するエビデンスが蓄積されていることも魅力の一つである。マインドフルネス瞑想法では，今ここにおいて起こっている物事に注意を向けるという力を発達させるために，ゆっくりと呼吸し，息が入ったり出たりする時の感覚に注意を向ける。呼吸を無理にコントロールしようとせず，自分の自然な呼吸のプロセスやリズムにただ気づいていく。そうしているといろいろな気がかりや連想が浮かんでくるが，それに囚われることなく，受容的にそれをただ受け止めながら呼吸へと意識を戻す。繰り返し瞑想を行っていると呼吸に向けられた注意を持続することができるようになっていく。

註 34）NLP（神経言語学的プログラミング）：1970 年代初頭，言語学者グリンダー Grinder, J. と心理学者バンドラー Bandler, R. が協力し提唱した心理療法的アプローチの一つ。現代では心理療法のみならず，ビジネス・医療，教育，スポーツなさまざまな分野で活かされている。二人は，ミルトン・エリクソン（催眠療法），パールズ Perls, F.（ゲシュタルト療法），サティア Satir, V.（家族療法）の３人のクライエントとのコミュニケーションパターンや言葉使い，心理的な働きかけのアプローチを詳細に分析し，「なぜ」優れた結果が出せているのかという共通点を見出し，それを体系化した。極めて効果的なアプローチであるが，開発者が心理療法家でなかったことや，自己啓発セミナーで用いられてきたこと，エビデンスにおいて疑問が呈されるなど心理療法界では批判も多い。しかし，基本的な考え方や具体的なアプローチはセラピストの力を十分に引出してくれる。筆者はセラピーにおけるメタスキルとして多くの方に学んではしいと願っている。

註 35）アンカリング：NLP の技法の中でも重要なアプローチの一つ。アンカーとは錨（いかり）を意味し，アンカリングとは，何らかのきっかけ（アンカー）を意図的に働かせること起こすことによって，特定の感情や反応を引き起こすことをいう。昔聴いていた音楽を耳にすると，その時の感情が思い出されるなどはアンカーの効果の一例である。ラグビーの五郎丸選手のカンチョーポーズで有名となったルーティンなどもアンカリングの代表例であり，その行動を行うことで良いパフォーマンスを引き起こすという効果を持つ。筆者は，手の合谷をスイッチとして押したときに，安全で幸せな場所や対象をイメージすることを練習してもらい，気分を安定させるという方法を用いているということである。

註 36）節目：節目の語源は，「竹の節」である。竹は節目に支えられて重力に反して，上方にまっすぐに伸びていくことができるように，人もまた先に示した

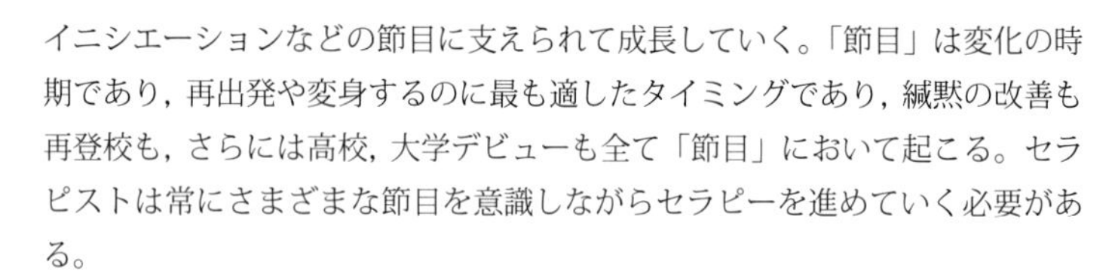

イニシエーションなどの節目に支えられて成長していく。「節目」は変化の時期であり，再出発や変身するのに最も適したタイミングであり，緘黙の改善も再登校も，さらには高校，大学デビューも全て「節目」において起こる。セラピストは常にさまざまな節目を意識しながらセラピーを進めていく必要がある。

今号のオススメ遊具コーナー　その8

場面緘黙児の「遊び」で用いる効果的なカードゲーム・ボードゲーム

◆改めて「ゲーム処方」について

世の中にある全てのゲームを把握することは不可能であろうが，なるべく多くのゲームに触れ，遊び，これはあの子に良さそうだ，こういう子に合っている，グループで使おうと考える癖がついてしまった。その子どもの状態，症状にあったゲームを提供することを「ゲーム処方」と呼ぶことは先に述べた。的確な見立てとスムーズな導入まで含めるとこれが意外と難しい。安易に「SST ボードゲーム」だの「アンゲーム」だのに飛びつかず，よく遊具を吟味する習慣を身に着けておくと，「遊び」が俄然楽しくなる。場面緘黙児に対する「ゲーム処方」はその醍醐味を味わうことが出来る。これらのゲームがなかったら本章で示したセラピーは成立していないと言っても過言ではない。

◆場面緘黙児への「ゲーム処方」の実際例

本章中に示した方法で，初回にもしも担当者と話せたとしても，それはあくまでもスクリプトとしてパターン化されお膳立てされた自発的発話でしかないので，その後，それがなくとも自発的に担当者と話したいという動機づけを高めていくためには，楽しいリラックスした状態で「遊びながらの自発的発話」を促すことが大切である。もちろん，初めは少ない発話で楽しめ，アクションが伴うゲームを取り入れながら，次第に多くの発話量が求められるゲームを「処方」していく。前回紹介した「ひつじがいっぴき」もお勧めであるが，それ以外のぴったりオススメゲームをご紹介しよう。

【レベル１】一言で楽しいボードゲーム・カードゲーム

・『ウボンゴミニ』（KOSMOS）：子どもが大好きなパズルゲームで，いくつかのパーツをカードの枠にピッタリと当てはめたら「ウボンゴ」と叫び他のメンバーのカードを奪うことが出来る。

・『マタンガ』（コロンアーク）：長く曲がる鉛筆で数字の順番に○をつけていくゲーム。すべてに○をつけ「マタンガ」と叫んだ（本来はないルール）者が勝ちである。○をつけている間他のメンバーはサイコロを振り，鉛筆マークが出たら鉛筆を無理

ウボンゴ・ミニ

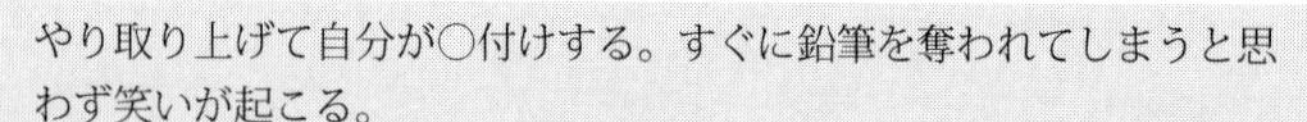

やり取り上げて自分が○付けする。すぐに鉛筆を奪われてしまうと思わず笑いが起こる。

・『キングオヅ』（ホビージャパン）：様々な長さの 14 本の紐。片端には 14 色別々の大きなビーズ，もう片端には透明のビーズがついている。ぐちゃぐちゃに絡めて「黒」などと色を言いながら布の上に落とす。絡まりあった先の「黒」につながる透明ビーズ指し合い引き抜いていく。黒を抜けた人がその場の勝ちであるが，最後に取った紐全てを繋いで一番長い方が勝ち。

【レベル 2】複数のワードからある程度自由な発想へ。

・『レシピ』（ホッパーエンターテインメント）：自分に与えられた料理に必要な食材を先に集めた方の勝ち。少しだけルールのレベルが上がり，「レシピ」「ご飯出来ましたよ」「さあ召し上がれ」の 3 言だけで楽しく遊べるお勧めゲーム。

・『ナンジャモンジャ』（すごろくや）：最近出たばかりなのに有名なメモリーゲーム。一枚ずつめくりながら，次々出てくるヘンテコなモンスターに好き勝手に「コタロウ」「タビ」「ガリガリ君」などと名前をつけていく。その名前を憶えておいて，そのモンスターが出てきたらすかさずその名前を叫ぶ。

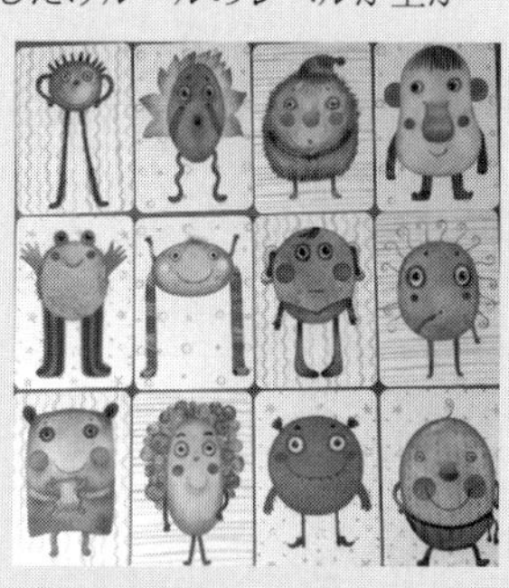

ナンジャモンジャ

【レベル 3】想像力とスピードと沢山の発話が求められる

・『ヒットマンガ』（タンサンアンドカンパニー）：マンガの吹き出しの空白にはまりそうなセリフをその場で考えて読み上げ，他の人はそれがどのカードか当てる。3 人以上だが 2 人でも十分に楽しめる。

・『ワードバスケット』（メビウスゲームズ）：これも有名だが，ひらがなカードのしりとりである。これが 2 人でできるようになったら相当なレベルである。ヒントのついたキッズ版もある。初めはそちらの方がよいだろう。

第９章

効果的な心理療法としての
プレイセラピーの実践（2）

——発達障害児に対する「構造化プレイセラピー」——

1．「発達障害の理解と支援」をめぐって

私は泣いていた。花粉のせいではない……いや，それもある。３月から４月になると舞い込む大量の花粉と少ない研修会の依頼。研修のお題は大概「発達障害の理解と支援」。とてもありがたく思う一方で戸惑ってしまうのである。何度お伝えしたら分かって頂けるのだろう……私は常々「発達障害の理解と支援と〈題された〉研修や講演は，思う所がありお引き受けしておりません」と言い続けてきた（結局お引き受けする訳だが……いや，むしろどこにでもいつでも出かけて行きます！ ご依頼お願いします！）。なのに，だから，泣いているのである。何を言っているのか訳がわからないと仰らずちょっと聞いて頂きたい。

もう一度よくみて欲しい。「発達障害の理解と支援」。どうだろう，何か違和感を覚えないだろうか？　私の違和感，そのこころは……このタイトルだと「発達障害」という障害を理解して「発達障害」という障害を支援する，ということにならないだろうか。これは明らかにおかしい！ ということである。私たちが理解し支援しているのは「人」であり，「子ども」である。これは研修会の題目に限った話ではない。山ほど出版されている書籍のタイトルしかり（最近は少なくなっているが），有名な臨床心理学系雑誌しかりである。かつてその雑誌の特集タイトルの中に「発達障害と学校教育」というものがあったことを記憶している。教育を受けるのは子どもであり，障害が教育を受けている訳ではないのに。世の中の認識は，未だこ

のレベルに留まっているのだろうか。

発達障害を抱えている子どもたちは，たまたま発達障害と称される障害を伴っているだけなのに，その子どもの障害といわれる側面だけを取り出して，それを理解して支援した所で何ができるというのか。どうだろう，私の涙の理由(わけ)は間違っているのだろうか。子どもを暗に含んでの表現の問題であり，字義通りにとらえる方がどうかしているという方もいるだろう。でも，例えば，巡回相談で学校に行ったときなど，この子は自閉症スペクトラムでとか，ADHD でと説明される。それも大切な情報かもしれないけれど，私が知りたいのは，障害のことよりも，その子がどんな子なのか，これまでどんな生活を送ってきたか，今はどうなのか，何に困っているのか，良いところはどんな所なのか。その子は「障害」だけで生きている訳ではない。「人」として生きている。だから理解すべきは，「発達障害を抱える子ども」であり，さらにいえばひとりの「子ども」であり，支援すべきもまた，その子ども自身のはずである。そんなこと当たり前，ただの屁理屈でしかないと思われる方がいても私はそれを否定するつもりは毛頭ない。こういうところに「子ども」に対する大人側の眼差しが顕現しているのではないか，という問題提起をしているだけだからである。そのように考え直してみると，子どもの見え方や理解の仕方も変わってくるのではないかと思うからである。

これまで，多くの発達障害と呼ばれる子どもたちとかかわってきた。私の臨床は発達障害と切っても切り離すことはできない。今も問題をこじらせてしまった発達障害を抱えた子どもが紹介されてくる。20 余年前，ADHD もアスペルガー障害もほとんど認識されていなかった。その時代から彼らの支援にエネルギーを注いできた。こんな時代が来るとは想像すらしていなかった。理解されることなく，叱られ続けている子どもたちを数多く見続けてきた。20 年以上の付き合いになる今や 20 代後半から 30 歳を越える青年たちが沢山いる。もちろん中学生くらいまでの間は毎週か隔週でプレイセラピーやカウンセリングを行っていたが，今は 1 カ月〜数カ月に 1 回のペースあるいは節目でご本人や親御さんとお会いする程度である。彼らの長期的，継続的支援を行うために私設相談室も立ち上げた。彼らの居場所としてのグループも作った。このグループ活動はこの春（2019年5月現在）で19年目に突入している。詳細については，第10章を参照頂きたい。

発達障害を抱える子どもたちのこととなると，ついつい熱くなってしまうのはこういう背景があるからである。ご勘弁頂きたい。

2．発達障害児の将来像を見据えた理解と支援のあり方

ところで，最近，小学校や自治体から「将来を見据えた発達障害支援」というお題を頂くことが増えた（正確には発達障害児なのだが仕方がない……）。通常学級での特別支援教育註1）が始まって10年を越えたということもあるだろう。あんなに対応に苦労した彼らは，今どうしているのだろうかという思いが先生達の心の片隅にあるのも頷ける。先生達は小学校時点での子どもの姿しかみていない。私はその後も長期に渡りフォローし多くの将来像（現在）をみているので，小学校時点での子どもの状態やサポート体制，家庭環境などから，ある程度はその後の状態や見通しをもてるようになってきた。

あくまでも筆者自身が幼児期や児童期からかかわり続けてきて，現在青年期にある50余名程の男性（知的障害のないADHDとアスペルガータイプの自閉症スペクトラムを抱える方がほとんどである）に限った臨床経験から，おおまかではあるがその後の見通しをお伝えしておきたい。多くの方は12～15歳の頃，つまり第二次性徴期，身長が急激に伸びるのと並行するようにびっくりするほどに落ち着いてくる。小学校の頃の乱暴ぶりや感情の高ぶりと気分の変動，「死んでやるー」とか「殺してやるー」などの発言，あれは本当に何だったのだろうと思うくらい，当初抱えていた問題はほぼ消え去る。何だか寂しく感じられることすらある。ADHDのお子さんの多動が9～10歳で落ち着いていくことはよく知られていることであるが，それ以外の問題や心配は12～15歳頃にはマイルドにな

り，さらに 18 ～ 20 歳くらいになる頃には，これまた不思議なことに同年代の方と変わらないレベルまでほとんどのことができるようになり，コミュニケーションも相当うまくなる。不注意な特性だけは変わらない方も多いが，だいぶ自分で気づけるようには変わっていく。皆，周りよりもゆっくりであるが，確実に追いついていくのである。定型発達[註2)]の子どもたちより少しだけ遅咲きなのだと考えておく位がちょうどよい。遅咲きにして大輪の花を咲かせる者も少なくない。今年も偏差値の高い大学や歯学部に進学したり，有名な企業（や，その子会社にも）に就職したりという報告を聞いて安心している次第である。このことは多くの方が知っておいて損はないだろう。

それならば何もしなくても良いではないか？　などと思われる方もいるかもしれないが，決してそうではない。むしろ全くもって逆である。適切な理解と支援があってこの経過を辿るのである。小学生時代（それ以前からも含めて）の学校生活と家庭・社会生活を中心に，カウンセリングやプレイセラピーなどを含む課外活動などにおける子どもの理解とサポート体制の在り方が，彼らの成長を支え，将来の姿を左右し，決定すると言っても過言ではない。それだけ支援にかかわる私たちの責任は大きい。

では，その理解とサポート体制の在り方とはどのようなものなのか。それは子どもを取り巻く私たちがその子どもとかかわる上での基本的姿勢を共有しながら，子どもを大らかに受け止めていく緩やかなネットワークを形成することであろう。そのネットワークの中で，彼らが，障害といわれるような特性を抱えたままの自分として，一人の人間として受け入れられるという体験を多くの人から感受し，それを積み重ねるということに尽きるのではなかろうか。

そのためにできることは何か。心理士のみならず，特に，学校で多くの時間を過ごす先生たちにも，以下のように彼らを理解することを是非お願いしたい。子どもの今の状態が精一杯頑張っている姿と捉え，現状を肯定して頂きたい。周りと少し変わってはいるけれど，面白い子どもだと捉えるまなざしを忘れないで欲しい。今取り組めていることを認め，分からないことやできないことは優しく丁寧に繰り返し教えてあげて欲しい。「〜しなさい」と指示したり，注意や叱責したりする前に，「今何するんだっけ？」「次何するんだっけ？」「それっていいことだっけ？　悪いことだっけ？」「だったら今度そういうことがあったらどうしたらいいんだっけ？」と問いかけて，本人に自分で気づかせてあげて欲しい。それが自分で気づいて自ら行っている時は空かさず褒めて欲しい。いじめ被害にはくれぐれも敏感であって欲しい。保護者に対しては，心配や不安よりも安心を与えることばを掛けて欲しい。最後に子どもの変化と成長への確信をもって温かく見守って待っていて欲しい。これらが，将来に向けた最大の支援になるということを，声を大にして伝えたい。もちろん，他者や自分を傷つけたり，社会的規範から外れたりするような行動は決して許してはならない。真剣に子どもに向き合って話をし，叱ることも大切である。これは子どもを守ることにつながるからである。信頼関係に基づいた大人の本気は，必ずや子どもの心に響き伝わるものである。

言うは易く行うは難し，かもしれない。しかし，周囲の人々から大切にされ可愛がられ，受け入れられてきた子どもは，誠実で優しい思いやりのある青年に育つことは違いのない事実である。それは定型発達の子どもも同じだろうが，発達障害といわれている子どもたちほど顕著で分かりやすい。

ちなみに，発達障害を抱える子どもや青年たちをネガティブに心配するのではなく，「肯定的」に大らかにとらえる眼差しを持つためにとても参考になる視点がある。現代の自閉症スペクトラム研究の第一人者ともいえるアトウッド Atwood, T. 註3）とグレイ Gray, C. 註4）が，アスペルガーの「診断基準」ではなく「発見基準」という形で，彼らの特性をポジティブに面白く巧妙に叙述している。村松（2011）を是非参照して頂きたい。筆者も同じように捉えているが，アスペルガータイプの自閉症スペクトラムの子どもたちの捉え方が大きく変わり，支援にあたってゆとりを持つことができるようになる（表１）。さらに，本章 註２）の中で示した「ニューロ・ダイバ

表１　Attwood と Gray による Aspie の発見基準（村松（2011）より引用）

A．ほぼ以下の形をとる対人的な交流における質的な強み： 1．絶対の忠実性と完璧な信頼性を特徴とする友人関係 2．性差別的，年齢差別的，文化差別的な偏見がない／「額面価格」で他者を評価できる 3．人間関係に左右されず，あるいは個人的な信念に忠実に，自分の考えを述べる 4．相矛盾するエビデンスがあっても自説を追求することができる 5．次のような聞き手や友人を探し求める。ユニークな興味関心事や話題に熱中できる人／微に入り細を穿った考察ができる人／たいした利益はもたらさないかもしれないような話題を話しあうことに時間を費やすことができる人 6．常に意見や思い込みを挟むことなく話が聞ける 7．主要な関心は，会話に意味ある貢献をすることにある／社交儀礼的な雑談や瑣末な世間話や中身のない浅薄な会話は避けたがる 8．控え目なユーモアのセンスがあり，誠実で，ポジティブな，真の友人を求める
B．以下のうち少なくとも３つによって特徴付けられる社交言語であるアスペルガー言葉（Aspergerese）を流暢に話す： 1．真理を探究しようとする決意 2．暗黙の了解事項のない会話 3．ハイレベルの語彙と言葉への興味 4．駄洒落のような，語に基づくユーモアを愛好 5．たとえの絵による表現が高度
C．以下の少なくとも４つによって特徴付けられる認知スキル： 1．全体よりも細部をとても好む 2．問題解決の際に独創的で，しばしばユニークな考え方をする 3．並はずれて優れた記憶力や，しばしば他者は忘れたり無視したりすることを詳細に想起する力。たとえば・名前・日付，予定，ルーチンなど 4．興味のテーマに関する情報を集めたリカタログ化することに熱中する 5．粘り強く考える 6．1つあるいはいくつかのテーマに関して，百科事典的あるいは「CD-ROM」的に博識である 7．ルーチンを理解し，秩序と正確さの維持を重点的に望む 8．価値判断・意思決定が明晰で，政治的な，または金銭的な条件ではゆるがない

表１つづき

D．付加的特徴としてあり得るもの：
1．特定の感覚経験や感覚刺激に対する鋭い感受性：たとえば，聴覚や触覚，視覚，嗅覚に関して
2．1人でするスポーツやゲームが得意。特に次の項目が関係するもの
3．持久力や視覚的正確さ。たとえば，ボート漕ぎ，水泳，ボウリング，チェスなど
4．人を疑わない楽天主義者で，「集団の中では縁の下の力持ち」だが，対人関係が下手なためによく被害者になる
5．一方では，真の友情の可能性を固く信じている
6．高校卒業後，大学に進学する可能性が一般人口のそれよりも高い
7．障害が明瞭な人に対してはとてもよく世話をすることがよくある

ーシティ」という考え方もこれからの時代は，とても重要な観点となってくることであろう。

3．発達障害児に対するプレイセラピーの基本的な考え方

発達障害児の支援において，カウンセリングやプレイセラピーが果たす役割はかなり大きいといえる。ロジャース[註5)]を早くから積極的に取り入れた我が国のカウンセリングやプレイセラピーによるかかわりは，自己受容[註6)]や内的適応[註7)]を支えることを主軸としたアプローチであり，さまざまな理論的技法的立場を越えて，いまだに多くのカウンセラーやセラピストの基本的姿勢として根付いている。今でも子どもの個別支援の場では，他の問題を抱える子どもたちと同様，発達障害を抱える子どもに対しても来談者中心的なプレイセラピーが行われているのが一般的であろう。その一方で，プレイセラピスト達はさまざまな複雑な思いでプレイセラピーを続けていることも予想される。このまま「普通のプレイセラピー」だけやっていていいのだろうかとふと不安になることがあるかもしれない。変化が起こらず焦ってしまったり，このまま続けていても意味はないのではないかと思うかもしれない。さまざまな有効とされるアプローチが紹介されているのに，ちゃんと役割を果たしているのだろうかと責任を感じることもあるだろう。しかし，周囲から理解を得ら

れていない，問題とされている子どもたちにとって，理解者と味方は沢山いた方がよいに決まっている。多くのセラピスト達が行っている，子どもの気持ちと行動に寄り添い，子どもの自発性に任せて自由に遊ぶという「普通のプレイセラピー」は，子どもとの信頼関係[註8)]を形成し，この人は私を理解してくれる人だと実感させるのにふさわしい，シンプルだが確実な支援方法である。そして，このような体験は，多くの子どもたちにとって，普段の生活の中ではなかなか得られない貴重で重要な時空間となっているはずである。どうだろう，問題をこじらせすぎていたり，対人不信に陥ってしまったりしている子どもは，セラピストやプレイセラピーの場に慣れるのに時間が掛かることもあるかもしれないが，ほとんどの発達障害児たちは，その「普通のプレイセラピー」をとても楽しみにしていないだろうか。きっと大好きなはずである。これが子どもからのアンサーである。今，行っているプレイセラピーの楽しい時間が，他者から受け入れられるという体験の積み重ねが，「私は私のままでいい」という彼らの内的適応の基盤となっているのである。これが将来の安定へと確実に導き，彼らに良い影響を与えていることを，長いスパンで支援をしてきた立場としても実感している。変化には時間はかかるし，すぐに問題が収まらないこともあるだろう。だからといって子どもを早く社会的に正しいといわれる方向に変化させようとするという考え方（外的適応[註9)]）に無理はないだろうか。私たちにだって変われないことは沢山ある。障害を抱える子どもならばなおさらだろう。発達障害児にかかわる支援者の専門性はさまざまであるが，やはり，臨床心理学を基礎とした心理士，特にプレイセラピストは，今ここで目の前の子どもの心に寄り添い，共に遊ぶという基本的姿勢を変える必要はないと筆者は考えている。内的適応があって初めて外的適応へと繋がっていくというプロセスは，どんな人にも共通しているはずだからである。

4．発達障害児へのプレイセラピーの工夫——「構造化プレイセラピー」

しかし,発達障害児のプレイセラピーにおいては,子どもの特性から種々さまざまなかかわりにくさを伴うのも事実である。一人で同じ遊びをし続け，それにふける子どももいるだろう。切り替えが難しく時間になっても遊びをやめられない子どももいるだろう。一回の中でどんどんと目まぐるしく遊びが変わり，しかもその遊びも途中で放り出すということがいつまでも続くという場合もあるだろう。トランポリンを50分飛び続ける子どももいるだろう。しかし，ある程度経験を積んだセラピストであれば，これまで培ってきた経験と勘で自然と信頼関係と相互的関係を築いていくことができる。「普通のプレイセラピー」は，経験とセンスがものをいう極めて難しいものなのである。だから，決して「普通」が「簡単」を意味する訳ではない。

ところで，臨床心理士養成の一環として行われる臨床実習で，大学院生たちが初めて担当するケースの定番が発達障害児のプレイセラピーであるという現実が存在する。SVをしていると,たまにものすごくうまいと思うセンスを感じる院生もいれば，具体的にいくらコツを伝えてもできない方はできないし，そもそもプレイセラピーの意味がわからないと初めから諦めモードが漂うこともある。私がやった方が早いなとも思うが，そうもいかないので，何とももどかしい思いをしてきた。

そんな大学院生のSVを行う中で，さまざまな工夫を重ね，子どもにも院生にも意義あるアプローチを模索してきた。その中でも筆者が考案した「構造化プレイセラピー」という方法は，子どもの変化がはっきりと実感でき，検査結果なども大きく変えてしまう力を持っているため，子どもにとって有益なだけでなく，院生の自信にもつながるので，これまで多くの子どもたちに適用してきた方法の一つである。おそらくすでに同じようなことを行っている場合もあるだろうし，なんだそんなことかと思われるかもしれないが，知る限りにおいて論文などで発表されている形跡はない（所属している大学の臨床相談室で発行している公刊，配布されてない事例報告集には筆者がSVした院生たちが多数書いているが）ので，ここで紹介してみたい。この方法は初心者であっても単なる「プレイ」ではなく，「プレイセラピー」をしていることを実感できるのでお勧めである。

「構造化プレイセラピー」の着想は，Cleve, E.（2004）の混沌としてしまうADHD児のプレイセラピーを，明確でわかりやすい枠組みを提示することによって，一貫性を持たせるために技法的に修正を施すべきという指摘から生まれたものである。Cleve, E.の方法は，プレイセラピーの中で，いわゆる制限の枠を「ルール」として厳しく提示し，確実に守らせることを通して，子どもを衝動性から守るというアプローチであり，あくまでも「普通のプレイセラピー」の枠組みを崩していない（欧米圏においても発達障害児に対してオーソドックスなプレイセラピーが用いられているということを知るにも良い文献である）。

筆者のアプローチはこれとは異なり，プレイセラピーの「時間の枠組み」と「遊ぶ内容と順番」を，子どもとセラピストで一緒にセッションの初めに計画（プランニング[註10]）し，「構造化[註11]（スケジュール化）」した上でプレイセラピーを行うという方法である。SSTのようにこちらが課題を提示し，計画したプログラムを実施するのではない。あくまでも子どもの主体性と動機づけを重視しているのが特徴であり，かかわり自体はプレイセラピーのそれと何ら変わらない。この方法を用いると子どもが混沌に陥ることがないので「制限[註12]」を行う必要がほとんどない。導入するタイミングは，子どもがある程度プレイルームにあるものを把握し，セラピストも子どもの遊びの好みや遊具を理解したところで提案され，子どもともしっかりと契約を行った上で実施される。不思議なことにこの提案を嫌がる子どもはほぼいない。対象は，発達障害の中でもADHDや自閉症スペクトラムの特性を持つ子どもに行うことが多く，子どもの年齢や能力に応じて工夫し配慮すれば，幼稚園から小学生高学年，中学生まで広く適応できる。

具体的には次のような手順で進められる。

（1）セッションの初めに今日遊びたいこと，やりたいことをまずホワイトボートや紙などに書き出していく。幼少の子どもであれば本人に聞きながらこちらが書いていけばよい。
（2）その中で，今日特に遊びたい，やりたいことに優先順位をつけ，50分という限られた時間内で，それをいくつ，どの順番で遊んでいくか決める。
（3）順番と内容を決めたら，今度は時間配分を考え，フォーマット化した「スケジュール用紙」に書き込んでおき，それをホワイトボードに貼ったり，分かりやすい場所に置いておいておく。時間の概念が弱い子どもには針時計を書いた用紙を与え，一緒に見ながら大まかに区切ってもらうだけでも良い。
（4）そのスケジュールに合わせてプレイセラピーが開始される。タイムタイマーなどを利用し，目で見て残り時間が分かるようにしておくとなお良い。もちろん，今やっている遊びが楽しくなってくると，時間を延長したくなることもある。そんな時は「変更手続き」を行えばそれは認められる。「変更手続き」では，今の遊びをどのくらい続けるか，その分，どの遊びをどの位削るかも同時に考える。
（5）セッションの終了時に，毎回，今日の遊びのスケジューリングがうまくいったかをスケーリングしてもらい次回の変更点を検討したり，楽しかった遊びに順番をつけたりという簡単な振り返りを行う。その際にも「振り返り用紙」をフォーマット化しておくと時間が掛からずスムーズである。

この方法を用いることによって，セラピストとの信頼関係が確実に形成され，相互的コミュニケーションがはっきりと生じてくる。それだけでなく，これまで散漫に思いつきで遊んでいた子どもが，自分のやりたいことを目的化しながら遊ぶことができるようになる。また，多くの子どもが共通して苦手とするプランニングと注意の切り替え[註13]を，遊びの中で自然に体験することができる。こちらに療育的な意図はないが，結果的には療育的効果も得られる。K-ABC-

II[註14]の検査結果でプランニングの能力が著しく向上する事例は多い。普段の生活の中で時間を意識することや，朝学校に行くまでの手順がスムーズに進むようになったと母親から報告されることもたびたびである（母親に対しても，母親担当者から声のかけ方を「しなさい」ではなく，「今何しているんだっけ？」「次何するんだっけ？」などに変えるようアドバイスしておりその効果もあると思われる）。さらに，どの遊びがどれだけ楽しかったという振り返りを通して，いつもはどう思うか聞いても，普通とか，わかんないと自分の感情に無頓着な子どもの感情同定が可能になっていくこともこのアプローチの効用である。年齢が高ければ，お話タイムを遊びの中の一つとして提案し組み込んでもよいだろうし，もしも，より療育的に扱いたいのであれば，面接室をプレイルーム代わりにして，子どもの特性にあった遊具だけ置いておいて遊び，それに慣れさせてから構造化するという方法も考えられる。療育的に用いることのできる遊具と取り扱いの注意を章末に示しておいたのでご参照頂きたい。

5．発達障害児のプレイセラピーにおける象徴

さて，プレイセラピーというのならば，象徴的表現を扱わないのかと思われた方もいるのではなかろうか。筆者はかつて発達障害を抱える子どもたちがプレイセラピーや箱庭療法での象徴的表現を通して変化していく姿を沢山垣間見てきた。特に，箱庭療法の威力はすさまじく発達障害の子どもには欠かせないアプローチだと確信していた時期もある。箱庭の中で，混沌とした世界が秩序ある世界へと変わっていくのに呼応するように，驚く程落ち着いていったADHDを持つ子どもや，天地創造を儀式的に演じるプロセスを通して，ことばが生まれ，人が変わったようにコミュニケーションが可能になっていったカナー型自閉の特性を持つ子どももいた。プレイセラピーにおいてもプレイルームの照明を消し大きなブロックで母胎を作り，その中から「ばぁ」と生まれてきて，つけた照明の明るさに驚いてからスヤスヤと眠るなどの「再誕生」を実現させるなどを通し

て変貌を遂げた発達障害の子どもを複数経験した。発達障害のある子どもの特性として象徴化や想像力の困難を挙げる研究者も多いが，筆者個人としてはこのような臨床経験からはあまりそうは思えない。むしろそれが豊かすぎて手に負えないのか，表現する手段のモダリティ[註15)]が定型発達児とは異なる子どもたちなのではないかと思っている。その点，表現媒体のバリエーションに富むプレイセラピーや箱庭療法と彼らの相性はむしろ良いと個人的には思っている。

今回紹介した「構造化プレイセラピー」は，安定した枠組みの中で安全にセラピストとの信頼関係と相互的コミュニケーションの基盤を作るのに適しており，発達障害の子どもたちの特性にもフィットした方法ではあるが，遊びの象徴的流れをみていくには制限があるかもしれない。しかし，遊びの中に箱庭療法を取り入れても良いし，ロールプレイングゲームの要素や，テーマを通したお話づくりのような遊びを提案して取り入れていくと子どもたちの内面が象徴的に表出されやすくなるだろう。やはり何事も工夫次第である。

【文　献】

Cleve, E. (2004) From Chaos to Coherence; Psychotherapy with a Little Boy with ADHD. Karnac, London.

村松陽子（2011）発達障害の特性と支援の基本姿勢．精神科臨床サービス，11; 168-173.

第９章註

註１）特別支援教育：2007（平成19）年４月から正式に開始された配慮を要する幼児児童生徒への教育体制。平成17年12月８日の特別支援教育に関する中央教育審議会答申「特別支援教育を推進するための制度の在り方について」によると，「特別支援教育」とは，障害のある幼児児童生徒の自立や社会参加に向けた主体的な取り組みを支援するという視点に立ち，幼児児童生徒一人一人の教育的ニーズを把握し，その持てる力を高め，生活や学習上の困難を改善又は克服するため，適切な指導および必要な支援を行うものであるとし，特別支援教育の理念と基本的考え方の一層の普及・定着を図るため，学校教育法等における「特殊教育」の用語を改めるとした。また，現在，小・中学校において通常の学級に在籍するLD・ADHD・高機能自閉症等の児童生徒に対する

指導および支援が喫緊の課題となっており,「特別支援教育」においては,これらの児童生徒に対しても適切な指導および必要な支援を行うものであるとした。その後,平成18年12月国連総会において,障害者の権利に関する条約が採択されたことを受け,わが国でも法整備を整え平成26年1月に批准したことを受け,障害のある子どもが障害のない子どもと共に教育を受けるという「インクルーシブ教育」システム構築の理念を踏まえ,体制面,財政面も含めた教育制度の在り方について検討を始めている。

註2)定型発達:障害を持たない人を称して定型発達と呼ぶと思っている方が多いだろう。研究者や定型発達者側が発信の用語と思っている方も多いであろう。健常者と同じくらいの感覚で使用している方もいるだろう。全く異なることは知っておいた方がよい。定型発達という概念は,自閉症スペクトラム当事者による市民運動の一環として,自分たちとは違う脳の作りをしている人を区別するために,1990年代に彼ら自らがアメリカで提唱したものである。自閉症スペクトラムは他のさまざまなマイノリティと同様,そのままの状態で受け入れられるべきであり,一般的な病気の治療対象と同じように扱われるべきものではないとする自閉症権利運動を背景として,脳・神経の多様性を示す「ニューロ・ダイバーシティ」の考え方と相まって生まれた比較的新しい考え方である。しかし,知的障害を伴う自閉症児・者の中には治療を要する者も多くいることから批判もある。ニューロ・ダイバーシティの考え方は,現在,ADHDや統合失調症者など多くの当事者会においても支持されている。

註3)アトウッド:1952年~。現在28か国で翻訳されている名著『ガイドブック　アスペルガー症候群―親と専門家のために』の著者であり,ウィングと並ぶ自閉症研究の第一人者フリス Frith, U. の元で博士号を取得した,サイモン・バロン－コーエン Baron-Cohen, S. らと並ぶアスペルガー型自閉症スペクトラム障害研究の現在の第一人者の一人。ASD児の怒りや不安をコントロールするためのアプローチや認知行動療法を導入する実践と研究でも知られる。

註4)グレイ:アメリカで活躍するASD児・者に対する現実的な支援技法をさまざま提案しているスペシャリスト。「ソーシャルストーリー」「コミック会話」をはじめ,いじめと立ち向かうためにはどうしたらよいかなど,知的障害を伴わないタイプの発達障害児・者からコミュニケーションの苦手な定型発達児・者に適用できるアプローチを考案し,世界中に発信している。

註5)ロジャース:1902年~1987年。カウンセリングの神とも称される。現在のカウンセリング・心理療法の礎を築いた重要人物。特にカウンセラー,セラピストの姿勢や態度が,クライエント(これもロジャースが初めて用いたと

される）の本来持っている治癒力を発揮させるとした精神分析とも行動理論とも異なる，人間学的（ヒューマニスティック）心理学を背景とした来談者中心療法，パーソンセンタードアプローチを提唱し 1960 年代～ 1980 年代に世界中で支持された。自らのカウンセリングの徹底的な逐語化や量的な科学的検証なども当時は先端的であった。現在，世界的にロジャース派と称する臨床家は少数派であるが，日本では未だ根強い人気を誇る。『ロジャーズ全集』が世界に先かげていち早く翻訳され，急速に普及したのは日本人の持つ感性とフィットしていたからであろう。彼の教えてくれた臨床哲学は，カウンセリング・心理療法を行う者すべてが心の中に持っていなくてはならないものであろう。

註６）自己受容：自分の良いところも，悪いところも，すべてをひっくるめて，ありのままの自分として「受け入れる」こと。そこには肯定も否定もなく，変化や抵抗しようとせずに，その過程や状況をそのままに受け止める姿勢のこと。自己受容は確かに難しい。特に嫌なところは見たくない。では，自己受容ができるためにはどうしたらよいか。他者からありのままの自分を肯定も否定もされず，あなたのままでよいと受容されるという体験を通してしか実現されないであろう。私達は，誰かに受容されることで，自分を許しありのままの自分を受け入れられるようになっていく。ロジャースの目指したカウンセリングはまさしくこのことの実現である。自己受容できるようになると心にはゆとりができ，優しくなり，他者を許せるようになり，今度は他の誰かを受容していくことができるようになっていく。

註７）内的適応：さまざまな社会的生活空間（家庭・学校・職場）において，個人の主観的世界，心理的内的枠組み，自己受容，充足感，自尊感情などの体験や感情が自覚され適応できている状態のこと。

註８）信頼関係：クライエントとカウンセラー・セラピストとの間に築かれる信頼関係のこと。ラポール（Rapport）と呼ばれることが多い。カウンセリングがうまくいくかどうかのかなりの部分は，ラポールの形成にかかっており，ラポールが築けると，クライエントはカウンセリング・心理療法の関係の中で，安心して自由に振る舞い，正直な感情表出が可能となるとされる。でも，信頼関係，ラポールってそんな簡単に築けるものなのだろうか。筆者がスーパーヴィジョンを受けてきた経験などを踏まえてみても，子どもも大人も皆，セラピーが終結に向かう頃に実感される，愛着にも似た特別な関係性のようなものだと思っている。安心感というのだろうか，離れていても一緒にいるような，同じ景色をみているような感覚……。軽々しくラポートが形成されたという

のはやはり恥ずかしいし，憚られる。

註9）外的適応：さまざまな社会的生活空間（家庭・学校・職場）において，客観的に見て，また，社会的文化的な基準に照らして，他人と協調し合い，他人から承認されており，安定して適応している状態のこと。

註10）プランニング：一連の行動の流れの中で，時間の区切りを見出し，特定のある区切りで，どのような行動を選択し，実行に移すかを考える能力のことである。計画能力ともいう。効率的に素早く正確に，優先順位をつけ，適切な行動を選択することが求められる社会においてプランニング能力は極めて重要な認知能力の一つとして位置づけられている。前頭葉が強く関与すると考えられており，ADHD児者およびASD児者で苦手とする者が多い。

註11）構造化：ここでいう構造化とは，プレイセラピーという一つの時空間をいくつかに区切り，全体の構図や見通しを明らかにすることである。先に示したTEACCHプログラムにおいても「構造化」は重視されており，それは，自閉症児・者をはじめとした障害児・者の生活環境や活動を視覚的に示したり，実際に設定したりすることである。このことによって，彼らが学習活動や日常生活に見通しを持ち，安定した状況の中で，自ら主体的に学習活動に取り組むことや，生活することができるようになると考えられている。構造化プレイセラピーにおいても同様の効果が期待できる。

註12）制限：Limitation あるいは Limit setting の訳。心理療法としてのプレイセラピーにおける最重要概念と言っても過言ではない。プレイセラピーにおいては，「制限」を含めた治療構造を設定し，それを保持することが求められる。大人に責任の伴わない自由がないように，プレイセラピーにおいて制限のない自由はない。プレイセラピーには自由に楽しく遊ぶというイメージがあるが，本書で何度も示したようにそれは根本的に間違っている。何でも自由で無秩序な世界ほど恐ろしいものはない。その子どもが安全にそしてある程度自由に表現できる範囲を設定することが「制限」といえよう。その内容は，クライエントの病態や状態によっても，セラピーのプロセス段階によっても，セラピストの受け入れられるキャパシティによっても異なるが，自傷，他害（セラピストへの直接的暴力）はもちろんのこと，終了時間，プレイルームへの物の持ち込みや作ったものの持ち帰り，遊具を意図的に壊すことなどは「制限」の対象となる。特に初心者は，子どもに嫌われることを恐れ「制限」することができなかったり，ただ一方的に「制限」を押し付け遵守させることだけを最優先させたりすることがある。大切なのは，そうしなくてはいられない子どもの気持ちと行動を受け入れ理解しようと努めながら，「実際に制限する」とい

うセラピスト側の葛藤と勇気である。制限によって，クライエントとセラピストの心と身体が守られるともに，非日常としての治療空間（あるいは治療関係）と日常との線引きを行うことを可能とし，クライエントの過度の退行やセラピストへの過度な罪悪感を避けることができる。セラピストにとってもクライエントへの中立的なかかわりを保ち，過度な陰性の逆転移感情が喚起を抑止することができる。プレイセラピーにおいては「制限」が治療の転機となることも多いが，セラピストにとっては心が擦り減るような作業でもある。

註 13）注意の切り替え：「注意」とは人間の重要な認知機能であり，以下の四つに分類される。多くの情報や刺激の中から今注目すべき情報や刺激に注意を向ける「選択的注意」，注意を一定時間持続し続け，集中する「持続的注意」，何からの作業に注意を続けている場面で，別に新しい必要な作業が求められた際，新しい刺激や作業に注意を向け，それを行った後，元の作業に注意を向け直すような「転換性注意」，同時に二つ以上の作業に注意を向ける「分配性注意」。「注意の切り替えが難しい」と言った場合には，「転換性注意」の困難が予測される。今行っている作業から，別の求められた作業に注意を向け変えることが困難であったり，注意を向けてそれを行ってしまうと元の作業に戻ることが困難であったりすることを言う。

註 14）K-ABC Ⅱ：現在行われている認知発達検査，知能検査の中では最強ともいえるアセスメントツール。現代の二大知能理論とされる「ルリア理論」とWISC- Ⅳで採用している「CHC 理論」の両方を取り入れることで，子どもの認知能力を幅広く把握できるだけでなく，基礎学力の定着の程度を測定することもできるため，学習や教育的支援にもすぐに役立てることができる。

註 15）モダリティ：モダリティにもさまざまあるが，ここで用いているのは「感覚モダリティ」のことであり，感覚様相ともいう。一般的に人間の感覚には，視覚，聴覚，嗅覚，味覚，皮膚感覚（触覚，痛覚，温覚，冷覚）の五感の他に，運動感覚，平衡感覚，内部感覚などがある。そのような感覚のバランス，強さと弱さには個人差や文化差がある。例えば，統合失調症患者の幻覚も感覚モダリティの種類により，幻視，幻聴，幻臭，体幻感覚などに分類されるが，表れ方は人によって異なる。ASD 児・者には，「自閉的ファンタジー」と呼ばれる独自の空想世界があることが知られているが，これもまた定型発達とのモダリティの相違によるものと捉えることができる。

オススメ遊具コーナー　その9

療育的に用いることのできるボードゲーム・カードゲーム

◆発達障害児のプレイセラピーでボードゲームを用いるようになったきっかけ

筆者は10年以上前から海外のボードゲームを多くの発達障害児の個別セッションや療育，グループセラピーの場で用いてきた。そのきっかけとなったのがこの事例である。当時の知能検査はWISC- Ⅲ。注意記憶の能力だけが落ちており，知覚統合の能力はとても高いADHDの診断のついている子どもがいた。この子の好きな遊びは「神経衰弱」であった。視覚的短期記憶が良いので強い。そこで私は考えた。聴覚的短期記憶を用いた神経衰弱はどこかにないだろうか？　と。しかも既製品で！あった！　ありました！　絶対にどこかには何かしらあるものです！　それがこれ！『おしえてサウンド』(AMIGO)。勘の良い方はもうお気づきかと思うが，カードをめくると音の鳴る物や泣き声がある生き物が書いてある。引いたカードを見て，その音を言ってから元に戻す。記憶した音を頼りに同じ音の鳴るカードをマッチさせるとカードをゲット。視覚に頼っているのではないかと思われるかもしれないが，カードの数は写真よりもかなり多い。しかも同時に耳からの情報も入るので逆に混乱してしまう。構造化プレイセラピーの中にひとつだけ君が好きそうなものとして提案したこのゲームがお気に入りの遊びになり，音に注意を向けることが明らかに得意になっていった。その一年後のWISC- Ⅲの注意記憶は10点以上上昇していた。

いかにも，子どもに苦手なものを克服させようとする意図がみえみえな課題は，まず受け入れられない。苦手なものを司る脳の部位は普段から使用されてないので見た瞬間に回避拒絶反応を起こす。私たちはそれを感じさせないようにして，そっとその脳のスイッチを入れてあげることができるゲームの選択が，発達障害児への「ゲーム処方」

の鍵である。

◆聴覚的注意，集中，判断力を高めるための「音ゲー」

今示した事例では，その後，『イヌイット / イグルーボップ』（Zoch）というゲームを行っている。イグルーの中に入っているビーズの数（２～13 個）を他のイグルーと音を鳴らしながら比較して近い数を当てて点数を稼いだ方が勝つという音に注目することで成立する音ゲーである。他にはカップの中の音から予想して宝石の数を当てる『耳をすませて』（HABA）や，音で犯人捜しする『アロザ殺人事件』（Zoch）や，すごろく要素を入れた『ザップゼラップ』（Zoch）などもあるが，「音ゲー」はあまり多くない。

◆勝ち負けにこだわりすぎる子どもへ

「勝ち強迫」といわれる位，勝つことにこだわり，ズルをしてでも勝とうとする ADHD の子どもは多い。学校でも家でもこれがトラブルの元となっている。そんな子には『DORADA』（Ravensburger）（絶版）がお勧め。遅く着いた方が勝ちというすごろくゲーム。逆転の発想である。リメイク版の『お宝はまぢか』（HABA）は入手しやすい。

◆自己相対化，心の理論にかかわる課題を持つ子どもに

相手の気持ちを予測できない，自己中心的な考え方からなかなか解放されないということでコミュニケーションがうまくいかないという自閉症スペクトラム（ASD）の子どもは多い。そんな子どもには『わたしはだあれ？』（LOGIS）がお勧め。引いたカードに示された動物を相手が「野生の動物ですか？」「飛べますか？」など「はい」か「いいえ」で答えられる形で質問して当てるゲーム。インディアンポーカーのように自分の額に動物カードを当てあって自分が見えない形で質問しあい自分がなんの動物か当てるゲームに発展させることもできる。2013 年の日本おもちゃ大賞『的中ニャンコ』（ハピネット）や，入手困難だが『このひとだぁーれ』（野村トーイ）はオークションで出品されたら是非落札をお勧めする。楽しみながらこの能力を高めることができる。立場を変えると途端に混乱するし質問も難しくなるので，やってみればあぁなるほど，これはいいとすぐにわかるはず。

◆ワーキングメモリーゲーム

来談する発達障害を抱える子どもの中に WISC- Ⅳのワーキングメ

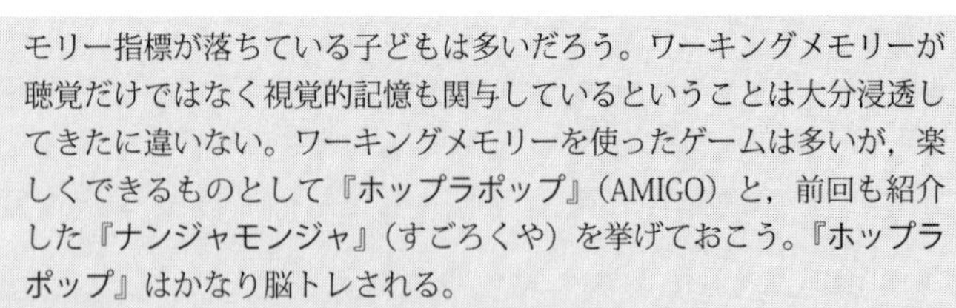
モリー指標が落ちている子どもは多いだろう。ワーキングメモリーが聴覚だけではなく視覚的記憶も関与しているということは大分浸透してきたに違いない。ワーキングメモリーを使ったゲームは多いが，楽しくできるものとして『ホップラポップ』（AMIGO）と，前回も紹介した『ナンジャモンジャ』（すごろくや）を挙げておこう。『ホップラポップ』はかなり脳トレされる。

◆衝動性コントロールゲーム

目と手の協応に関連するゲームはとても多い。これらのゲームは正確性とスピードが求められお手付きができないため，衝動性のコントロールが求められるゲームである。すでに紹介した『スピードカップ』（AMIGO）や『リングディング』（AMIGO），『おばけキャッチ』（メビウスゲームス）もとても使いやすいが，筆者のオススメは『スティキースティックス』（Happy Baobab）。比較的入手しやすい。吸盤のついたスティックを用いて，サイコロの条件に当てはまるカードを取るゲーム。とても頭を使うが子どもたちは慣れてしまうと本当に強い。

◆ブラフ・心理戦ゲーム

騙す方は悪いことか，騙される方が悪いのか。騙されないためには，騙す練習も必要だ。世の中善人ばかりではない。ブラフゲームはたくさんあるが，手始めには『チャオチャオ』（メビウスゲームス）。有名な『ごきぶりポーカー』（メビウスゲームス）も良い。集団であれば，文中に登場したグループでは10年以上の歴史を誇る『人狼ゲーム』にチャレンジするのもよいだろう。

第 10 章

発達障害児への
グループセラピーの実践

1．グループセラピー事始め

地域の公民館や体育館の一室を借りて，３名の心理士と５名の子どもたち，そしてその保護者の方々と共に，子どもたちのグループ支援活動を始めたのは 2000 年のことである。筆者は 20 代後半であった……。何の後ろ盾もスポンサーもなく立ち上げた完全に個人的なグループは，「ほっとクラブ」と名づけられ，紆余曲折を経ながら，今もなおその活動は続けられている。開始当時からメンバーとして参加していたある少年たちは，今やみんな社会人である。そして，今でも私たちのスタッフの一員（高校を出るとサポートスタッフに昇格することができる）として，後輩たちの良き兄貴分として活躍してくれるようにもなった。メンバーの数が増え，スタッフの顔ぶれも様変わりしたものの，グループの中に流れる雰囲気や時間は，あの頃と何も変わっていない。そして，あっという間の時間だった。ほぼ宣伝活動もせず，口コミと信頼関係だけで活動が続けてこられたのは，子どもたちの笑顔と，これまで関わってくれた多くのスタッフおよび保護者の方々のご理解と協力以外の何物でもないと感謝している。特に，少ない謝礼で献身的にこのグループを支えてくれたスタッフたち，筆者のわがままに付き合ってくれて，一緒にこのグループを立ち上げてくれたお２人の先生との思い出は忘れられない。

今回は，その活動の経過を踏まえながら，現在の子ども支援，発達障害児支援の在り方について考えてみたい。

2．グループセラピーの概要

まずは，私たちの行っているグループ活動の概略を簡単に紹介したい。参加しているメンバーは，いわゆる発達障害といわれている子どもが多く，年齢もバラバラであり，小学校中学年から高校生までが入り乱れている。現在は，男子のみの会になり，女子の参加はお断りしているものの，これまで比較的重度の障害を抱える子どもから，引っ込み思案だったり，やんちゃな定型発達の子どもまで幅広い子どもが参加してきた。しかし，そのことで活動を続けることが難しいということはほとんどなかったように思う。もちろんたびたびトラブルは発生し，喧嘩は茶飯事であるが（近年はほとんどみられなくなっている），長い目でみると，さまざまなタイプの子どもたちがいることの方がむしろ自然なこととなり，それぞれの違いを認め合うような状況が出来上がっていくのが不思議である。学校も学年も特性も違う集団は，妙な利害関係が生じない分だけ子どもたちには安心な場なのかもしれない。

月２回の活動は，大きくグループワークとワークショップ，宿泊キャンプが年間予定として組まれている。グループワークは，約２時間のプログラムで，小中学生グループと高校生以上グループが分かれて，お互いに近況報告や集団ゲームなどを行い，間に休憩をはさみおしゃべりしながらおやつを食べ，最後に振り返りをするというのが大まかな流れである。おやつを早く設定して，その後の時間で，大人数で行えたり，協力対戦型のボードゲームや村人の中に紛れ込んだ狼人間を当てる「人狼ゲーム[註1)]」などを２グループ合同で行うこともある。人狼ゲームはブームのかなり以前から行っている。理解が難しい子どもにはスタッフが付き２人組になって一緒に取り組めばすぐに要領を得る。子どもたちの遊びの飲み込み能力は想像しているよりずっと高く驚く程である。これらの海外発のボードゲームやカードゲームには，ジレンマ[註2)]や葛藤を強く感じさせたり，相手の様子や出方を窺いブラフ[註3)]を見抜いたりする心理戦の要素が多く，本来これらが苦手と思われている子どもだから難しいのではないかと思われるかもしれないが，全くもってそんなことはない。「遊び」となると大人がついていけないほどの知識や頭の回転の早さが発揮されるのが子どもの特権である。これはデジタルゲームであるが，子どもに人気の「マインクラフト[註4)]」など筆者には難しすぎる。

グループワークは，このグループに参加するメンバーのセキュアベース（安全基地）[註5)]の役割として，いつ来てもここに自分がいる，認められる居場所があるということを確認できるように，常に温かく大らかで緩やかな時間の流れを心がけている。

次にワークショップであるが，その内容は多岐に渡り，面白そうなものは思いつきで何でも取り入れている。先日もプロマジシャンに来て頂き，簡単にできるけれども驚きが大きいマジックを教わった。これまで実施したものは，覚えているだけでも，漫才，活弁，野口体操，ドラムサークル[註6)]，バルーンアート[註7)]，パントマイム，マッサージ，陶芸，良く飛ぶ紙飛行機，手相占い，殺陣，握り寿司体験，筋トレなど数えきれないほどである。今度のお正月には杵と臼をレンタルして餅つきを企画している。ワークショップは，子どもたちが主体的に興味を持って取り組めるような新鮮で非日常的なプログラムとなるよう，スタッフ自身も楽しみながら企画している。ちょっと難しそうでも，やってみると楽しくて，しかもやったことを周りに自慢できるような内容というのが選択の基準である。ワークショップがきっかけになって，その後の趣味や特技，さらには将来の目標となるようなものを提供したいという願いも込められている。ワークショップとは別のイベントとして，クッキング，フリーマーケット，釣りも季節ごとに行っている。

年に１度の宿泊キャンプは，夏休みに２泊３日で毎年休むことなく続けられている。現在は奥多摩で実施している。木工工作や陶芸，そば打ち，流しそうめん，スイカ割り，バーベキューといった定番プログラムに加え，テレビはないので，夜に昔の夏祭りさながら，映画鑑賞を行う。一日は子どもたちセレクトのアニメ。もう一日はスタッフのセレクトである。大人セレクトは最後まで揉めるが，基本的に子どもたちが知らない80年代洋画の名作からセレクトする。最近一番好評だったのは,『ベストキッド[註8)]』(もちろんリメイクのジャッキー・チェン Chan, J.[註9)]バージョンではない)である。翌日,主役ダニエルさんの鶴のポーズをみなこぞって真似していたのは微笑ましい光景であった。『インディ・ジョーンズ[註10)]』『バック・トゥ・ザ・フューチャー[註11)]』シリーズはもちろん受けるが,『グーニーズ[註12)]』『グレムリン[註13)]』は残念ながら大人も含め不評であった。子どもの頃,面白かったというイメージは当てにならない。

キャンプのハイライトは,自然の川での水遊びである。みんな大人も子どももグシャグシャになりながら水鉄砲やビニール袋などで徹底的に水を掛け合う。決して容赦はない。水かけ遊びは無礼講[註14)]なのである。ぐったりしながら宿舎への岐路につくが,すぐに子どもたちは元気になるのでスタッフの体力はついていかない。ちなみに,キャンプはすべて自炊であり,お互いの協力なしには食事ができないため,キャンプによるメンバーの関係性の深まりは顕著である。食事をしていると,毎年決まって「僕たち,家族みたいだね」という子どもがいる。

以上,私たちのグループ活動の一端を紹介した。このグループの特徴の一つは,子どもたちが,期限を設けられず,地域において継続的に参加できるという点である。発達に課題を抱える子どもの支援は,長いスパンでの視点が必要とされ,節目節目の時期でさまざまな問題が現れてくる。子どもたちは,たとえ日常生活における環境は変わっても,グループの場にくれば,いつも変わらぬメンバーやスタッフの中で自分の持つ個性が認められ,自分らしく過ごせる「居場所」にいる自分を確認し安心感を得ることで,また明日からも頑張ろうという意欲と自信とを培っているのではないかと考えられる。

また,私たちのグループは,遊びが活動のメインであり,「とにかく人といて楽しい」という体験を重視しているのも大きな特徴である。周りに気兼ねせず遊びながら,大笑いして人の中で楽しめる場というのは子どもたちにとって意外に貴重な時間なのではないかと思っている。多くのメンバーが長期に渡って参加し続けているのはそのためだろう。スタッフたちも，いくら忙しくても，このグループを続けているのは，思い入れだけではなく，この場を楽しみ，そしてこの場に，子どもたちに救われていると感じているからである。集団の持つ力というのは本当に偉大だとつくづく実感している。

3．ソーシャルスキルトレーニングという視点

さて，私たちのグループだけでなく，発達障害を抱える子どもたちへの支援の必要性から，多くの場でグループ支援が開始されるようになった。そこで強調され，目玉となっていたのは，いわゆる SST（ソーシャルスキルトレーニング）であったと思われる。ソーシャルスキルの獲得は，このような子どもたちにとって大きなテーマであり，私たちも当初からそのように認識していたし，今でも私たちのやっていることは SST だと自認している。

ただし，年相応の適切なソーシャルスキルを身につけるという目標は同じであっても，その目標に到達するための道筋はさまざまである。私たちのような緩やかなグループもあれば，しっかりとしたプログラムで確かな成果を生むグループもあるだろう。また，一口にソーシャルスキルといってもその捉え方はさまざまであるし，何を大事とするかはそのグループを運営する側の判断に委ねられている。しかし，一般にソーシャルスキルトレーニングといった場合，それを受けさせられる子どもに，何かできない，あるいは獲得されてないネガティブな側面があり，それを改善することで周囲に合わせさせたい，普通といわれる状態に導きたいという暗黙の前提と作為があるように思われる。だが，いくら素晴らしいプログラムを持ち，大きな成果を上げていたとしても，子ども自身が安心でき，通いたいという動機づけや，その子どもの持つ個性が尊重される場になっていなければ，子どもたちへの支援としては十分ではないだろう。

4．「内的適応」を促進するグループセラピーの考え方

これと関連して，ウィニコットが行った先天性合指症の９歳９カ

月の子ども（イーロ）とのセッション[註15)]の一場面を紹介したい（Winnicott, 1971）。ウィニコットは，繰り返される手術をかんしゃくも起こさずに受け続けてきたイーロにこう語りかける。

「大きくなるにつれて，君はピアノが弾きたい，フルートが吹きたい，工作がしたいと思い始めた。それで手術を受けることに同意したんだね。でも大切なことは君が今のままで，生まれたままで，愛されることなんだ」

ウィニコットは，いくら障害を持って生まれたとしても，生まれたままの自分で，ありのままの自分のままで，愛され認められることが何よりも大切であるということをイーロに説いている。変わりたいという気持ちや行動も大切だが，もっと大事なことは,「私は私のままでいい」という感覚，すなわち「内的適応」であると伝えている。

どんなに改善すべき問題を抱え，獲得すべきソーシャルスキルがあったとしても，子どもたちが，問題や障害を抱えた自分のままで丸ごと存在が受け入れ，認められることが大切なことはいうまでもない。このことは，心理士に限らず，子どもの支援に携わる者にとって，あまりにも当たり前のことであるようにみえて，近年の子ども支援の中で何だか忘れがちになっているように感じる。繰り返しになるが，障害を抱える子どもたちは障害だけで生きている訳ではない。子どもの抱える問題が，障害や認知特性だけから起こっている訳でもない。子どもたちは，さまざまな背景を持ちながら，オリジナリティをもったひとりの「子ども」として生きているのであり，一人の「子ども」として悩み困っているのである。発達障害を抱えていようがいまいが，目の前の子どもの思いとその背景を受けとめ，理解するということは，子ども支援において何も変わらないはずである。ところが，とかく発達障害を抱えた子どもたちへの支援となると，診断や評価を通したガイダンスとコンサルテーション，そして「外的適応」への働きかけばかりが強調されているように感じるのは私だけだろうか。かつて，発達障害や認知特性のことが理解されないまま，いわゆるカウンセリングのみが優先されることでいたずらに問題を拗らせてしまった子どもたちがいたことも確かであろう。

しかし，発達障害という障害への理解が進んできた現在，私たちに求められていることは，子どもの「発達障害」だけではなく，目の前の「子ども」の心を支え，真正面から向き合い，受けとめ子どもたちの「内的適応」を支え，促進するという基本に立ち返ることではなかろうか。私たちのグループは「内的適応」を支え促進することを中心に据えたSSTグループであり，その方針を変えずに続けてきたことは間違っていなかった，と青年になった多くのメンバーたちの笑顔と自信から確信している。

【文　献】

Winnicott, D. W. (1971) Therapeutic Consultations in Child Psychiatry. The Hogarth Press.（橋本雅雄監訳：子どもの治療相談 1．岩崎学術出版社）

第 10 章註

註 1）人狼ゲーム：参加プレイヤーが，村人と村人に扮した人狼となり，正体を隠しながら話し合い，そしてだまし合いながら，村人チームと人狼が戦い勝敗を決するインタラクティブ正体隠蔽型ブラフゲーム。ゲームは半日単位で進行し，昼にはプレイヤーの話し合いで人狼と疑われたメンバーが処刑され，夜には人狼が指定したプレイヤーを殺す。人狼を全て処刑することができれば村人チームの勝ち，生き残った人狼と同数まで村人を減らすことができれば人狼チームの勝ちとなる。人狼ゲームの歴史は諸説あるが，1986 年ソ連（当時）の心理学者ダビドフによって考案されたマフィアと市民が暗黙裡に戦う「マフィア」ゲームが起源とされる。1997 年にアメリカで現在の人狼と村人に置き換えることが提案され，2000 年代初頭に商品化され現在に至る。カウンセラー教育においても社員教育においても応用でき，筆者は子どものみならず，大学生，院生，心理士たちと日常的に人狼を行っている，なもので強いです。いつでもお声かけください。

註 2）ジレンマ：心理学では「囚人のジレンマ」「ヤマアラシのジレンマ」として有名であるが，2 つの選択肢のどちらをとっても不利益が生じるため判断が困難な状況，あるいは 2 つの欲求，判断の間で揺れ動くような狂おしい心理的状態のこと。他者が絡むことによってジレンマはよりややこしくなる。誘惑に負けそうになったり，自らが地雷をしかけたり。ジレンマに耐える体験は,葛藤と両価感情（アンビヴァレンツ）を抱えることができるようになるというカウンセリング・心理療法の一つの目標を達することにもつながるだろう（か？）。『ハゲタカのえじき』（メビウスゲームス）がジレンマゲームの入り口として丁度良い。バッティング（同じカードが出るとそれは意味がなくなる）というシステムも含め，狂おしくジリジリする体験を是非お試しあれ。心理士なら確実に嵌(はま)ります。

註3）ブラフ:ブラフ（Bluff）とは，はったり，こけおどしのことである。はったりを使って嘘をつきだまし合うゲームをブラフ系ゲームといい，相手の感情や表情などを予測して対戦することから心理戦ゲームともよばれる。特にドイツボードゲームにはブラフを用いた心理戦ゲームが沢山ある。その種類はドイツのボードゲーム情報サイト（ボードゲームギーグ;BGG）を元に分類すると大体5種類に分けられる。（1）はったりこけおどし系：自分の持っているカードの数などを大きいとはったりをかけたり，自信たっぷりにからいばりすることでだまし攪乱させるゲーム。『ブラフ』『コヨーテ』『スカル』など。（2）シンプルウソだまし系:（1）と同じ系列に相当するが，本当とも嘘ともいうことができる状況で相手にカードや数字を提示し，相手にその真偽を当てさせるゲーム。『チャオチャオ』『ごきぶりポーカー』など。（3）正体隠蔽系:先の人狼ゲームだけではなく，自分の正体を隠し，裏切者になったりしながら,自らのミッションや目的を達成するゲーム。『お邪魔もの』『レジスタンス』『犯人は踊る』『エセ芸術家ニューヨークに行く』など。（4）秘密コマ配置系：相手にこちらの意図や内容がわからないようにコマを配置して置き，相手の裏をかきながら対戦するゲーム。『ガイスター』など。（5）交渉・裏切り系：文字通り相手を裏切って自分の利益を得るゲーム。信頼を得て置いて裏切るというところが醍醐味であり，これまで見たこともない相手の冷淡さに驚いたり，普段の人間関係にもひびが入りかねないゲームのため，子ども同士では遊ばないことをお勧めする。『ディプロマシー』『イントリーゲ』など。

註4）マインクラフト：3Dブロックから成る世界で，自由に探索・採掘，思い通りの世界を作り上げることができる世界的大ヒットデジタルゲーム。PS(プレイステーション）やWii，Switch，PCで遊ぶことができる。ゲームを開始すると見知らぬ土地にひとりで放り込まれる。木を切り，土を掘り，拠点を作っても良い。移動するとさまざまな環境に巡りあう。洞窟を見つけたら探索し,ブロックの地下を掘ると鉱物のアイテムが現れたりする。夜になると敵モ

ンスターが襲ってくる。集めたアイテムで武器をクラフト（作る）して戦うことができる。教育的効果すら語られるすごいゲームである。筆者もやってみたが（クライエントさんにスマホにインストールされた !!）が，なかなか難しくて手に負えない。これを使いこなす子どもたち，恐るべしである。ゲームばかりしてないで勉強しなさいとよく言うが，筆者は，「勉強もマインクラフトもしなさい」と言いたい。

註 5）セキュアベース（安全基地）：愛着研究におけるストレンジシチュエーション法で有名なアメリカの心理学者エインスワース Ainsworth, M. が 1982 年に提唱した概念。子どもは親との信頼関係によって育まれる「心の安全基地」の存在によって，外の世界を探索でき，戻ってきたときに親に喜んで迎えられると確信することで，親の元に戻ってこられるとした。現在では広く「心の居場所」としての意味合いも持つ。有名なボウルビィ Bowlby, J. も重視した概念であり，著作名にもしたため，あたかも彼が提唱したかのように思われているがエインスワースが先である。このような誤解は多く筆者も間違っていた。愛着理論の基礎を築いた偉大なる精神科医・心理学者スピッツ Spitz, R. の業績もしかりである。なぜかボウルビィに寄るものと思われている概念が少なくない。心理学徒としては，区別整理しておきたいものである。

註 6）ドラムサークル：その名の通り，参加者が輪（サークル）になってさまざまな世界中の打楽器（太鼓やマラカスなど）を即興で演奏するというもの。楽譜はなく，各自が好きなリズムで自由に音を出していく中で，一期一会のセッションとなり一つのまとまりとつながりを感じていく。練習して人前でパフォーマンスしたり，聴いてもらうものではなく，その場でみんなで演奏し，基本的に聴衆がいないことが特徴であり，間違いや失敗は存在しない。ファシリテーターがいる場合もあるし，いない場合もあるが，いた方が初心者にとっては楽しめる。ぐちゃぐちゃはちゃめちゃが認められるのが楽しい。ADHD 児が活きる活動である。

註 7）バルーンアート：バルーンアートには，長細く伸びる風船（バルーン）やさまざまな形状の風船を用いて，犬や剣など何かに似せたバルーンモデリングや，風船にヘリウムを吹き込んで飾り物やアーチを作るバルーンデコレーションなどがある。筆者らの活動で行っているのは前者の方である。プランニングの能力や視空間認知の能力，手先の器用さなどが求められるが，子どもたちは喜んで行う。

註 8）ベスト・キッド：1984 年に製作されたアメリカ映画。原題は，The Moment of Truth / The Karate Kid である。ラルフ・マッチオ演じる主人公，ダニエル

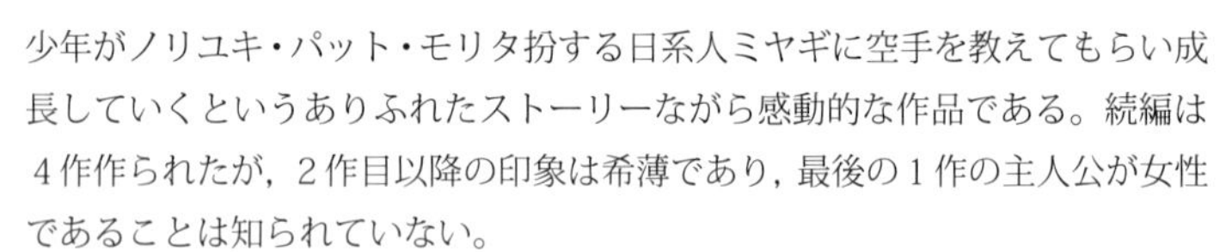

少年がノリユキ・パット・モリタ扮する日系人ミヤギに空手を教えてもらい成長していくというありふれたストーリーながら感動的な作品である。続編は4作作られたが，2作目以降の印象は希薄であり，最後の1作の主人公が女性であることは知られていない。

註9）ジャッキー・チェン：1954年～。香港出身の映画俳優。愛くるしい笑顔でコミカルな演技と大胆なスタントで，ハリウッドに進出したアジアを代表する世界的大スター。父親が元スパイであったり，テレサテンと交際していたり，読字障害だったりと話題に事欠かない。当時のアイドル河合奈緒子との噂も。

註10）インディ・ジョーンズ：1981年のアメリカ映画「レイダース／失われたアーク《聖櫃》」から始まるスペクタクル活劇の傑作シリーズ。ハリソン・フォード Ford, H. 演じる考古学者インディアナ・ジョーンズが秘宝を巡って冒険する原案はジョージ・ルーカス Lucas, G.，監督スティーヴン・スピルバーグ Spielberg, S. である。過去4作全てが傑作であり，何と2021年には新作が予定されている。ハリソン・フォードは現在77歳。筆者の父親の一つ下。大丈夫か？

註11）バック・トゥ・ザ・フューチャー：1985年製作のアメリカ映画。「BTTF」「BTF」とも略されるSF映画シリーズの大傑作。計3作が製作された。監督はロバート・ゼメキス Zemeckis, R.。製作総指揮はスティーヴン・スピルバーグである。マイケル・J・フォックス Fox, M. J. 演じるマーフィと，クリストファー・ロイド Lloyd, C. 演じる科学者エメット・ブラウン博士（通称ドク）が，タイムマシン（デロリアン）で，過去から未来へと時空を越えたエンターテインメントを繰り広げる。主人公を演じたマイケル・J・フォックスは，30歳の時，パーキンソン病を発症し現在に至る。

註12）グーニーズ：1985年製作のアメリカ映画。四人の少年たち（グーニーズ）が，伝説の海賊が隠した財宝を探す冒険を描いた作品。監督はリチャード・ドナー Donner, R.。シンディ・ローパー Lauper, C. が主題歌を歌ったことでも有名。これまた製作総指揮はスティーヴン・スピルバーグである。これに決して騙されてはいけない。

註13）グレムリン：1984年に製作されたアメリカ映画。監督はジョー・ダンテ Dante, J.。もちろん製作総指揮はスティーヴン・スピルバーグ。可愛らしく珍しいペットであるモグワイは，光に当てると死んでしまう，水に濡れると増殖する，12時過ぎに食べ物を食べると凶暴なグレムリンに変身してしまう。この設定が当時子どもたちの心をくすぐった。

註14）無礼講：地位や身分の上下を取り払って飲食を共にすること。本来，神社の祭祀の神に奉納した神酒と神饌を，祭りに参加した者が平等に戴くことを直会（なおらい）というが，これが終わった後，二次会的に行われる宴席が無礼講と呼ばれていた。無礼講は，祭りという非日常的な時空間の中で，普段の秩序や上下関係を破壊する役割を果たし，その後また長く続く日常へと戻るためのガス抜きのような役割を果たしていた。現代社会においても，祭りに限らず会社の忘年会などで無礼講などということが語られるが，本当に無礼が許される訳もなく，程ほどにしておかないとその後の人間関係や出世にも影響を及ぼすので要注意である。

註15）イーロの事例：Winnicott, D, W.（1971）Therapeutic Consultations in Child Psychiatry. The Hogarth Press（ウィニコット『子どもの治療相談面接』）に掲載されている事例のうち，ウィニコットが実際に行った治療事例の一番初めに取り上げられているのが，少年「イーロ」の事例である。スクイグルを用いたたった一回限りのやりとりが，イーロにとっては一生忘れられない思い出になる。感動的である。

オススメ遊具コーナー　その10

グループで用いるオススメボードゲーム，カードゲーム

◆アイスブレーキングに使えるオススメゲーム

　集団やグループで確実にお勧めなのは『ピット（PIT）』（アークライト）である。第2章で紹介した子どもたちの大好き要素満点の「押しゲー」でもある。自分の手持ちカードの数字がすべてそろうように，メンバーとカードを素早く「交換」しあう。そろったらベルを押す。この盛り上がりとベル押しの喜びはたまらない。適応指導教室や情緒障害学級，デイケアの場面でもアイスブレーキングに丁度いい。

　数十人で遊んでも20分程度で楽しめる，まったりしながらアイスブレーキングに使えるのが『ストリームス』（すごろくや）である。ビンゴのように，読み上げられるランダムで選ばれる数字を手元の紙に書かれたマスの中に順番に記入していく。1～30までの数字のうち，読み上げられるのは20個。昇順になるように（数が大きくなるように）連続して数字が続くほど点数が高くなる。葛藤が少ないので勝ち負けに拘る子どもが多いときに使うと良い。

◆グループで楽しむオススメ「コミュニケーションゲーム」

　ことばを使わずお絵かきと伝言ゲームを融合させた『テレストレーション』（ホビージャパン）は抱腹絶倒のコミュニケーションゲーム。絵を描くがそれは下手な方が面白く，勝ち負けにこだわることなく，そのプロセスが楽しめるので万人が楽しめる貴重なゲームである。ゲームは好き好きもあり，相手を選ぶがこれだけは楽しめなかった子どもも学生も大人も一人もいない。家庭に置いておけば家族円満間違いなしである。

　降りかかるトラブルを与えられたカードの単語だけを用いてむちゃくちゃな物語を作り対処していくコミュニケーションゲームが『キャット＆チョコレート　日常編』（幻冬舎エデュケーション）がある。『キャット＆チョコレート　学園編，幽霊屋敷編，ビジネス編』（コザイク）のバリエーションもある。笑いの神が必ず舞い降りてくるゲー

ム。これに近いゲームとして『知ったか』シリーズがある。『知ったか映画研究家』（コザイク）の他に「～妖怪百物語」「～同窓会」「～J-POP 愛好家」「～お悩み相談室」などがある。カードに書かれた映画や同級生，曲，お悩みに対して知ったかぶりして論評していくだけだが楽しすぎる。筆者は「～同級生」がオススメである。

最近の和製カードゲームの傑作に『ボブジテン』（TUKAPON）がある。カタカナ語を日本語だけで説明するだけのカードゲームであるが，さまざまな変則ルールも加わり楽しめる。

◆他人とのギャップを楽しむオススメゲーム

コガネガエルの生息地域はどこか分かる人などそうそういないだろう。まったく想像もつかない動物トリビアを勝手に想像して回答に近づけた人がポイントを獲得する『ファウナ 日本語版』(ホビージャパン)。シロクマのしっぽの長さはどのくらいか。人によって 3 cm ～ 30 m まで人の捉え方はさまざま。違うことは悪いことではないことを楽しめる力をつけられる。間違っても楽しいって救われるところがとてもよくできている。『テラー私たちの地球 日本語版』（ホビージャパン）は，ファウナの地球トリビア版である。

『クイズいいセン行きま SHOW !』（アークライト）はクイズ系パーティゲームである。ただし，出題されるクイズは「～さん（場にいるメンバー）が指名手配されてから捕まるまでの時間はどのくらい？」「～さんが待ち合わせに待てる時間は何分まで」と誰も答えを知らない問題が出される。みんなが書き出した解答カードの「ちょうど真ん中」の数値を書いた人が「正解」となる。実際に～さんが，「私が待てるのは○分だ」と言っても真ん中でなければそれは「不正解」である。みんなの感覚，違いを楽しむとても盛り上がるオススメゲームである。

◆空気を読みあうオススメゲーム

自分だけに集中するのではなく，メンバーの様子にも同時に気を配らないと負けてしまうオススメゲームとして『そっとおやすみ』（すごろくや）と『いかさまゴキブリ』（DREI MAGIER SPIELE）がオスス

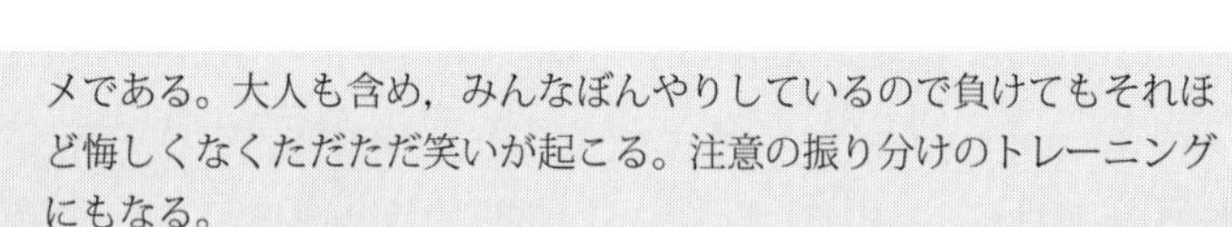

メである。大人も含め，みんなぼんやりしているので負けてもそれほど悔しくなくただただ笑いが起こる。注意の振り分けのトレーニングにもなる。

◆ジレンマに耐える狂わし楽しいオススメゲーム

葛藤に弱く，耐性のない子どもにとって，ゲームという楽しい枠組みの中でジレンマを体験することはとても貴重な体験となる。特に適応指導教室の不登校のグループでは特にオススメである。海外のボードゲーム・カードゲームにはジレンマが生じるゲームが多く存在する。有名な『ニムト』（メビウスゲームス），『コロレット』（メビウスゲームス），『ケルトカード』（Kosmos）など廉価で入手しやすいものが多いが，一番のオススメはやはり『ハゲタカのえじき』（メビウスゲームス）である。葛藤でカードが出せなくなりメンバーに協力交渉が始まるが裏切られることもあり狂わしい。ジレンマが苦し楽しいと思える貴重なゲーム。確実に耐性が鍛えられる。

◆オススメ多人数協力型ゲーム

『パンデミック』（ホビージャパン）を嚆矢として複数のメンバーで協力しながら謎を解いたり，問題を解決したりする協力型ゲームが近年増えている。ドイツキッズゲーム大賞を受賞した子ども向け協力ボードゲーム『おばけ屋敷の宝石ハンター』（MATTEL）や，ドイツ年間ゲーム大賞も受賞している『花火（Hanabi）』（ホビージャパン）など優秀なものが多い。しかし，その中でも一番のオススメはコスパやルールの優しさ（難易度の調整も可能）を含めて『ザ・ゲーム第２版 完全日本語版』（アークライト）である。パッケージの怖い感じには囚われない方が良い。負けるのが嫌いな子どもが取り組めるだけでなく，自分だけではなく他のプレイヤーを気遣いながらプレイすることが勝利の秘訣となるため，チームワークも高まる傑作。これぞまさしくグループで用いるに相応しいゲームといえよう。これと似たゲームで2018年ドイツ年間ゲーム大賞ノミネートの『ザ・マインド』（アークライト）も面白い。

最終章
プレイセラピーにおける「家」表現
——事例研究——

1.「家」とプレイセラピー

これまで，さまざまな角度から「遊び」とプレイセラピーについて検討してきた。プレイセラピーで表現されるイメージは多様であり，オリジナリティにあふれているものの，共通するモチーフも存在する。その中でも，筆者はこれまで「家」をモチーフにした表現に強い関心を抱いてきた。最終章では，オーソドックスなプレイセラピーや箱庭療法，描画療法を通したプレイセラピーの中で表現された「家」にまつわるさまざまなイメージを臨床素材として，「家」表現の持つ意味と意義に関する事例研究で本書を締めくくることとしたい。

さて，バック Buck, J. N.（1948）が提案した HTP テスト[註1]では，「家屋」画の表現の中に「家庭や家族に対する意識的・無意識的態度が反映される」といった解釈がなされるなど，「家」に関する表現は，心理臨床の場面，特に心理検査などですでに活用されている。しかし，プレイセラピーにおける「家」にまつわる表現や多様なイメージは，そのような解釈を越えて，子どもの心理的問題や家庭の問題をより深く理解し，プレイセラピーを展開していく上で大きな示唆を与えてくれる。

2．子どもにとって「家」とは何なのか？

そもそも，人間にとって「家」は，“第二の母胎”とも“外なる子宮”とも解される（上田，1983）。母胎内で育てられた後，この世に生を受けた我々は，「家」という第二の母胎，外なる子宮という空間に場を移し，家族をはじめとする人との相互関係の中で心身共に守られ，滋養を受け育まれながら，社会的・文化的存在として成長していく。したがって，人間にとって「家」は，単に物理的に雨風や危険から身を守るという以上の意味を持っている。バシュラール Bachelard, G.[註2]（1957）が示すように，「家」は，心理的に安心して住まえる空間を外界から仕切り，庇護と防護を保障するやすらぎの中心部であり，空間の中にいる自分のすべての関係を関連付けていく基盤となるものである。また,「家」はパーソナリティーをつくる工場であるともいわれるように，人間の人格形成においても極めて重要な役割を担っている（袖井，2002）。

我々は皆，ある年頃までは住む「家」を自ら選択することはできず，与えられた「家」に住まうという行動から不可避である。よって，人と同じ数だけ人生があるように，誰もが「家」にまつわる歴史と物語を抱きながら日常を生きている。殊に，養育過程にある子どもの場合は，まさに現在進行形として与えられた「家」というストーリーの只中に閉じ込められた存在であるともいえよう。しかし，そのストーリーは必ずしも肯定的なものばかりとは限らない。不登校，ひきこもり[註3]，虐待，家庭内暴力，ドメスティックバイオレンスなど，現在の子どもたちを取り巻く問題の多くは，本来安心できるはずの「家」を巡って生じている多様な物語の一つであろう。

ちなみに，日本において「家」＝〈イエ〉ということばは，主に（1）人間の住む住居・家屋，（2）生活を共にする家族・家庭，（3）血縁によってつながる家筋・家系，の3つの要素から成り立っている（阪倉・浅見，1996）。しかし，坪井（1985）が指摘するとおり，わが国においては，これら3つの意味を文脈に応じて使い分けることもあるが，通常はいずれかひとつの要素を強調しながらも，他の要素が不可分に結びついて「家」という意味を成している。このように「家」には，本来，複合的な意味が含まれており，家族と家屋はお互いに切っても切れない関係にある。しかし，学術的には家族ー家系と家屋は別々の研究対象として扱われることが多く，一般に心理学において家族が研究の対象とされても，そこに家屋を含んだ検討はなされてこなかった（袖井，2002）。

本論では，クライエントとその家族（あるいは生活を共にする人々）とそれらの人々が生活を営むために住まう空間を共に含む意味で，あえて「家」を用いることとする。

3．2つの事例から

実際の子どもの心理療法・プレイセラピー場面において，セラピストとクライエントとの間で「家」にまつわるイメージやモチーフがどのように立ち現れ，それがどのように変容していくのかについて，2つの事例を取り上げ，みていくこととしよう。

これらの事例は，「家」に関する表現が心理療法・プレイセラピーの過程で重要なモチーフとなったものであり，その経過を中心に据えて記述した。事例掲載の許可を得ているが，本質を損なわぬ程度に改変捨象している。

【事例1】プレイの中で「家」を破壊し建て直すことで平安を取り戻したM男（5歳）

①事例の概要

幼稚園で友達や先生に乱暴を振るい，机を倒すなどの行動が見られ，家でも夜驚症状があった幼稚園年中5歳男児の事例。生後10カ月の時にM男の先天的な身体疾患が発見される。その症状は重篤なものであり，1歳半の時に手術が行なわれたが完治せず，その後の生活にも多大な影響を残すものであった。その入院の間に母方の祖母がガンのため倒れ，半年後亡くなった。

母親はたて続けのあまりの出来事に情緒不安定になり，家族や子どもの世話が一切できなくなってしまう。そのような状況に対して父親は協力するどころか反対に腹を立て，朝から酒を飲み，母親に連日のように暴力を加えるようになった。父親はM男が手術を受けてから，家の中でM男を無視し存在していないかのように振る舞うようになったという。母親の状態はしだいに回復し，父親も以前ほどの暴力はなくなったが，完全にはなくならず周期的に荒れた。

幼稚園に入園したM男は，父親が母親に暴力を振るうたびに幼稚園でも荒れ，友達や先生に暴力を振るうようになった。夏休みに疾患の検査のために３週間程度入院してからはさらに情緒不安定になり，毎日のように夜驚を起こすようになった。母親は担任に「危険な状態なのでカウンセリングを受けるように」と強く勧められ，はじめにM男が疾患の治療を受けている病院に相談するが，定期的に通うことは困難との理由から筆者の勤務先に相談を申し込み，筆者がM男の担当となった。約３年間に渡り，検査入院の期間等を除きほぼ週１回50分のペースでプレイセラピーを行なった。父母の関係は充分には修復されなかったが，M男は落ち着きを取り戻し，問題行動もなくなったためプレイセラピーは終結した。

②治療経過概要とM男の「家」表現

M男はプレイルームや箱庭を使ってよく遊び，とても豊かな象徴的表現のできる子どもだった。治療開始当初，M男はプレイルームで自分を痛めつけ鍛えるような強迫的なサーキットトレーニング様の運動を繰り返した。筆者にも同じことをするよう要求し，できないと「地獄へ落ちるぞ！」と罵倒した。箱庭では，地下にいるモグラがさまざまな動物の親子が暮らす地上の生活をぐちゃぐちゃに荒らし，動物親子たちに凄惨な殺し合いを演じさせた。またM男自身を思わせるカンガルーの赤ちゃんが，虎やライオン，ワニなど獰猛な動物に襲われ，救急車で救助されるが，その救急車も襲われ，赤ちゃんは悲惨なまでにムシャムシャと食い殺され死ぬという表現を行った(図１)。筆者は混沌として不安定なM男の生活基盤と迫害的な心理的状況を痛感させられた。

それからM男はプレイルーム全体を海に見立て，その上に大きな積み木などで船の家を造った。その船の家には父親を想起させる暴君の船長がいて，これまた母親を想起させる女性乗組員に対して暴力を振るった。M男はその船の家に住むウサギに扮し小部屋の中で震えていた。その家は，たびたび火事や地震に見舞われ，M男はなすすべなく瓦礫の下敷きとなり瀕死の重症を負った。そのたびに筆者はM男を救出し，手当てをし，抱っこしながら水を与えた。生き

図１　救急車の救助の甲斐もなく，虎，ワニ，ライオンに襲われる赤ちゃんカンガルー。虎に食い殺されてしまう。

返ったＭ男は必死に船の家にホースで水を掛け，鎮火させ家は完全に壊れないまま残った。

このようなプレイを繰り返す過程で，Ｍ男は船の家を動かしているという「エンジン」が故障していると言い，「これは手術しなくてはいけません。これが悪いのです」とエンジンに見立てた穴の開いた小さな積み木に赤い絵の具を塗り，木の棒で穴の中をこね回し，「お前が悪いんだ，全部お前のせいだ」と必死の形相でつぶやきながら手術を施してからそれを石鹸できれいに洗った。それは明らかに自身の抱える身体疾患の手術の再現を思わせた。この表現の中に筆者は，Ｍ男は自分の家がこんな目に遭っているのは，自分の疾患のせいだと感じ，自らを責め，自虐的に振る舞っている姿を連想した。

その後，家はこれまでにない大きな火事と地震に遭い，完全に倒壊してしまう。「この家はちゃんと掃除してやらなくちゃいけません。ちゃんときれいにしてあげましょう」と言って，Ｍ男はバケツに水を本当に汲み，家に水を大量にかける。その後が大変，二人で雑巾で必死に掃除した。Ｍ男は「これでモグラしはいなくなったね（※モグラは，箱庭で動物の親子が暮らす地上の生活をぐちゃぐちゃに荒らす役割を果たしていた動物である）」と言って清々しく笑った。それはまさにこれまでの過去を水に流しているかのようであった。

次の回，「今度は絶対に壊れない家を建てよう」と新しい家を建てた。「これで地震や火事が来てももう安心だね」とＭ男は満足そうであった。箱庭の中では，動物や毛虫がうごめく混沌の中から神様の力を借りて，秩序立った街が整備されていくというまさに天地創造のような展開を動的に表現した後，カプセルの中から「生まれたよ」と新たにカンガルーの赤ちゃんを誕生させた。新しい家には庭

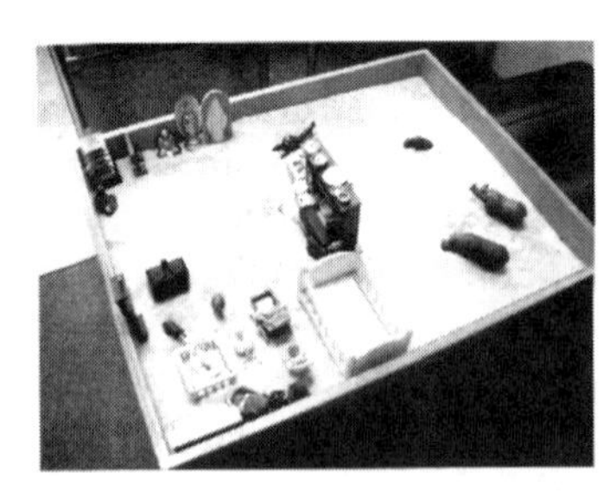

図 2-1　暖炉のある温かい家のベビーベッド で眠る赤ちゃんカンガルー。神仏が見守り，家の出入り口に馬車がある。

図 2-2　図 2-1 の家の中の拡大写真。赤ちゃんカンガルーは親カンガルーに見守られながら安心したように眠っている。

があり，その庭の土を耕し，そこにジャガイモを植え収穫した。カンガルーの赤ちゃんはジャガイモを食卓で食べ，それから安心したように昼寝をした。次のセッションでは「カンガルーは今日１歳になりました」と着実に大きくなっていた。赤ちゃんが成長していくに伴ってカンガルーはM男自身となり，家の中を自由に遊びまわることもできるようになっていった。その頃作った箱庭には，静かな家のベビーベッドで安心したように眠る赤ちゃんカンガルーの姿があった（図 2-1，2-2)。M男はこのような表現を通して安定を取り戻していった。

【事例２】入院していた病院を「家」として描いたN子（13 歳）

①事例の概要

不登校，家庭内暴力，字を書くことができないという症状を抱えていた中学１年生 13 歳女子の事例。小学校入学当初から登校しぶりの傾向があったが，小学３年生の時に学校で担任に強い叱責と体罰を受けたことをきっかけに，学校や家で前触れもなく周囲が手をつけられないほどのパニックを起こすようになり，その後完全に不登校となった。また，学校に関係するようなものはすべて拒否し，鉛筆は握れても字を書くこともできなくなる。一人っ子であるN子の家庭内暴力に手を焼いていた母親の強い希望で児童精神科に入院を余儀なくされる。父親と母親は淡白な性格で夫婦というより友人のようであり，互いに干渉しあわず，Ｎ子の入院に関しても十分な話し合いはなされなかった。特に父親はＮ子の問題に無関心であった。

その後，断続的ではあるが約４年間に渡りＮ子は入院生活を送る。病院でも強迫観念にさいなまれ，突然泣き喚いたりするなど不安定な状況はほとんど改善されなかった。父親の東京への転勤を機に退院することとなり，引越し先では在宅となった。その後も家庭内でのパニックは連日のように続き，不登校状態であった。入院していた病院から勧められたクリニックには,「行きたくない」と言って本人は行かず,母親だけが通院して相談していた。「病院以外ならカウンセリングに行ってもよい」というＮ子の言葉を受け，母親はさまざまな相談機関に子どもを連れていくが，どこも１～２回で中断していた。

その後筆者の勤務していた相談室に相談を申し込みＮ子のインテーク担当となった。インテークでは,こちらが何も聞かなくても,これまでのことや現在の状況を早口で他人事のように冷静に淡々と事実のみ語り，こちらを近づけさせない雰囲気にただただＮ子の言葉に耳を傾けるしかないままインテークを終えた。他の機関同様,もう会うこともないだろうと思っていたが，Ｎ子は「あの人（筆者）だけは私に大変だったねと言わなかったから」という理由で継続的に来所することを決める。それから約１年半，ほぼ毎週のペースでセッションを行なった。途中本人も了解の上で精神科医と連携し，投薬を行った時期もあったが，最終的には問題行動は治まり，再登校もできるようになってセラピーは終了した。

②治療経過概要とＮ子の「家」表現

Ｎ子は細身でとても地味な子であった。翌週相談室に現れた彼女はインテークのときの冷静さとは打って変わって「私どうしても早くよくなりたいんです。本当はこんなままじゃいやです。学校にも行きたいし，勉強もしなくちゃと思うんです。でもそんなことを考えているとイライラしてきて，それで親に当たってしまうんです。とにかくどうにかして下さい」と焦ったように早口で話した。

筆者がことばを選んでいると，Ｎ子は「どうせ，みんなゆっくりいこうって言うんです。でもそうはいきません」と先取りして話した。それから「先生が私のことをわかってくれないことがあったらパニックになりますので，それを知っておいて下さい！」と宣言した。〈ゆっくりとは言わないけど，具体的に目標を立てて一つ一つできることを増やしていこうよ〉と提案し，最初の目的として「字を書けるようになりたい」という彼女の希望を尊重して方策を練った。リラクセーションを勧めたがＮ子は決して積極的ではなく，やろうともしないまま「先生が言うとおりにやったってどうせ駄目，諦めた。失望した。本当はそんなことをしたいんじゃない」と怒って筆者を戸惑わせた。このようなやりとりを堂々巡りのまま繰り返し，Ｎ子は筆者を混乱させ追い詰めた。しかし母親の話ではこの時間をＮ子は楽しみにしているらしい。

ある回，「どうせよくなれないなら何もしないほうがましだから」とＮ子は家で一日中テレビゲームをすることに決めたと話す。Ｎ子がやっているというゲームの話題に焦点を当てていくと，思いの他乗ってきて楽しそうにゲームの説明をしてくれた。Ｎ子の好きなゲームのキャラクターについてあれこれ話していた次の回には，なんとそのキャラクターを紙に書いて持ってきた。Ｎ子自身も驚いていたが，筆者は，彼女はきっと皆が問題視する“大変な”症状についてばかりではなく，そんな他愛もないことを話せる相手をずっと求め続けていたのではなかったかと想像した。そもそも筆者をセラピストとして選んだのも筆者が「大変だね」と言わなかったからである。しかし，テレビタレントの話などをすると露骨にいやな顔を見せ，「ちゃらちゃらした最近のギャルは大嫌い，特に○室とかは」と当時大人気だった10代女性歌手を批判した。

「せっかく絵が描けるようになったからここでもどんどん描いていきたい」というＮ子は何か強迫的であったが，描画を通じてＮ子とセラピーを進めていこうと思い提案すると，それに彼女は同意した。まず，Ｎ子に風景構成法[註4)]を導入した。興奮したように目を見開いたまま一心不乱に時間をかけて作品を描きあげた(図３)。寂しげだ

図３　「家」として「病院」を中央に描いた風景構成法

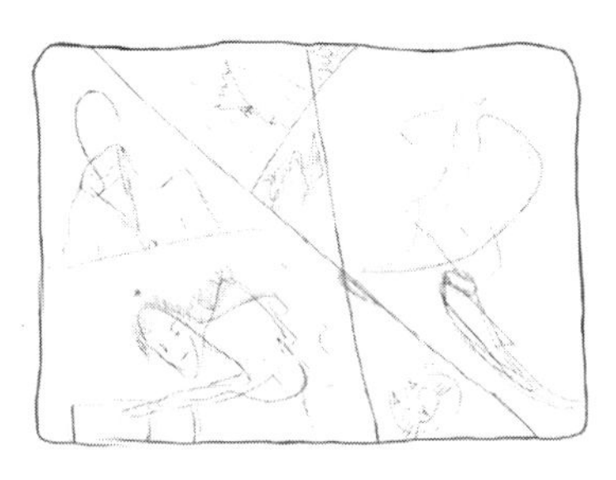

図４　MSSM：雨漏りでびしょぬれの家の中で飼い猫と一緒に震えている女の子

が，全体的にバランスのとれた豊かな表現にＮ子の持つ健康さと可能性を感じた。

しかし，「家」という教示に対して，Ｎ子は画用紙のど真ん中に「病院」を描いたのが目を引いた。それから遠景にロッヂのような建物と教会，そして左の方にコンテナーのような箱も「家」として描いた。その表現には，長年過ごしてきた病院が彼女の心の中にあまりにも大きく存在し，今自分が住んでいる家がいかに実感として乏しいかを物語っているように思えた。筆者は「病院があるね」と言っただけでそれ以上は触れなかった。Ｎ子はさまざまな描画の中でも相互なぐりがき物語統合法[註５)]（MSSM；山中，1990）や９分割統合絵画法[註６)]（森谷，1995）を好んだ。はじめの風景構成法からまもなくのセッションにおけるMSSM（図４）の物語は次のようである。『女の子が学校から家に帰ってきて，ハンガーに制服を掛けてたばこを吸っていると，突然竜のような雷と激しい雨が降ってきて，雨漏りで家の中はびしょ濡れになった。女の子は飼い猫と一緒に震え，てるてる坊主を作って晴れることを祈った』。彼女の住まう家の守りの緩さ，家の中での孤独や不安感が表現されているように思われた。

Ｎ子の家でのパニックや物を壊す行動などは治まらなかった。本人もどうしてもイライラを抑えることができず辛いと訴えていたため，薬の力を借りることも一つの方法ではないかと勧めた。筆者との関係も安定したこともあってか前向きに受け止め，母親の通うクリニックから投薬を受けた。また同じ頃，クリニックで父親も治療に参加するようになり，少しずつ父親も協力的になり，N子と一緒に買い物に出掛けたりするようにもなる。その頃のMSSM（図5）の物語は，『お父さんは冬休みが始まって，いつものスーツから部屋着のセーターに着替え，今年の冬休みは息子とたくさん遊ぶぞ，と思うのでした。お父さんは自分に誓った通りにやってのけました。冬でもプールに行きたいという息子のために，プールに行ったり，レーシングカーで遊んだり，ボクシングをしたりしました。お父さんはその度に息子は大きくなったなあとしみじみ思いました。お父さんの冬休み最後の日にお母さんがお父さんの大好物を作ってくれ，お疲れ様といってくれました。お父さんは感激しました。こんなに楽しい冬休みでいいのかとさえ思いました。夜ふと外を見ると息子と作った雪だるまがとけていて，お父さんは短いようで長く充実した冬休みだったと思いました』と父親の変化に対するN子の肯定的な心情が豊かに表現されている。

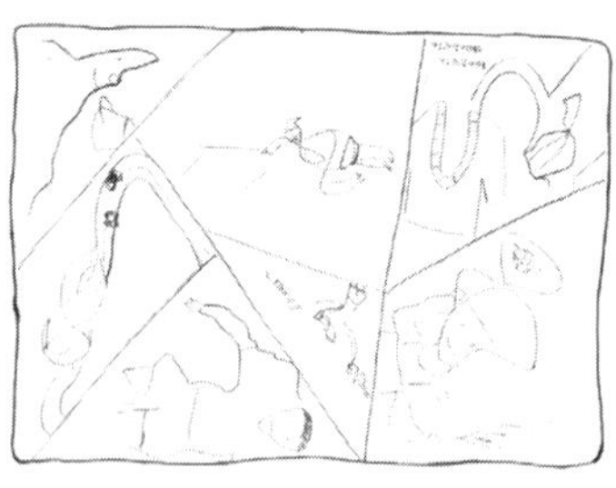

図5　MSSM：スーツから部屋着のセーターに着替え，息子と遊ぶ父親

その頃から，N子はイライラしても極端な行動に出ることは減り，筆者とのカウンセリングでも会話での関わりが増えた。イライラした時の状況や感情を言葉で表現するようになり，父や母への不満，病院での生活のこと，かつて自分を叱責した先生のこと，見たという「すべてが逆さまになる夢（男が女に，女が男に，怖い人が優しい人に，優しい人が怖い人に，など）」についても語った。

まさしくこの象徴的な夢を語った次の週から，N子は，地域の相談学級に通級するようになる。母親の無理だろうとの思いを裏切り，彼女は相談学級までの40分の道のりを，何とあれほど嫌いだと言っていた10代の女性歌手の曲を聞きながら毎日歩いて通うようになる。明るい服を好むようになり，「これまでの服は母親の趣味に合わせてきた」とも語った。その頃，N子は最近読んだという９冊の小説（すべて女性小説家の作品）を題材に９分割統合絵画法（図６）を描いた。それぞれの絵に彼女の思いが濃縮された形で詰まっており，最後に中央の枠に描いた真ん丸いケーキとそれに添えた『キャロットケーキには私の魂のかけらが入ってしまった』という作品中のことばは，彼女の心がひとつのまとまりとして統合されたことを伝えているように思えた。さらにこの作品をもとに物語を作った。『まだ若い女の人が一人旅に出ることになりました。彼女はまず海に行き，すぐそばのログハウスで休憩したり，本を読んだりして自分の時間を過ごしました。そのあと，ドライブに出掛け，海岸近くの木を眺めました。親戚のお墓参りに行き，その人の生き方，そして死んだ時の様子を思い浮かべました。旅を終え，家族と顔を合わせ食事をしました。デザートもとりました。家の全てが彼女を暖かく出迎えてくれました』。これまでの自分と決別し自立の道を歩む彼女の姿とともに，自分を暖かく出迎えてくれるような安心できる家のイメージが形作られたことを象徴していると思われた。物語の中の家についてのイメージについて聴いているとN子は，「私は平凡なおにぎりが普通においしいねって話せるような家が理想なんだな」と語った。

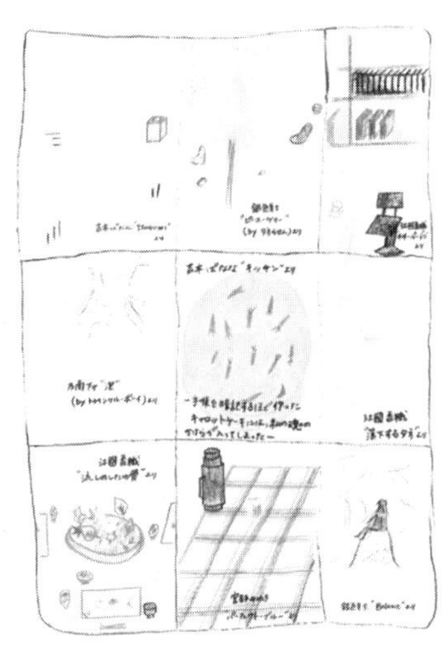

図６　最近読んだ小説をテーマに描いた９分割統合絵画法：右下から逆時計回りに進み，最後に中央を描く。『まだ若い女の人が一人旅に出ることになりました……旅を終え，家族と顔を合わせ，食事をしました……家のすべてが温かく迎えてくれました』

筆者からの自立の時もまもなく訪れた。N子の方から「もう大丈夫です。次回で先生とはお別れします」と切り出してから，自分の変化を振り返り，「地球全体から見たらどうでもいいことかもしれないけど，私にとってはベルリンの壁が壊れるような大きな変化でした，不安で仕方なかった自分はどこに行っちゃったんだろうって思う。○中学校（Ｎ子の在籍校）にはまだ勇気がなくて行けそうもないけど，今の自分に満足してます」と言ってから，筆者に対して「先生に最後に言っておきたいことがあります。先生は私の意見に合わせすぎですよ，いやならいや，違うなら違うってはっきり言った方がいいですよ。あと何でこんなに私の話伝わらないかなーって思うことがあった」と憎まれ口を叩いた。その言葉は，筆者へのＮ子なりの決別と感謝の表現でもあり，Ｎ子がこれまでの自分自身に言い聞かせているようにも思えた。筆者が「ありがとう，その言葉大切にするよ」と応えるとＮ子は「すみません」と言って照れ笑いした。

最終回，Ｎ子は前にやった風景を描きたいと志願し，風景構成法を描いた。以前コンテナーのような箱だったものが家屋に変化し，病院は風景から消えていた。家の前には父母を思わせる男女と飼い猫がいて，道沿いに歩いていく赤い靴を履いた女の子に手を振っていた。やっと安心できる自分の「家」を手に入れたのだろう。その作品はＮ子が思い出にどうしてもと持ち帰った[註7)]ため残念ながら筆者の手元には残っていない。

４．プレイセラピーにおける「家」表現の持つ意味

２つの事例で示した「家」をめぐる表現には，その表し方に違いこそあれ，彼らが住まう「家」の抱えている問題と，そこで自分の置かれている状況が如実に映し出されている。Ｍ男は，いつ転覆してもおかしくない不安定な海上の船を「家」として見立てた。その家は火事や地震にたびたびみまわれるような危険に満ちた状況であり，父親が母親に暴力を振るい，Ｍ男はウサギに変身して無力なまま震えていた。Ｎ子は，長い期間入院させられていた病院を「家」として描いたほど，現在住まう家に対する実感が希薄であり，描画をもとに作った物語の中の家は雨漏りし，その中で彼女は飼い猫と

一緒に震えていた。彼らにとって「家」は，安心できる安全な場ではなく，不安定で自分の存在を脅かし，居心地の悪いものとして捉えられていることがわかる。彼らはこのような表現を通して，「家」の問題に苦しみ，変えることのできない自分の状況を嘆き，それを必死に訴えているように思われた。

プレイセラピーの展開に伴って，クライエントたちの「家」をめぐる表現も変化していく。そこには，彼らの「家」に対する内的なイメージの変化と共に，彼らが求めている理想の「家」の姿が映し出されているように思われる。M男はプレイルームのこれまでの家を壊して水を流して掃除し，絶対に壊れない安全な家を建て，そこでご飯を食べ昼寝し自由に遊び回りながら成長していった。N子は「平凡なおにぎりが普通においしいと思える家」が理想と語り，描画を通して「自分を温かく出迎えてくれる家」を物語った。彼らが求めてやまない理想の「家」とは，決して立派で華美な建物でもなく，裕福な家庭でもない。壊れない安全な建物で，ただ平凡にご飯が食べられ，安心してゆっくり休むことができ，子どもらしく遊べる，そんなごく普通の「家」なのだということが理解できる。彼らは決して特別なことを望んでいるのではなく，求めても現実の生活では得られなかった「家」に対する思いをこのような表現を通して伝えているに違いない。

5．プレイルームの持つ「家」役割について

プレイセラピーの空間の持つ大きな役割の一つは，クライエントの心的エネルギーに新しい流れが生じ，自己治癒力を最大限に発揮できるよう「自由にして保護された空間[註8)]（free and sheltered space)」を提供することである（Kalff, 1982)。「家」に安心感や安全感をもてずにいる子どもたちに対しては，なおさら，プレイセラピーの場が彼らを保護し，安心していられる安全な空間として提供される必要があるだろう。しかし，子どもたちはすぐにはプレイルームやセラピストが信用できる安全な場と人であるとは理解しない。本当に自分のことを受け入れてくれるかを確認するように，M男は

筆者を攻撃し，N子は自分を理解してくれなければここでパニックになると宣言した。これまでの経過を考えれば無理もないことであろう。それでも，いつも同じように出迎え，一定の時間心身共に守られ，自分のために自由に使える空間は，これまで現実の「家」では十分に体験できなかったであろう安全感，安心感を与えることとなったのではなかろうか。彼らはしだいにプレイルームという舞台を使って，新しい物語を創出していくプロセスを演じていった。つまり，プレイルームという治療空間が，一時的に彼らにとって安全で安らかなかりそめの「家」となることで，これまで十分に満たされなかった思いや体験を辿りなおして取り戻すことを可能とし，彼らの生きなおし，育ちなおしを支えていくことができたと考えられる。彼らは仮の「家」での成長を経て，やがて心新たに現実の「家」での生活へと帰っていく。プレイセラピーの時間と空間は彼らの変容を支える空間であると同時に，彼らが安心して現実の「家」へと帰っていけるよう橋渡ししていく過渡的な空間としての役割も担っているといえるだろう。

6．クライエントの「家」イメージの変容

プレイセラピーの展開に伴って，クライエントたちの「家」に関する表現は，理想的で肯定的なイメージに変容し，それに呼応するようにクライエントの状態も安定の経過を辿ったように窺える。ボルノー Bollnow, O. F.[註9)]（1963）は，家族と一緒に住まう場を家屋と捉えた上で，「家屋は拡大された身体と見ることができる」，「人間は自らを自分の家屋と同一視している」と指摘し，こと「幼い子どもにおいては，家屋は全世界のすべてである」と述べている。すなわち，子どもにとって「家」は，その子ども自身そのものであり，その子どもの世界のすべてである。したがって，子どもの「家」に対する内的イメージは，子ども自身のあり様をリアルに映し出しており，「家」を安心できるものとして捉えられるようになることは，クライエント自身の心理的安定にも自ずと反映されていったと考えられる。このことは，「家」に対する内的イメージが変容すること

で，子どもたちは安定し，現実の「家」を彼らなりに受け止め，折り合っていくことを可能にしていくことができることを示唆しているだろう。

N子がそうであったように，安心できる「家」イメージを形成できるようになることは，クライエントの心理的安定を示すだけではなく，外の世界へと旅立つことも可能にしていく。それは乳幼児が，いつでも母親という「セキュアベース（安全基地）」（Bowlby, J., 1988）に帰ることができるという安心感を基盤としながら，外の世界に目を向け，母親から分離して行動できるようになっていく姿とも相通ずるものがある。ボルノー（1963）は，「子どもは，家屋に根をおろしているからこそ，成長して世界の中に入っていくことができ，家屋に住んでいるからこそ，世界の中でも我が家にいるようにくつろいでいることができるのであり，また世界の中でも住まうことができるのである」と述べている。安心して根をおろせる「家」というよりどころをイメージできるようになって，はじめて子どもたちは安心して社会の中で生き，他者との安定したつながりを築いていくことができるようになっていくのであろう。

7.「家」の抱える問題とプレイセラピーの役割

「家」の問題が複雑な子どもに対して，プレイセラピーという個別的なアプローチを通して可能な援助の範囲は極めて限られている。本来ならば，現実の「家」の問題や環境が改善されるよう働きかけることが優先されなければならないことはいうまでもない。その認識を抜きに子どもの心理療法，プレイセラピーの意義をことさらに語ることは不毛に思える。しかし，「家」の問題や環境へ働きかけることが，さまざまな要因からとても困難な事例は少なくない。その間にも子どもたちはその「家」の中で成長し続けている。この現実もまた変えようがない。内的な「家」イメージの変容などというものでは，到底折り合いのつきようもないほど厳しい現実に晒されている子どもたちや，その子どもたちと同じような境遇で育ってきた親たち，苦しみながらもプレイセラピーの場につながってくるこ

ともない子どもたち，勧められてもカウンセリングを拒否する親達，これからの課題は相変わらず山積みである。

【文　献】

Bachelard, G. (1957) La poetique de l'espace. Presses Universitaires de France.（岩村行雄訳（1969）空間の詩学．思潮社.）

Bollnow, O. F. (1963) Mensch und Raum. W. Kohlhammer. GmbH, Stuttgart.（大塚恵一・池川健司・中村浩平訳（1978）人間と空間．せりか書房.）

Bowlby, J. (1988) A Secure Base; Clinical Applications of Attachment Theory. Routledge, London.

Buck, J. N. (1948) The HTP technique: A qualitative scoring manual. Journal of Clinical Psychology, 37; 56-63.

Kalff, D. M. (1982) 序文．In：河合隼雄・山中康裕編：箱庭療法研究 1．誠信書房.

森谷寛之（1995）子どものアートセラピー—箱庭・描画・コラージュ．金剛出版.

阪倉篤義・浅見徹（1996）家．三省堂.

袖片孝子（2002）日本の住まい変わる家族—居住福祉から居住文化へ．ミネルヴァ書房.

坪井洋文（1985）住居の原感覚—喜怒哀楽の共有空間．In：坪井洋文編：日本民俗学大系 10 家と女性—暮らしの文化史．小学館.

上田篤（1983）カクレガからミアラカへ．In：上田篤・多田道太郎・山岡義介編：空間の原型—すまいにおける聖の比較文化．筑摩書房.

山中康裕（1990）絵画療法とイメージ— MSSM「交互なぐりがき物語統合法」の紹介を兼ねて．In：水島恵一編：イメージの心理とセラピー．現代のエスプリ，275; 93-103.

最終章註

註 1）HTP テスト：House-Tree-Person Test。バックが開発した，家と樹木と人をそれぞれ一枚の用紙に描いてもらい，パーソナリティや心理的状態をアセスメントする投影描画テスト。バックは，家には，家庭状況の認知や感情が，木には，深い無意識の自己像が，人には，現実の自己像や理想の自己像が投影されると考えた。描画後に PDI（Post Drawing Interrogation）と呼ばれる質問を行うのが一般的である。HTP テストのバリエーションとして，人を男女それぞれを描かせる HTPP テストや，を提案した。1 枚の用紙に，家，木，人全てを描いてもらう S-HTP テスト（統合型 HTP）もある。

註 2）バシュラール：1884 年～ 1962 年。フランスの哲学者であり，構造主義の先駆者の一人とされる。研究領域は多岐に渡り，自然科学的な概念の形成や展開を歴史的かつ哲学的に分析する科学認識論，詩的イメージ，詩的想像力に関する研究，地水火風の四元素にかかわる物質的想像力に関する研究，時間論などを展開した。難しいのではと敬遠される方もいるかもしれないが，フロイトやユングの影響を受けていることもあり心理学徒でも読める著作はある。『火の精神分析』などはユングより読みやすい。筆者は『蝋燭の焔』が一番面白いと思う。

註3）ひきこもり：厚労省では「仕事や学校に行かず，かつ家族以外の人との交流をほとんどせずに，6か月以上続けて自宅にひきこもっている状態」をひきこもりと定義している。「ひきこもり」は，単一の疾患や障害の概念ではなく，さまざまな要因が背景になって生じ，ひきこもりのいる世帯数は，約32万世帯とされる。平成21年には，都道府県，指定都市に「ひきこもり地域支援センター」を設置し，平成30年度から，ひきこもり対策推進事業をさらに強化しているという。

註4）風景構成法：中井久夫が，統合失調症患者に対して安全に描画による治療を行うために1969年に創案したとされる描画療法の一技法。現在では統合失調症のみならずさまざまな対象に実施されている。セラピストが画用紙をサインペンで「枠づけ」し，クライエントがサインペンで，その中に指定されたアイテムを次々と描いていき一つの風景を描き上げる。描いていくアイテムの順番は，川山田道家木人花動物石（岩）その他足りないもの（この技法を用いるセラピストにとってこのアイテムと順番の暗記は必須である）。その後クレヨンや色鉛筆を渡して彩色してもらい完成させる。どのくらいの幅の川がどのように空間を仕切るのか！　から始まるハラハラドキドキのドラマのような展開は，セラピーそのものである。

註5）相互なぐりがき物語統合法（MSSM）：Mutual Scribble story Making Methodの略。山中康裕が発案し，1984年に発表した描画療法技法の一つ。セラピストがサインペンなとで「枠づけ」した画用紙を，今度はクライエントと交互に区切っていき，8つくらいの空間ができたら，その中にスクイグルをサーブし，それを何かに見立て一つの絵にしていくことをこれまた交互に行っていき，最後に残った枠や別の画用紙に，そこに投影されたアイテムを用いて一つの物語を作っていく。筆者は，物語を作るのが難しい子どもの場合は，物語も交互に一行ずつ書いていくようにしている。やればわかるさ，この凄さ。子どものセラピーでは絶対に知っておいた方が良い。

註6）9分割統合絵画法：Nine-in-One Drawing Method；NOD法ともいう。森谷寛之が金剛曼荼羅からヒントを得て考案し1986年に発表した描画技法の一つ。画用紙を9等分にサインペンで仕切り，何らかのテーマについて，右下

の枠からから中心の枠に向かって逆のの字の順番に連想に任せるままに描画やイメージを描いていく。テーマを決めずに思いのままに描いていくと最終的にひとつのテーマが浮かびあがってくる。自由度が高いため，どのような表現が出てくるか分からないため，健康度の高いクライエントや，セラピストとクライエントとの関係が安定した状況で行うことが望ましい。セラピーの最終段階で用いると心を統合しひとつにまとめ上げるような不思議な効果を持つ。まさに曼荼羅である。

註7）作品の持ち帰り：プレイセラピーにおいて子どもが自ら描いた絵や作った作品を持ち帰りたがること。たびたび起こる「プレイセラピーあるある」の一つ。プレイルームにある物や使ったもの，作ったものは，プレイルームに置いて帰るのがルールであり，それを破ろうとする場合は，「制限」の対象となる。例えば，遊んだ玩具を持ち帰りたいという場合などはシンプルであり，「持ち帰りたい気持ちも分からないではないけど，残念だけれどここに置いていかなくちゃいけない」と伝える必要があるだろう。しかし，本人の作品の場合は，判断が困難な場合も多い。重要なのはいつどんなタイミングかということであろう。さまざまな捉え方があるだろうが，筆者は，子どもの絵や作品の所有権（著作権）は最終的に子ども自身にあると考えている。しかし，セラピーが継続している間はセラピストがそれが絶対になくならないようにしっかりと管理・保管する責任もある。プレイセラピーの中ではダイヤモンドに見えていたものが，家に帰ればただの石ころになるのは明らかであり，非日常と日常との線引きのためにもセラピー継続中には持ち帰らせない方が無難であろう。かつて，10代女子のクライエントとの最終回に，「今までの作品を全部持ち帰りたい」と言われたことがある。筆者は「じゃあ，今ここで全部見てみよう」と提案し一緒に見返した。クライエントは「やっぱりいいや，ここでの思い出として心の中においておく方がいいかな，先生と一緒に写メも撮ろうと思ったけどそれもやめときます，きっとただのおじさんって思うから」と笑ってお別れした。きっとこれが答えである。しかし，この事例では，このクライエントには，「最後に描いた絵だけ」を持ち帰らせている。当時は迷ったが，筆者の判断は間違っていなかったと，なぜか今ではそう確信している。

註8）自由にして保護された空間：箱庭療法を創始したカルフが箱庭療法の基本的な治療要因として挙げた重要概念。箱庭という制限された「枠」という空間の中で，クライエントが自由かつ保護されていると感じることが重要である。このことは裏返せば，子どもが自由に振る舞えるためには，セラピストがしっかりと子どもの自由を保障できるだけの保護と守り，つまりは安全責任

がセラピストには求められるということである。プレイセラピーにおいても，ただ単に自由が保障されているだけでは治療としては機能しない。先述した「制限」があって初めてクライエントは保護された空間の中で子どもは自由でいられるのである。母子一体感を強調しているカルフ女史が，セラピストの役割を「番人」と呼んでもいることを私たちは知っておいて良いであろう。

註 9）ボルノー：1903 年～ 1991 年。ドイツの教育哲学者。実存哲学の影響を受けながら哲学的人間学を展開した。人間は信頼，希望，安心などが根本的な生の契機になるとして，ハイデカー Heidegger, M. の死や不安としての実存という主張に反論した。教育分野においても，子どもの成長の基盤は安心感にあるとし，家や庇護された空間こそが人を支える基礎となることを主張し，「教育的雰囲気」という概念を提唱した。彼の空間論（『人間と空間』）や気分論（『気分の本質』）は，教育学のみならず，建築学の領域でも参照されている。

付章

子どもの心理療法における初回面接（インテーク）の進め方とコツ

1．子どもの初回面接（インテーク）の特徴

言うまでもないことだが，プレイセラピーがいきなり始まることはない。プレイセラピーを導入するに当たっては，まず初回面接，即ちインテーク面接（以下，インテーク）が必ず行われる。インテークの方法や位置づけ，考え方はカウンセラーによってさまざまであろうが，子どものインテークは，子どもだけではなく保護者が同伴することが一般的であることなど，成人のクライエントさんが一人で来談するインテークとは大きく異なる。

例えば，青年期以降のクライエントは，悩みや主訴をもって自発的に来談することが多いのに対して，子どもの場合は表面的には困っていることが「ない」のが普通である。もちろん全員がまったくないという訳ではない。「お母さんがうるさい」とか，「心配しすぎ」などということで困っている場合は少なくないし，年齢にかかわらず，しっかり大変な問題を自覚しながら来談する子どももいるのも確かであるが，悩んでいるのは保護者だけということも多く，子どものインテークには，特有の難しさや困難が伴うことだけは事実である。子どもの「カウンセリングというもの」に対するイメージの薄さや，来談への動機づけや意欲が強くないこと，解決したい問題が明確でないことなどはその典型だろう。

そのため，臨機応変に子どもがカウンセリング・心理療法の場に来たくなるような，さまざまな配慮や工夫が求められる訳なのだが，子どもの気持ちに寄り添った十分な配慮や，私たちの「想像力」が機能していないと，インテーク後のいわゆるドロップアウトや，継続面接につながらないということが起こり得る。そして残念ながら

このようなことが後を絶たないというのが現状である。問題が解消しないまま，2～3回で自然にドロップアウトしてしまうのもインテークがうまくいかなかったことの延長戦上にあることが多いように思われる。インテークは子どもの心理療法において重要な関所なのである。インテークがうまくいかなければ，子どものプレイセラピーは始まることすらないのである。

では，どうやってドロップアウトが起こらないように配慮や工夫したらよいのだろうか。筆者の行っているインテークの工夫や方法をお伝えしたい。しかし，あくまでも，これは筆者が良いと思っている方法や考え方であり，決して正解ではなく，セラピストのキャラクターによっては違う方法が望ましい場合もあるということをあらかじめお断りしておく。また，ここではクリニックや外来の心理相談室，教育相談室で子どものプレイセラピーを継続していくということを前提としていることも付け加えておきたい。

2．インテークで忘れがちな大切なこと

子どものインテークに限ったことだけでないが，カウンセラーにとって，インテークという仕事は，普段から日常的に行っているいつもの慣れた作業かもしれない。しかし，クライエントさんにとっては，迷いと葛藤を経て，決死の思いで電話やメール申し込みを行い（中には申し込むまでに５年掛かったという方もいる），高いハードルを乗り越え，やっとの思いで辿り着いた場所が，インテークの場なのだということを決して忘れてはならないだろう。親御さんの中には，自分の力だけでは子どもに何もしてあげられなかったという罪悪感や敗北感で自尊心が傷ついている方もいれば，特に困ってもいないのに，学校の先生に強く促されたから仕方なく渋々一度だけ，形式だけ行っておこうという方もいる。私たちはクライエントさんが来談されるまでのさまざまな複雑な背景や気持ちに可能な限り思いを馳せ，毎回，初めてインテークを行った日のような新鮮な気持ちと，ある程度の緊張感をもってインテークに臨みたいものである。

実際，筆者は今でもインテークの場面ではドキドキする。いくら小さい子どもでもである。出会いの不安と期待，そして責任を強く感じているからかもしれない。インテークというこの時間が，その子どもの，そして家族の未来を左右しかねないということを考えれば，基本的に失敗は許されないと筆者は思っている。特に筆者の場合は，難しくて対応できないとか，いろいろなところに行ったがよくならないなどいう方が医師やスクールカウンセラーから紹介されてくる。気負ってしまうことは決して望ましくないが，最後の砦になれるよう，絶対にドロップアウトは避けたいという思いでインテーク面接に臨んでいる。

3．子どもとの出会いとあいさつ

子どもとのインテークは，待合室や相談室の入り口での出会いの場面におけるあいさつから始まる。初対面のあいさつで，先にも述べたが，字義通りに「子どもの目線に合わせて」近づいていってニコニコと子どもにあいさつをするようなことを筆者は絶対にしない。そういうあいさつは，子どもを怖がらせるだけだからである。そして，いくら小さいお子さんであったとしても，敬意と緊張，適度な距離感を持って接した方がよい。堅苦しすぎるのも問題だが，なれなれしすぎる態度だけは避けた方がよいと思っている。いきなり，本人にどう呼んだらよいか確認もしないうちから，「～ちゃん」などと呼ぶのも止めておくのが無難である。

考えてみてほしい。相談室という非日常的な状況で，はじめて出会う，敵かも味方かも分からない，訳の分からない大人が，にっこりと微笑んで顔を近づかせて来て，なぜか自分の名前を知られていて，馴れ馴れしく話かけてこられたらどう思うだろう。多くの子どもは危険を察知し，警戒するに決まっている。いまだに，この態度で子どもの第一印象を悪くしているということを理解していないカウンセラーがたくさんいるようだ。子どもたちは，病院の医師やスクールカウンセラーなどに対しては，それなりのイメージやレディネスがあると思われるが，学校外の心理相談室のカウンセラーに対してはそういう感覚がないのが一般的であろう。

カウンセラー側は勝手に子どもの味方だなどと思っていても，それは子どもには全く伝わってはいない。そもそも大概の子どもたちは，何らかの問題を起こしたり，問題を抱えていたり，親に心配されて相談室にやって来ている。そして，親が自分のそういう問題を解消するためにここに連れてきているということを彼らは皆知っている。だから，子どもの気持ちは複雑なのだ。カウンセラーに怒られるのではないかと内心びくびくしていたり，これから何が起こるのか解からないまま，不安で胸がいっぱいになっていたりするかもしれない。その思いを「想像」できれば，出会いのあいさつは丁重にせよ，さらっと済ませた方がよい。SV でこのような子どもの気持ちをアドバイスしただけで，インテークで失敗することが減ったというカウンセラーが実際にいる。面接室に移動して，机などを挟んで，ある程度距離を取った状態で着席してから，自己紹介を含めてここでしっかりと丁寧にあいさつする方がお互いに安心・安全である。好きで来ている訳でもないのに，会った端（はな）からやたらと歓迎されたら，たまったものではない。それに喜んで反応する子どもも実際いるが，そういう場合は，その後本気で心してかからなければいけないということの予兆であるということも知っておきたい。

4．面接室でのインテークの流れ
──「母子同室」面接の勧め

次に，面接室に移動してからのインテーク面接の進め方である。インテーク面接は，筆者一人で行う場合もあるし，大学の相談室などであれば，子ども担当者が同席することもあるが，ここで最も大切なのは「親子同室」でインテークを行うということである。いきなり親子分離して，母親は母親担当者と面接室へ，子どもは子ども担当者とプレイルームへという流れを疑うことなく採用している心理士や相談室があるが，これは避けた方が良いと筆者個人は思っている。このやり方ほどドロップアウトの確率を高めるアプローチはないと言っても過言ではない。子どもが何らかの問題を抱え，親子で

来談した場合は，年齢を問わず（もちろん高校生も 20 歳以上でも），最低限，初回は母子（親子）同室・合同インテークを行う方法を筆者は採択することにしている。初回だけでなく，継続してこの構造を維持していく方が望ましい事例が近年ほど増えている。

つまり，例えば，来談の動機づけの高くない 20 歳のひきこもりの青年を引き連れて母親が来談した場合など，子どもが成人しているからといって，筆者がその青年と一対一で面接はしないということである。もちろん，本人の問題への自覚があり，困っている感じや，今の状況から脱したいという意思や意図が明確に受け取れる場合は，親と同室での短いインテークの後，本人とだけ直接話すことにしている。

なぜに，母子（親子）同室インテークを行うのか。その理由は簡単である。先から述べている通り，子ども本人のカウンセリングへの動機づけや来談意欲は決して高くないからである。ではなぜ動機づけや来談が低いのか。子どもは，親が自分を心配していることは理解していて，ありがたいと思っている場合もあるが，カウンセリングを受けるということには抵抗があることが普通だからである。そもそも多くの子どもたちは，好き好んで問題を起こしている訳ではない。そして，その問題の原因が分かっていないか，もし分かっていたとしてもそれは言いたくない。だから自分の問題には触れられたくないし，向き合いたくない。自分のそのよく分からないけれども問題になっていることを根掘り葉掘り聞かれるのではないか，怒られたり，責められたりするのではないかと恐れている子どもは少なくない。大人の私たちだってそうだろう。メンタルのみならずフィジカルな問題を周りから心配されて，「ちゃんと病院に行ったら？」などと勧められてもなかなかすぐには足が向かないことが多い。万が一，大きな病気だったとして，それを突きつけられ，向き合うことになったりしたらと考えるとどんどん病院から足が遠のくものである。皆心当たりがあるのではなかろうか。子どもたちも同じである。本当ならそんなに深刻にならず，放っておいて欲しいというのが本音なのではなかろうか。そんな複雑な気持ちで相談室に来ているのである。いきなり一対一で，カウンセラーから真剣な顔でいろいろ聞かれたり，あるいはいきなり遊ぼうなどと誘われたりしたらどんな気持ちになるだろうか。

そんな子どもたちの気持ちを想像し鑑（かんが）みて，筆者は，子ども本人にいきなり主訴や困っていることを聞いたりすることは絶対にしないし，いきなり遊びに誘うなどということもしない。筆者にとって，子どものカウンセリングにおけるインテークの役割は，本人が困っていることを確認したり，問題解決のゴールを定めたりすることではない。生育歴を聴き取ることでも，問題の見立てを行うためのエピソードを聴くことでもない。それは，次回から継続して来てくれるようになれば，何回でも親や本人から聴くことができるからである。しかし，初回しかできないことがある。それは，子どもの不安や緊張を取り除き，来談への動機づけを高めることである。筆者がインテークで行っていることはこれに尽きる。子どもたちが相談室というところはなんだか思っていたものとは違うぞと感じ，「もっと，このおっさんと話してみてもよい」と少しだけでも思ってもらえればそれだけで十分だと思っている。だから，筆者のインテークの場面は５分もすると笑いと笑顔の場に一変する。大学の相談室では陪席学生がつくが，いいか悪いかは別にして，こんなインテーク見たことないとよく言われる。

筆者はインテークで，子どもに必ず簡単な「自己紹介用紙」というフォーマットを書いてもらうことにしている。その内容はとてもシンプルである。「名前，生年月日，好きな遊び・楽しいこと，好きな食べ物，嫌いな食べ物，嫌なこと・苦手なこと」，それだけを記載してもらう。多くの子どもの好きな遊びや楽しいことに「ゲーム」や「動画」などと書く。これを細かく聴いていく。私たちは子どものカルチャーに常に敏感でなくてはならないが，さすがにもう着いていけない。分からなければそこでスマホで調べて一緒に共有する。多様化する趣味やゲームの世界，YouTube の世界は広すぎるのである。時代の変化は早い。したがって，インテークのみならずその後のプレイセラピーでもスマホはポケットに隠し持っておくのが今の時代では欠かせないと思っている。次の好きな食べ物の話ではとても盛り上がる。「肉」と言われれば，牛か豚か鶏か，それともラム肉か，どんな食べ方が好きかなどを聴く。「ステーキ!!」などと言われたら「すげえな，小学生の好物がステーキなんて言われたら大変だ！　ねぇお母さん！」。「寿司」と言われれば，「好きなネタ当てゲーム」で遊ぶ。お母さんの好きなネタだけでなく，陪席者のお姉さんも巻き込んで遊ぶ。「若い女性ってさー，きっとサーモンなんだと思うんだよなー，お姉さんもそうだと思うんだよねー，○○くんはどう思う？」と子どもに聞いて，「違うよ！　絶対，納豆巻き！」など返ってくると一同大笑いである。実際はもっと面白いやりとりが延々となされる。ここで「お母さんの作ってくれるもので好きなものは？」という問いを忘れてはいけない。「カレー」だったり，「ハンバーグ」だったり，「オムライス」だったりするが，「お母さんが作ってくれたものって，本当に美味しいよね，お母さんのカレー，僕も食べたくなったわ，なんでだろうね〜。自分で作ってもなんでかお母さんの味にならないんだよ，ハンバーグもだけどさ，お母さんの料理って特別なんだよなー」と言うと，お母さんと子どもが顔を見合わせて必ず微笑みあうのである。これは，いくらたまにしか手料理が作れない状況の家庭であっても，母親がたとえ料理が苦手であっても，同様であるから面白い。子どもと母親（ママ）は，マンマ（ご飯）を通して，細くとも心の絆がつながりあっている証であろう。ついでに「このお姉さん（子ども担当者の 23 歳）はいくつだと思う？」と聞いてみて遊ぶ。「18 歳くらいかな……？」などと返ってきたら「正解！　すげえなぁ」と筆者は答える。んなー，わけはないのだが，子どもにはそう見えているのであればそれはそれで正解なのである。「30 歳 !!」と言われればそれも同様，正解である。カウンセリング・心理療法は「投影」の世界である。特に子どものカウンセリングでは正しい答えなどどうでも良い。筆者も若いころは子どもたちからよく最初に「先生は大学生？」などと言われたものだ。プレイセラピーを続けていくと，それがいつの間にか「先生って子どもが３人いるんだったよね？」などと変化していくのである。私たちは，子どもの心のまっさらなスクリーンとして機能しなくてはならない。その関係性が基盤になってプレイセラピーは進んでいくのである。

そんなやりとりで時間は過ぎていくと，当初感じられた緊張も不安もいつの間にか自然に消え去り，子どもたちは，幾分楽しそうに自らいろいろと話しだすようになっていくことが多い。そのやりとりの中で相談室が安心安全で楽しそうな場所だと母親と子どもは少しずつ確信していく。しかし，私たちはこんなやりとりの中でも母子関係の観察を忘れてはいけない。子どもへの質問に対して，全て母親が答えようとしたり，子どもが何でも母親に確認しないと答えられなかったりということもあるが，あくまでもここは子どもが主体の場であるということを母親に伝えるために，筆者は，時間はかかっても子どもに向き合い，本人が答えるのを待つ。しかし，どうしてもことばにつまってなかなか答えられないこともある。そんな時は子どもに断った上で，母親にアシストしてもらう。口下手な子どもでも母子同席だとこんな時安心なのである。子どもにとっても母親にとっても，普段から一緒にいる二人が，面接室でも同じように「母子同席」でいられるインテークは安心であり，お勧めであることを少しは分かって頂けたであろうか。

5．主訴の確認

そんなやりとりを続けた後の残りの 10 分～ 15 分くらいで，主訴や来談した理由について「必ず」確認する。やはり子どもにとっても母親にとっても，問題を抱えて相談室に来たのにもかかわらず，笑っていてばかりでは落ち着かないし，ここに何も来た理由を尋ねられないのは気持ちが悪いし気まずい。切り出し方の定番は子どもに対して「ここにお母さんになんて言われてきたの？」である。子どもの反応はさまざまである。母親の顔を伺い，「なんか行こうって言われたから」「お母さんが相談したいことがあるから一緒に来てって言われた」「カウンセリングに行くからと言われたけど，帰りにアイス買ってくれるって」などが多い。本当はその理由が分かっているのに，核心には触れられたくないということがこのような発言からよく分かる。

そこで筆者は，子どもに確認した上で「じゃあさ，お母さんにどうしてここに来たか聞いてもいい？」と確認した上で，母親から主訴の確認を行うが，その際も親子それぞれの反応を決して見逃してはいけない。「待っていました」とばかりに堰を切ったように早口でまくし立てる親御さんもいれば，これまでのやりとりで安心したのだろうか，子どもの顔色を伺いながら子どもの気持ちを損ねないように問題を語る母親もいる。筆者は，いずれの場合でも，母親の言葉を「お子さんが学校にいかなくて困っておられるのですね」とか「学校で同級生とうまくいかなくてご心配なのですね」と極シンプルにまとめた上で，いったん区切り，子どもに対して，「お母さんは～ということで心配して，ここに○○さんを連れてきたみたいなんだけどどうかな？　間違っているとか違うとかということはない？」と確認する。子どもの多くは「そう」とただただうなずくが，稀に「それは違うよ，僕は～」と説明し出す子どももいる。その言い分もまたシンプルに「お母さんは～ってことで心配してるけど，○○さんは～については違うって思ってるんだね」とまとめる。

最後に「そのようなことについて一緒にお話したり，遊んだりしながら，考えていく場所がここなんだ，なんで遊ぶのって思うかもしれないけど，ここではそういう方法でお母さんや，○○くんの言う問題を一緒に考えていくんだ，ここは病院とか学校の相談室とは違って，プレイルームっていう遊ぶ場所があるから，そこを見てから今日は帰ろう。次回はプレイルームで一緒に過ごしてみようよ」などと説明し導入してインテークを終える。母子分離が可能と判断できれば，タイミングをみて，子ども担当者が子どもとプレイルームで過ごす時間を持ったり，必要に応じて描画によるアセスメントを行ったりすることもある。描画を行う際は，「絵描くの好き？ここに来た子にはみんなに最初にお願いしていることなんだけど協力してくれるかなー？」と伝え，樹木画などを書いてもらう。その後は，自由に遊んで時間に母親の面接室に戻ってきてもらう。母子分離が困難なお子さんには，「この部屋空けておくからいつでもお母さんとこ戻っておいで」と伝えるが，ここまでやりとりしておけば，ほとんど戻ってくることはない。その間に，母親からお子さんの問題の詳細や成育歴などを聞く。子どものインテークでは普段の50分よりも多めに時間を取っておくのは，このような丁寧なやりとりが必要だからである。

6．子どもとの治療契約の結び方

インテーク面接の次の回も必ず母子同席で面接を行う。それから，母子分離を行い，子ども担当者がプレイルームで子どもとプレイセラピーやカウンセリングを行う上での治療契約を「必ず」行う。これを行っていない場合があることをよく耳にするが，いくら小さい子どもとであったとしても，伝え方は異なれど，治療契約を行わなくては心理療法にはならない。「子どもと治療契約ってどうするのですか？」などと初心者だけでなく，ある程度経験を積んだカウンセラーからもSVの場で聞かれることがある。教科書になぜか載っていないのである。だからこうして私が書いている訳である。治療契約のないカウンセリング・心理療法が存在しないように，子どもにおいても治療契約は欠かせない。インフォームド・コンセント，コンプライアンスの重視される時代にあって，子どもだからといって，治療契約を結ぶことなく，勝手にプレイセラピーなどを行うことは許されないだろう。何を目的に，何をここで行うかを十分に説明し，子どもも納得し，同意を得なければ，それはただの「遊び」と変わらなくなってしまう。

基本的な子どもとの治療契約の具体的な方法と流れは次の通りである。ここではプレイセラピーを行う前提で進める場合を想定している。

（1）まず，プレイルームでしっかり正面あるいは90°で座った状態で，子どもと改めて自己紹介を行い，お互いの呼び方，子どもに自分をどんな風に呼んでもらいたいかを確認する。ちなみにプレイセラピストは「先生」と呼ばせない方が望ましい。先生と子どもという関係性は，意識せずとも上下関係が自ずと生じてしまうからである。横並びの関係を前提としないと，先に述べたような「投影」が生じにくい。ときには上下逆転することもあるプレイセラピーではセラピストは，「○○さん」や「お兄さん，お姉さん」と呼んでもらうことを求めた方が望ましい。筆者の場合も，今でも「丹さん」と呼んでもらうことにしている。そうしておけば，セラピーの過程で「おっさん」「クソ豚野郎」「下僕」「神」などと呼び名が変化しやすくなる。

（2）次に，改めてここで再度，子どもの主訴を本人に確認する。「お母さんは～って言ってたけど，～くんはどう思っている？」と直球で聴いてもよいが，子どもによっては戸惑うことも多いので，「この間お母さんから，～ということで困っていると言うことを聞いたけど，私とここでこれから一緒に過ごしていく訳なんだけどね，○○くんが困っていることとか，解決したいこととか，自分はこうなりたい！　ということとかってある？」と聞いてみると少し柔らかくなるので良い。もちろん，小学校中学年以降の子どもであれば，母親の前では語らなかったことを，どんどんと話し出すことがある。しかし，初回から，いきなりあまり多くのことを語り過ぎてしまうと，後に後悔の念が起こってくることが多いので，ここでもシンプルに子どもの話の内容をまとめるに留め，決して深め過ぎないことが肝心である。私たち，大人も飲み会の場などで酔っ払って，ついつい余計なことまで話し過ぎて「やってしもたー」という経験をしたことがあるだろう。子どもだって一緒なのである。話したことが親に伝わるのではないかと心配する子どももいる。話させすぎてしまうことがドロップアウトの原因になっていることが多いことは意外に語られていない事実である。それから，「これから一緒に過ごしていく上で，もしも３つ願いがかなうとしたら何を叶えたい？」と有名な「３つの願い」を尋ねるのも良い。いずれにしても子どもの問題やこうなりたいという自分を緩やかに共有することが大切である。

（3）次に，プレイセラピーを行うことの意味や方向性を子どもと確認する。そのために，「ここは，さっき○○さんが教えてくれた，困っていることや叶えたいことを，ここで二人で話したり，遊んだりしながら一緒に考えていく場所なんだ」と伝える。この際，「もちろん話したくなければそれでも良いし，遊びたくなければ，それでも大丈夫。この時間は○○さんが自由に使える時間だから，私は○○さんがしたいことを一番に優先するよ」と伝えることも重要である。

（4）さらに，ここで過ごす上での「ルール（制限の枠）」と「守秘義務」を伝えるが，これについては，セラピスト側が受け入れられるキャパシティと子どもの特性に合わせて，十分に吟味しなくてはならない。どの程度の「制限」の枠を設定するかはこの兼ね合いによるが，最低限，「時間と場所」「物をわざと壊さない」位の枠は最初の時点で伝えておく必要があるだろう。攻撃的な子どもでセラピストがそれを受け入れるキャパがない場合は，最初から「セラピストへの直接的攻撃」も制限しておいた方が無難である。

難しいのは，むしろ「守秘義務」の取り扱いである。このことを伝えて安心する子どもも多いため，伝えることは当然と思われている方もいるだろうが，虐待が疑われたり，母子密着が強すぎたりする場合は，特に要注意である。知らないお兄さんやお姉さんと「秘密」を作ってしまうことは，親に対して罪悪感を抱いたり，怖いという感覚が湧きおこってきたりすることが容易に予測されるからである。こういう子どもは，親に隠し事や秘密にしておくことは許されないと思っていることが多いからである。子どもには親への忠誠心があるので「秘密」を作ってしまい，親に対してプレイセラピーの場であったことを話さなかったら，親に見捨てられてしまうのではないかという思いを与えてしまうこともあり得る。子どもの問題や状態をしっかりと「見立て」て置かないと，これまたドロップアウトの原因になりうるので気を付けておきたい。このような場合は「守秘義務」の伝え方を工夫すればよい。「君の許可なく，ここで話したことや遊んだことを話すことは私は基本的にはしないけど，君が伝えるのは自由だし，あなたが誰かに伝えて欲しいことがあれば言ってくれても構わないよ」と筆者は伝えている。

（5）ここまで話した後で，やっと「じゃあ，ここにあるものを見てみてみよう。遊びたいものがあれば自由にどうぞ」と誘う。特に初回は，セラピストがリードしすぎることや遊び過ぎてしまうことは慎み，子どもの見ているもの，関心あるものを共有して，少し後ろからついていくように寄り添いながら，同時に子どもの息遣いにも注意を向ける。さっそく遊び始める子どももいる一方で，おもちゃに手を一切触れられない子どももいる。その行動や思いに「想像力」を働かせながら，優しいまなざしで見守ることが大切である。

（6）時間がきたら終わりではない。まだ治療契約は成立していない。時間が来たら「必ず」,「もう時間がきちゃったね，ここではこれから，こんな風に一緒に過ごしていこうと思うんだけど，どうまた来てみる？」と尋ねる。ここで「うん」と同意を得られて初めて治療契約が一旦成立する。しかし，中には「んー，わからない」とか「お母さんに聞いてみないとわからない」という子どももいる。前者には「そうかー,でも私は○○さんと一緒に遊びたいなあ,次回来てみて決めてもいいよ」とひと押しする。このような場合は,まだぼんやりとしかプレイセラピーを理解していないか,動機づけが高まっていないことが多い。セラピストが動機づけを高めることで次につなぐためにことばで促し,次週に再度最後に確認して了解が得られれば契約が成立する。後者の場合は,「お母さんのところに戻って,お母さんにまたここに来てもよいか聞いてみよう」と面接室に向かって母親に確認する。もちろん,親担当のカウンセラーは，親面接の中で，プレイセラピーを行うことの意味や継続して来談することの必要性を話しているので,セラピストは子どもの思いを代弁すれば，ほとんどの親は「いいよ，大丈夫だよ，また来てみよう」と子どもに伝える。それを受け,「じゃあ，また来週きてみる？」と子どもに聞き,「うん」と同意を得られれば治療契約は成立する。ついでに母子が面接室で再会する場面での二人の様子もよく観察しておく必要がある。

以上のような詳細な手続きを経て，子どものインテークとプレイセラピーの治療契約はなされる。そんなに面倒なことしなくても大丈夫なのではないかと思われた方もいるかもしれないが，このような手続きを丁寧に行うことで確実にドロップアウトは起こりにくくなる。

繰り返すが，子どもはカウンセリングというものに対するイメージが薄く，来談への動機づけや意欲が高くない。抵抗を示すことも少なくない。だからこそ，相談室という場所が安全であり，少しでもまた来てもいいかな？　と思えるようになるように，丁寧で細やかな配慮が重要なのである。すでにそんなことはいつもやっている，今さら何を？　という方もいるかもしれないが，入門という意味で少しでもお役に立てれば幸いである。

おわりに

プレイセラピーという営みは，道端にひっそりと咲く，名もなき野花のようである。

これまで，20 年以上に渡り，プレイセラピーを続けてきた筆者の実感である。

AI 社会の到来などと浮かれ，科学的で効果的でかっこいいものがもてはやされる現代において，ただの「遊び」という曖昧なかかわりを用いた心理療法のアプローチが注目を浴びることは少ない。

しかし，よく見渡してみれば，日本中，いや世界中で実にたくさんのセラピストと子どもたちが，今この時間もどこかで，二人きりで寄り添いながら，かけがえのない輝きに満ちた時間を，ひっそりと遊んで過ごしているのである。時に激しく，時に切なく，心と心を通わせ合いながら。

効率と目に見える成果ばかりが求められる時代にあって，時間と手間と細やかな配慮が求められる地道な作業の割には，成果がはっきりとは分かりにくい。この歯がゆさは，来談する子どもたちが日々の生活の中で体験している歯がゆさとも重なっているかもしれない。

しかし，日々，プレイセラピーに没頭しているセラピストと子どもたちは，みんな分かっている。たとえ，ゆっくりでも目には見えなくても，その確かな感触と成果，そしてその意義を。流行廃りの激しいカウンセリング・心理療法の技法の中で，日本のみならず世界中で，長きに渡り，消え去ることなく，プレイセラピーというアプローチが存在し続けている理由はきっとそこにあるのだろう。

花瓶の中のいつかは枯れる美しく香り高い花としてではなく，大地に根を張り，踏まれても，摘まれてもなお，毎年芽を出し，誰にも気づかれることなく咲き続ける野花のように…

だから，私はこれまで通り，迷うことなく，流されず，時代は変わってもなお，地道に子どもの心に寄り添う野花のような支援の道を選びたいと思う。プレイセラピストとしての誇りを持って。

敬愛する恩師 真仁田昭先生。ようやくプレイセラピーの本を書き上げることができました。心理臨床家としての私が今いられるのも，大学教員としての私が今いられるのも，そして私が今私としていられるのも，私の全てをありのままに受け入れ何があってもいつでも味方でいて下さった先生のおかげです。

子ども支援は失望の連続である。しかし，たとえ今その子どもがどんなに苦しい境遇の中にあろうとも，私たちカウンセラーは，その子どもの未来の明るさを信じて，決して焦ることなく，見捨てることなく関わり続けることが大切である。そして，たとえその子どもが今どんなに荒んだ状態にあろうとも，子どもの心の中に潜む，今よりもより良く生きたい，変わりたいと願う「成長欲求」と「変身欲求」の心が必ず存在することを確信し，彼らが自ら立ち上がり変わろうとする姿を見守り，信じて待ち続けることこそが，子どもに向き合うカウンセラーの役割である。という先生の教えが，「未来へと希望をつなぐアプローチ」という本書の副タイトルへと結実しました。先生から教えて頂いたことすべてが私の臨床実践の礎になっています。天国にいる先生にこの本を捧げます。

丹　明彦

索　　引

人名

事項

A~Z

あ行

か行

た行

な行

ま行

や行

ら行

わ行

紹介：ゲーム一覧

あ行

か行

さ行

本書は，『子どもの心と学校臨床』（遠見書房）において，2014 年から 2018 年の間に連載した「人間と遊び」全 10 回の論考に付章を加え，大幅に加筆訂正したものである。

著者略歴

丹　明彦（たん・あきひこ）
すぎなみ心理発達研究センター・ほっとカウンセリングサポート代表，公認心理士・臨床心理士。
東京学芸大学大学院教育学研究科心理学講座修了。
目白大学人間学部心理カウンセリング学科・心理学研究科准教授を経て現職。

主な著書

「場面緘黙の子どものアセスメントと支援―心理師・教師・保護者のためのハンドブック」（監訳，遠見書房，2019）

※心理療法や講演会・研修会等のご依頼は，東京都杉並区（JR 中央線・総武線西荻窪駅近）にあるすぎなみ心理発達研究センター・ほっとカウンセリングサポート（hotcounseling@gmail.com）までお問合せ下さい。

プレイセラピー入門（にゅうもん）
――未来へと希望をつなぐアプローチ

2019 年 9 月 25 日　第 1 刷
2025 年 3 月 15 日　第 5 刷

著　者　丹（たん）　明彦（あきひこ）
発行人　山内俊介
発行所　遠見書房

〒 181-0001 東京都三鷹市井の頭 2-28-16
TEL 0422-26-6711　FAX 050-3488-3894
tomi@tomishobo.com　http://tomishobo.com
遠見書房の書店　https://tomishobo.stores.jp

印刷・製本　モリモト印刷

ISBN978-4-86616-093-1　C3011